金融应用写作

（第二版）

JINRONG YINGYONG XIEZUO

主　编　胡中柱

中国金融出版社

责任编辑：王　君　虞　晖
责任校对：张志文
责任印制：陈晓川

图书在版编目（CIP）数据

金融应用写作（Jinrong Yingyong Xiezuo）/胡中柱主编．—2版．—北京：中国金融出版社，2013.7
新编高等院校经济类系列教材
ISBN 978-7-5049-7040-4

Ⅰ.①金… Ⅱ.①胡… Ⅲ.①金融—应用文—写作 Ⅳ.①H152.3

中国版本图书馆CIP数据核字（2013）第137661号

出版发行 中国金融出版社
社址 北京市丰台区益泽路2号
市场开发部 （010）63266347，63805472，63439533（传真）
网上书店 http://www.chinafph.com
（010）63286832，63365686（传真）
读者服务部 （010）66070833，62568380
邮编 100071
经销 新华书店
印刷 保利达印务有限公司
尺寸 185毫米×260毫米
印张 16.75
字数 373千
版次 2007年5月第1版 2013年7月第2版
印次 2015年12月第2次印刷
定价 32.00元
ISBN 978-7-5049-7040-4/F.6600

再版说明

《金融应用写作》在中国金融出版社的关心、帮助下，进行了修订。首先要感谢的，当然是诸位做了极大努力的编辑先生了，其次则是上海金融学院帮忙做了不少工作的老师和同学。

早在《文心雕龙》时期，刘勰一方面认为应用文是“政事之先务”，另一方面又将其贬为“艺术之末品”。后来历朝历代的科举对之也不重视，故文人往往“才冠鸿笔，多疏尺牍”。毋庸讳言，这个现象时至共和国并无多大的改观。

其实，应用文的写作有着很高的要求和很大的作用。仅公文一项，就可以发现“五四”运动以来，在日常生活中几乎销声匿迹的文言文，其成分顽强地显现着，说明写作者必须有相当的文化素养才能胜任。现在公务员考试必考的申论，如果能扎实地学好本书的公文、调查、相告、论文等内容，通过当不成问题。

愿我们撰写者、编辑者、使用者三方联手，将应用写作这门学科推到一个新的高度。

胡中柱

二〇一三年七月

目　录

总　论

ZONGLUN

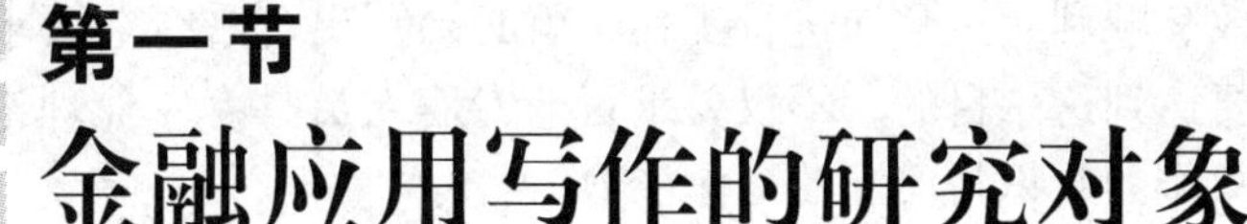

第一节 金融应用写作的研究对象

金融应用写作是写作学的一个重要分支，又是一门专业性很强的基础课程。开设这门课程的目的，主要是使学生通过学习，掌握金融常用文体写作的基础知识，通过写作训练，将知识转化为能力，提高学生金融写作的素质和水平，以适应社会发展对金融人才的要求。

要搞好金融应用写作，我们首先要了解写作的基础知识，并具备一定的书面表达能力。但是仅仅如此，还是不够的，因为金融应用写作毕竟是一门专业性较强的文化基础课，它有一般写作所不具备的特点和写作规律。不掌握这些特点和规律，我们就很难写出规范的金融应用文。本教材就是为掌握金融业各种常用文体而编写的。

一、金融应用写作的研究对象

应用写作是社会需要的产物，它有着悠久的历史和广泛的使用范围。不同领域、不同行业都有自己特定的常用文体。金融应用文就是金融机构在业务交往活动中各种常用文体的总称，如金融工作计划、金融工作总结、金融信息、调查报告、稽核报告、经济活动分析报告、经济预测报告、项目评估报告、经济论文、公文等。

金融应用写作的研究对象，主要是各种金融常用文体的写作规律、方法、技巧。而这些规律、方法、技巧又并非千篇一律，一成不变，其在自身发展中，必然受到社会生活和客观事物发展变化的影响，不断发展，不断创新。时代的进步、社会的发展，必然带来金融业的发展变化。作为为金融业服务的金融应用写作也必将在内容、观念、文种、表达方式与手法等方面发生变化，因此金融应用写作的研究对象发生变化也就是自然而然的了。

市场经济的蓬勃发展和日益成熟，给金融应用写作研究提出了新的课题。

金融是现代经济的核心，随着国家经济体制改革的深入，我国金融体制的改革也在逐步深化，这种形势对金融应用写作研究提出了新的课题。我们且不说风险意识、竞争意识、服务意识、超前意识和法制意识给金融应用写作及其研究带来的潜移默化的影响，也不说金融市场、劳务市场、房地产市场、技术市场、信息市场和知识经济给金融应用写作带来的勃勃生机，仅就文种需求而言，由于各金融机构分工不同，职能不同，不仅对不同文种有不同的写作需求，而且即使使用同一文种，其具体写作要求也有很大的差别。如何使金融应用写作更好地为金融工作服务、为日新月异的市场经济服务，这是摆在金融应用写作面前应该解决而且必须解决的课题。

随着包括银行业、证券业、保险业、基金业、信托业等在内的金融业的蓬勃发展和创新的不断深化，与这些业务相关的金融文书写作就应运而生。如保险法规、保险合同、理赔报告等，成为保险业务一系列工作中不可缺少的文字工具，直接关系到工作效率和质量的提高。再如，随着近几年资产评估业的兴起，也出现了与评估相关的文书写作，包括评估立项申请书、合同书、确认书、公证书、资产评估报告书等。因此，要确保经济领域各行业能有效、顺利、正常地进行工作，就必须写出合乎行业要求、符合写作规范的应用性文章。要达到这一目的，不仅要求行业专职人员具有专业理论知识，同时还要具备相应的应用写作的知识与实际的写作能力。

另外，随着现代通信技术手段和互联网的飞速发展，各行各业对信息传递速度、文书使用效益等提出了更高的要求。应用文写作必须适应经济和技术发展的速度，达到准确快捷。这对应用写作规范化提出了更高的要求。

二、金融应用写作的特点

1. 实用性。金融应用写作与其他写作的最大区别在于它的实用性，即有直接的实用价值。而金融应用写作的实用价值，表现在它是金融机构和金融从业人员开展各种业务活动、交流信息、传播经验、反映问题、调查研究、开展理论探讨、科学决策的重要工具。

为了解决好金融写作的实用性问题，必须在整个写作活动中，采用务实的态度，一切从实际出发，着眼于调查研究和解决金融工作中的实际问题，讲求实效。

2. 时效性。文学作品及其他一些文章的写作，大多可以按照事先制订的计划，从容不迫地进行写作，只要保证写作质量，写作的时间并不限得太死，“十年磨一戏”，“两句三年得”，都无关紧要，但金融应用写作大都是有专门目的的写作，讲究时效。时效性，主要指成文以后，对特定对象在特定的时限内产生的特殊效力，过了特定时限，文章就失效了。如传达上级指示精神，要及时发出通知；出了问题，要马上调查并写出调查报告或情况通报等；有些会议材料或其他急件还需要加班赶写，保证不误时机。为了不错过时机，快写、快印、快发是必要的，尽快产生时效以利问题的解决。但这也不是绝对的，有些重要文件，则要经过长时间的酝酿、论证、征求意见、反复修改，最后形成文件。

3. 专业性。金融应用写作的内容全部都是有关金融工作的，即使是消息、通讯、理论研究或政策研究，也无一不紧扣金融部门的业务及其他活动。因此，金融应用写作的专业性较强。写作金融应用文，必须掌握这一特点，刻苦学习和钻研业务，这样才能做到采集材料时轻车熟路，构思立意时高屋建瓴，行文改定时游刃自如。

4. 政策性。我国金融机构的活动是在党和国家的金融方针政策指导下进行的，作为反映金融活动的金融应用写作，必然具有鲜明的政策性。例如，中国人民银行总行在制订每年的金融工作计划时，首先要考虑当年国家的金融方针、政策的重点是什么、原则是什么，然后考虑如何安排全年的工作，确定多大的货币与信贷规模，采取什么方法、措施与步骤。下面的各级行在制订全年的工作计划时，首先要考虑的也是国家当年的金融方针、政策的精神，然后结合本地区、本部门的实际情况，制订出合理的工作计划来。金融机构的各种应用写作由于和业务活动密切相关，无一不强调写作时的政策性，字斟句酌，丝毫不可大意。

第二节 学习金融应用写作的意义与作用

一、学习金融应用写作的意义

1. 做好金融工作的需要。当前，我们正处在科学、技术、经济高度发达的信息时代。从信息科学的角度看，在信息传递过程中，写作是个关键。文字符号是思想的物质外壳。如果没有写作的中介和桥梁作用，信息和社会之间就会缺少“通道”，信息就不可能顺利地向社会传输，不能顺利地为社会所接受，也不可能发挥它应有的社会功能。因此，写作，尤其是应用写作，就成为信息生产、贮存、传递、交流的一种主要手段，从而引起人们普遍的关注，并迅速得到发展。

2. 提高金融人才自身素质的需要。作为一个金融从业者，如果仅仅熟悉业务，能说会做，而没有写作能力，不能用书面文字灵活自如地反映工作情况，交流信息，阐述自己的思想见解，提出富有创造性的建议或方案，是很难做好工作以适应形势发展需要的。

经常进行金融应用写作，是提高自身素质的一个很重要的途径。因为写作本身就是一个非常复杂的思维过程，它必须综合地运用作者的各种素养、知识和能力，是作者德、才、学、识的综合体现。当动手写一篇总结或评估报告时，首先就要动脑筋全面收集资料，这就需要发挥作者的观察能力、阅读能力、调研能力、对事物的感受能力。采集材料后，进入构思阶段，则需要进行逻辑思维与创造性思维，提炼观点，谋篇布局，这就需要作者具有分析综合能力、想象力、创造性思维能力。在行文阶段，则需要作者具有文字表达方面的知识与能力。最后，初稿写出，作者进行审定修改，还应有一定的理论、政策、业务水平，有一定的品评鉴赏能力、书写能力。由此可见，写作的过程就是一个不断思维、不断学习、不断探索的过程，也是作者各种知识不断深化，能力不断培养与提高的过程。这个过程日积月累、循序渐进，想的多了、写的多了，人们的素质就不断地得到提高。所以，写作，尤其是金融应用写作，是提高从业人员自身素质与水平的重要途径之一。

二、学习掌握金融应用写作的作用

1. 有利于贯彻党和国家的方针政策。党和国家的金融方针、政策固然可以通过会议、口头传达贯彻，但是更多的时候是以文件或文章的形式来宣传或直接传达的，如命令、决定、指示、通知、条例和规定等。计划、总结、调查报告、经济活动分析报告、项目评估报告等，则一般用于反映贯彻执行政策的情况；经济预测报告、经济论文等一般用来进行金融理论研究，也离不开党的方针政策，因此，金融应用写作有宣传贯彻政策、指导工作的作用。

2. 有利于加强经营管理。经济、金融方面的应用写作是经济、金融活动的纽带，是经济、金融领域中，人们相互交往、联系、协调、制约的重要手段和工具，它起着传播信息、交流经验、告知事项、沟通情况、联系协调的媒介作用，为生产经营、经济管理、处理纠纷、监督制约提供科学依据。例如，要了解市场情况，制定生产经营决策，就需要撰写市场调查报告、经济预测报告、可行性研究报告、项目建议书和决策方案等，因为这几类应用文，都是根据国家有关方针政策、市场和企业的实际情况以及上级领导的具体意见撰写的，具有很强的指导性；要搞协作经营项目，占领市场，推销产品，就需要撰写合同、契约、协议、广告、商品说明书等，它们对保证合作双方生产经营顺利进行，提高商品知名度，扩大企业信誉，提高企业经济效益，有着不可低估的作用；要宣传企业形象，招揽人才，需要撰写经济新闻、经济通讯、招标书和招聘书等，因为这几类应用文，可通过听觉、视觉等多种渠道介绍企业情况，广泛招揽有作为的人才，无疑，这对发展企业、扩大影响，具有积极意义；要解决经济纠纷，处理棘手问题，又需要撰写各种经济纠纷诉状和仲裁文书等，因为这类应用文，具有很强的政策性和法规性，它们是决断纠纷，使经济工作顺利运转的有效保证。

3. 有利于开展理论研究，促进金融科学的发展。随着改革开放不断深入，金融事业不断发展，新情况、新问题不断出现，需要我们从理论上给予回答，这就要求金融工作者深入调查研究，对金融理论进行创造性的思考、探究，写出好的经济评论、工作研究、经济论文来，解决理论和实践中的各种问题，为制定政策和进行科学决策提供理论依据；为解决实际问题提出可行的办法、措施，以促进金融科学的建设与发展。

第三节 学习金融应用写作的途径与方法

写作是一种复杂的脑力劳动，是写作者知识和能力的综合反映，因此，要提高写作水平必须做多方面的努力，不仅要加强语言修养，掌握写作基础知识，还必须深入社会实践掌握丰富的写作素材；同时，要加强理论与思想修养，树立辩证唯物主义的世界观。具体地说，要学好金融应用写作，应着重从以下几个方面努力：

一、增强理论修养、政策观念、法律意识

要写好金融常用文，首先要具备一定的理论修养，较强的政策观念和法律意识。这三者是决定文章的观点正确、深刻与否的重要因素。

增强理论修养，包括：（1）认真学习马列主义、毛泽东思想、邓小平理论、“三个代表”重要思想和科学发展观。（2）精通经济、金融方面的专业理论知识。（3）提高写作的基础理论知识。理论是来自实践又指导实践的。政治理论能指导作者全面地观察事物，正确地分析、认识问题，对观点的正确性起到保证作用；专业理论知识则可保证写作中说内行话，不出现专业性的错误；写作理论知识，更是写作中指导立意、选材、布局、用语等须臾不可离的指南。此三者，都是写作素养中不可缺少的。

从事金融应用写作，应把学习、研究党和国家的经济方针、政策、法律等摆在重要位置上，通过全面地、系统地学习与研究，弄清现行经济方针、政策的实质及其来龙去脉，使自己具有较高的政策水平，写作中才能自觉地贯彻党和国家的方针政策精神。

法律意识在金融写作中也比较重要。法律建设的中心环节是依法办事，合法性是应用写作的基本原则之一。近年来，我国先后修订了一些已颁布的法律、法规，并制定了一批新的法律、法规，如《中国人民银行法》、《商业银行法》、《票据法》、《保险法》等。在写作或拟制金融文件的过程中，一定要注意依法办事，坚持做到写作内容的合法性。否则，不仅写作过程成了无效劳动，甚至可能因为违背法律、法规而产生严重后果。

二、深入调查研究，熟悉银行业务

金融应用写作最大的特点，是它的实用性，即要解决金融工作中的实际问题。因此，在写作中一定要深入实际，调查研究，发现问题，分析问题，解决问题。否则，凭空议论，无的放矢，这种写作不仅毫无意义，甚至可能贻误工作。

金融应用写作直接取材于金融业务与经济活动，作者首先要熟悉它，包括熟悉本岗位的具体业务工作，懂得本岗位之外、本系统之内的其他业务工作以及了解与本职工作

有关的经济工作。

作者熟悉业务的程度和工作水平的高低，直接影响到文章的优劣。要写好金融应用文，就要精通业务，比如写银行工作总结，如果熟悉银行业务，了解工作的全过程，就能认识事物的本质，分清主次，突出重点，写出特色，正确地总结经验与教训；如果不懂银行业务写起来就十分困难了。

三、转变思想观念与写作习惯

从中学到大学，从基础写作到专业应用写作，学生的兴趣爱好、思想观念、思维方式及写作习惯都应有所转变，以适应金融应用写作的要求，否则就难以写出规范的应用文。

以往，学生一般爱好散文、诗歌、小说等文学作品，作文时，常常是按命题作文，或按所给的材料作文，所以学生作文的思路往往受材料和题目的限制；即使自由选题作文，选材也多局限于社会的日常生活或自然景物，思维方式多以形象思维为主，语言风格习惯于散文的笔调，以抒发个人的思想感情为主。应用写作则大不同：它注重调查研究，往往从现实生活、社会实践中，发现问题，选取题材；写作的目的，不是为了抒发个人情感，而是为了解决实际问题、推进工作，更注重文章的实用价值；思维方式则以逻辑思维、创造性思维为主；语言的风格以庄重、朴实、简洁为其特征。因此文学作品的夸张、形象描绘与诙谐幽默的笔法，就不适合在这里应用了。表现手法以说明、议论为主；记叙手法虽也常用，但以概叙为主，中学时代的记叙文写作、散文的笔调也是不适用的。所以不实现上述的转变，就不能写出规范的应用文来。

四、熟悉文体特点，提高文字表达能力

过去有一种说法，认为应用写作仅仅是个“格式”问题，明白了文体格式，写作应用文的问题就迎刃而解了。应该指出这种说法有很大的片面性。但是也必须承认，熟悉文体格式确实是学习应用写作的一个重要方面。过去和现在，有许多同志从事金融业务工作多年，理论水平、政策水平、业务水平都不错，实践经验也很丰富，而且有一定的文字表达能力，但就是写不出体式合乎规范的应用文，其主要原因就是不熟悉应用文的文体特点。这个道理是不用多说的，所以，对于从事金融工作的同志来说，应该努力学习和掌握金融应用写作的文体特点，这应该是应用写作的一项重要基本功。

文字表达能力的提高对于应用写作也是十分重要的。因为写作既是以语言为工具，又最终体现在语言上。离开语言，文章则不能存在。语言能力的高低直接影响着写作的质量。应用写作也不例外。毛泽东说过，文章的语言都应当具有这样三种性质：准确性、鲜明性、生动性。这三种性质无不和语言表达能力有关。

那么，怎样提高语言表达能力呢？当然是学习！究竟怎样学习语言？尽管途径很多，但对学习写作的同志来说，阅读是学习语言的最佳和最有效的途径。因为这些语言是被作者们活用在作品中的语言，不仅词汇准确、丰富，而且造句正确、通顺。坚持阅读，不断积累，就会改变自己语言贫乏、表达不能得心应手的状态。

前面说过不能把文学性的语言过多地用在应用写作中，但并不是说，就可以不去阅读文学作品和学习文学语言，因为文学写作的语言比起应用写作的语言来要丰富和生动得多，从文学作品中学习大量的字和词，学习各种富有表现力的句式，对于提高自己的语言组织能力十分重要，从而为应用写作打下深厚而坚实的语言基础。与此同时，对应用写作各种文体的语言要有正确的理解和把握，这样到写作需要时，就可以从自己的语言库存中"筛选"，进行适当的"转换"，才能达到应用写作的语言准确、平实、简练、得体的要求。所谓准确，是指对事实的叙述、说明，对观念的解释、阐发，用语确切，意思明确，恰到好处；平实，是指语言朴实无华，平淡实在，不加修饰；简练是指语言简明扼要、言约意丰；得体，则是指语言必须切合各类文种要求，符合其特定读者的阅读习惯。

总之，写作是一种实践性很强、而收效很慢的活动。培养提高写作能力要有一个较长的实践过程，必须多读、多思、多写。读与写始终是提高写作能力的必由之路。老舍说"要写作，便须读书"，鲁迅说"自己的作文，是由于多看和练习"，这些都是宝贵的经验。只要我们坚持不懈地进行训练，勤于读书、勤于思考、勤于练习并随时总结经验，找出改进的方法，那么，我们的写作能力和水平就一定会不断得到提高。

【专栏1－1】

提倡规范字

"规范字"的祖师爷，当属秦始皇的"书同文"了，这个功绩，使得我华夏民族，千秋万代，始终是统一大于分裂。今天的规范字，当指收在《新华字典》内，包括20世纪50年代初期公布的简体字的正体字，即不含繁体字与异体字。

说起来，简体字的渊源甚为久远，考古发现，魏晋时期的石碑上，已有同简体一样的二十余字，清代更是有了大量的"俗写"即今日的简体字。虽然当时的士大夫看不起人俗写，但实在而言，简体字有着极大的优点。

首先是减少了笔画，这给人们的认读、书写和技术上的应用带来极大的便利。（今日电脑的五笔字型输入法，如用繁体肯定更麻烦）。其次是将一些形声字改造得更合理了，如"态、钟、迁、递"等，并把一些容易写错认错的字做了改造，如"龟、灶、绳、网、牺、义"等（这些字的繁体之难实在是为难学了）。所以，繁体的简化对于文化的普及也大有裨益。

但是，自改革开放以来，受台港澳文化的影响，在连北京演员也大着舌头说"西西"（谢谢）的同时，繁体字也长驱直入内地。一时间，店招、说明、广告、名片……甚至东方网，都是能繁则繁，似乎非此不显文化了。

本来，大陆用简，台港澳通繁，也属另一种形式的"一国两制"。而且，在国际上，新加坡是不容许繁体印刷物入境的，因恐有容许"两个中国"之嫌；法国的埃菲尔铁塔的中文说明，则一定用简体，不言而喻，法国只承认中华人民共和国。《中华人民共和国国家通用语言文学法》已于2000年10月31日通过，该法对规范汉字的使用做了明确规定。在应用文写作中，我们应使用规范的汉字，不用繁体字和异体字。

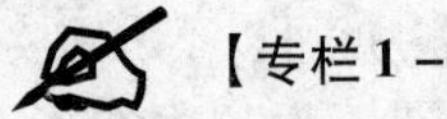【专栏1-2】

应用文中的数字

数字，在应用文，尤其是财经类的应用文当中，是一个不可避免的部分。在文中运用数字，不但要准确，而且要揭示出数字所蕴涵的表现力、概括力以及要生动地将其描述。

所谓准确，不但是数字本身要无误无差错，更要保持专业性，一些细节问题必须注意。一是“两”与“二”不能混用，“二次大战”不同于“两次大战”；产品积压，“堆满了库房两层楼”与“堆满了二层楼”不是一回事。原因是虽然同为数词，但是有着基数词和序数词的分别。另一是“倍”字的使用要当心，倍是本身数目的简述，所以只能上升不能用于下降，因为下降一倍是归零，超过一倍便成负数了。所以下降若干倍的说法，实在是笑话。可是，连新华社都曾犯错，记得还是在戈尔巴乔夫担任苏联总统之时，其货币的官方汇率从60戈比兑换1美元一下子跳到6卢布兑换1美元。新华社的通稿标题是“卢布汇率下降十倍”，明明是90%嘛，为何要说十倍？如果说美元对卢布的汇率上升十倍倒是可以的。

数字还有着很强的概括力和表现力。自古以来，就有“三皇五帝”、“六朝古都”、“八王之乱”的说法。到今天，更是有“四个现代化”、“三个代表”、“八荣八耻”这些“一词可当百言”的提法。数字的表现力，更可让人深入事物的本质。如我国的森林覆盖率不到13%，日本则高达60%以上，然而日本却大量地从我们这儿购买一次性筷子；又如，我们以只占全世界7%的可耕地，却养活了全世界22%的人口。这样的表述，给读者留下了直观而深刻的印象。

[思考与练习]

一、金融应用写作的特点是什么？试作说明。

二、请用你的切身体会谈谈应用写作或金融应用写作有何重要意义与作用。

三、试比较下列文学语言与应用文语言各有何特点。

1. 散文语言。

春夏之交，腾格里沙漠东南的中卫县呈现出一派生机盎然、朝气蓬勃的景象，天气晴朗，微云淡抹，暖意宜人。但是，在下午6时许，沙漠东北部的天际突然竖起一道黑墙，越升越高，迅速向前推进。黑色的帷幕很快向两边拉开，帷幕后边窜起无数沙、云，转眼将夕阳吞没。同时，地面上升起黑色的、灰色的、黄色的尘云交织在一起，翻滚着、变幻着，出现千奇百怪的景象。接着帷幕四合，一声巨响，一瞬间白昼变成黑夜，强大的气流卷着沙尘横扫过来。室内尘土弥漫，呛得人喘不过气来，这就是黑风！沙暴！

2. 应用文语言（林业部向国务院的报告）。

这次强沙暴主要是西伯利亚强冷空气侵入造成的。强冷空气前锋于5月4日8时进入新疆西北部，风速逐渐加大，在北疆地区和东疆北部形成第一片沙尘暴；5月5日8

时在新疆哈密以东、猩猩峡至甘肃安西一带形成第二片沙尘暴；5 月 5 日 14 时以后，在阿拉善盟、甘肃酒泉以东至宁夏北部形成第三片，也是最大的一片沙尘暴。沙尘暴风力达 8 ~ 12 级，能见度大多仅在 200 米以内，局部地区能见度为零。沙暴所到之处，地表土层风蚀厚度一般达 10 ~ 30 厘米，沙丘前移 1 ~ 8 米，每平方公里降沙量达 160 多吨。有的地区出现高达300 ~ 700 米的沙尘暴壁，1 公里以外都能听到轰鸣声。

四、写作练习

某学院金融系 2013 级 101 班一位学生在坐车时被小偷盗走学生证等物品。到学期末准备回家购半价火车票时，须凭学生证方能购买。此时，他必须立即向校方写份补发学生证的申请。请你代他拟写。

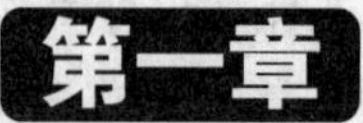

第一章 公　文

GONGWEN

公文是指各级党政机关、企事业单位、社会团体在社会实践活动中，为实现一定的目标而形成并使用特定格式的各种文字材料。由于是在公务活动中形成的体式完整、内容系统、程序规范的材料，因此称为公务文书，简称公文。本章将以《中华人民共和国国家标准（GB/T 9704—1999）》和中共中央办公厅、国务院办公厅在2012年4月12日颁布的《党政机关公文处理工作条例》为依据，阐述公文的相关知识。

第一节 概　说

一、公文的含义

《党政机关公文处理工作条例》中明确指出，党政机关公文是党政机关实施领导、履行职能、处理公务的具有法定效力和规范体式的文书，是传达贯彻党和国家的方针政策，公布法规和规章，指导、布置和商洽工作，请示和答复问题，报告、通报和交流情况等的重要工具。其内涵是

1. 在行政管理过程中形成。这是强调公文的行政管理性质。行政管理是一种国家行政职能，具体表现为推行国家的政令和根据实际需要（借助公文）制定相应的方针政策或管理办法。公文的这一性质是其他如计划、总结、调查报告等实务性文书所没有的。

2. 具有法定效力。这是强调公文具有法律约束力的性质，即法律规定或法律赋予的效力。法律的最突出特点就是由国家强制力保证执行，任何个人或单位不得违反，否则

就要受到应有的处理。公文的这一性质是其他实务性文书所不具备的。

3. 具有规范体式。这是强调公文特有的体裁样式。它包括公文的种类、格式、行文规则、公文办理等内容。其格式是公文的文面样式或印制形式，它是党和国家的权力机关（中共中央办公厅、国务院办公厅）为便于公文的阅办而专门规定的，不得随意更改。

4. 依法行政的重要工具。这是强调公文的作用。党和国家的权力机关通过公文来传达贯彻党和国家的方针政策，发布行政法规和规章，实施行政措施，请示和答复问题，指导、布置和商洽工作，报告情况，交流经验。公文是各级行政机关行政的依据，这也是公文有别于其他实务性文书的特点之一。

把握了公文的这四种内涵性质，我们就可以清楚地辨别公文、文书和文件三者之间的区别：在国家机关和行政系统的公务活动中形成的公务文书，一般统称为公文；在党务系统使用、有法定格式的、有红色文件头，并标有密级编号等内容的正式公务文书，一般统称为文件；文书则是指以文字作为信息记录主要方式的书面材料。因此，如果比较文书、公文、文件三者的外延，那么文书的外延较大，公文的外延次之，文件的外延则最小。

二、公文的特征

1. 由法定的作者制作和发布。公文制作者必须是具备法律赋予的身份、职责，并能以自己的名义行使权力和承担义务的组织。它们可以在职权范围内制作或发布公文。每一篇公文的产生都是制发机关集体意志的体现，每一篇公文的撰写者都是代制发者立言。即使是签署个人姓名的公文，它也只是代表所在机关、单位行使职权。因此，公文由法定的作者制作和发布，这是其主要特点。

2. 内容的政令性和权威性。内容的政令性和权威性体现了公文的效力特点。作为传达党和国家的方针政策、发布各种法规和规章、通报情况、指导工作、答复问题等的重要载体，它直接体现党和国家的方针政策和法令，反映国家的意志和人民群众的根本利益，从而以其鲜明的政令性为突出特征而区别于其他文体。

公文的权威性则是和法定作者的权力相联系。它是建立在法定作者、在法定范围内行使法定职权所制作发布的基础之上，是国家法律所赋予的。公文作为依法行政的重要工具，一经发出即具有法定的强制力。受文机关、单位或个人都必须依此履行义务或获得权利。因此，它具有法律的强制性或行政的约束力。

同时，由于公文具有政令性和权威性这一其他书面材料所不具备的特征，人们只能在法定职权范围内制作、发布公文，逾越职权范围的公文是无效的；假托名义、伪造公文者则要承担相应的法律责任。

3. 体式的规范性和程式性。体式的规范性和程式性是公文有别于其他文体而独具的特征。每一种公文都有其特定的体式。首先，公文的体式、种类都有统一的规定。每一种公文的适用范围、表达内容都有一定的格式，重要的公文在文头制作、书写格式、纸张尺寸、公文结构等方面都有严格规定，任何公文制作者不能违背这一规定而自成一格。其次，在公文文字上表达的结构、格式的安排，表达的方式等方面都有约定俗成的规范。比如上行文和下行文的用语措辞就有明显的区别。虽然对此无明文规定，但办文人员都要约定俗成，自觉运用。最后，公文的制作和处理，都必须经过一定的程序，手续制度也有严格的规定，不能颠倒或疏漏。公文文面的规范能体现公文的庄重性和严肃性，制发处理程序的规范则有利于提高办文办事的效率。

4. 公文的时效性和定向性。公文的时效性和定向性是其在时间和空间上的作用特点。对于每一份具体的公文而言，它都有特定的效用和适用对象。时效性是指公文的现实效用，一是指它代表制发机关的具体使命，要求受文机关或单位贯彻执行、受理答复的期限；二是指它的有效期，没有一份公文是永远有效的，何时发出、何时生效、何时终止，公文都有明确的规定。公文的目的性、实用性特点决定了公文的适用对象具有较强的定向性。除公告、通告有较广泛的适用对象外，大多数公文的对象一般都是特定的，有专门的范围规定。事实上，公文从起草开始就已经明确了公文的适用范围及其对象。

5. 语言的朴实性和庄重性。公文作为传达、贯彻党和国家的方针政策，开展公务活动的工具，决定其语言在选词用语上要做到“句稳词妥”（叶圣陶语）。文字风格的朴实庄重是其突出特征。从语体上说，公文语体属于事务语体，不同于文艺语体。它不追求表达的艺术性，不允许出现诙谐和幽默，排斥想象和夸张，而只需对客观情况作如实说明，意旨明确，质朴无华，意尽言止。

三、公文的沿革

“公文”一词最早大致可追溯到西晋陈寿所著《三国志》一书，在其中的《魏书·赵俨传》中记载：“公文下郡，绵绢悉以还民，上下欢喜，郡内遂安。”其后，南宋范晔所著《后汉书·刘陶传》中记载：“州郡忌讳，不欲闻之；但更相告语，莫肯公文。”而作为公务文书，其实际应用要早得多，它的产生与文字的产生和国家的形成直接联系。斯大林在《马克思主义与语言学问题》中说：“生产往前发现，出现了阶级，出现了文字，出现了国家的萌芽，国家进行管理工作需要比较有条理的文书。”国家的出现对公务文书产生了需要，文字的产生又为这种需要提供了可能，并伴随着生产的发展、社会的进步而不断发展。

《尚书》是我国现存最早的一部历史文献总集，也是一部以公文为主的最早辑录和汇编公文的选集。《尚书》中的公文，多是“宣王道之正义，发话育于臣下”的下行公文，类似于我们今天的命令、指示、通告。这些下行公文，内容已经较为完整，为后世的公文写作起到了奠基的作用。随着公文具体应用于国家管理事务和朝代的不断更迭，公文的种类、名称、体式、语言等也随之发展和变化。到了秦汉时期，我国的公文体制和写作已臻完整，公文在国家的管理和政务处理中发挥了重大的作用。

秦始皇在我国历史上建立了第一个封建专制主义集权国家后，曾对公文做了一系列明确的规定：“命”为“制”、“令”为“诏”，天子自称“朕”等。至此，公文体制和写作已趋于成熟，出现许多情辞并茂的公文名篇。如李斯的《谏逐客书》一文就是当时作为李斯给秦王的“报告”，虽仅656字，但系统表达了他反对逐客，主张广揽天下贤才的思想。全文言简意赅，逻辑性强，是一篇典型的公文范文。

汉承秦制。汉朝及其以后在我国数千年间的封建社会里，随着中央集权制的加强，国家公务活动日趋细化、复杂，公文的名目也日趋繁杂，公文的内容及文面格式、称谓、专用语等，各个朝代对此又都有不同的要求与规定。同时，不同的文风都给公文以影响。其中魏晋以后的骈体文，对公文的影响更深更远。直至明清“制诰表章，率皆用之”。太平天国对封建公文传统给以有力的批判，指出“用浮文者不惟无益于事，而且有害于事也”，要求公文必须“实叙其事，从某年某月而来，从何地何人证据，一一叙明，语语确凿，不得一词娇艳，毋庸半字虚浮”，这是一次对封建传统公文的深刻改革。但总体而言，秦汉以来的各种公文形式，基本沿用至清代末年。

辛亥革命后的南京临时国民政府颁布过一个公文程式条例，对下行、平行、上行公文的名称和适用范围作出了规定，废除了历代封建王朝使用的制、诰、诏、旨等皇帝用的公文名称。新中国诞生前的革命根据地苏维埃政权也十分重视公文在政策宣传和国家管理中的重要作用，公文进入了一个崭新的时代。

中华人民共和国成立以后，党和政府历来十分重视公文工作。党中央于1951年2月发出了《关于纠正电报报告请示决定等文字缺点的指示》。同年4月中央人民政府政务院在北京召开了全国秘书长会议，讨论通过了《公文处理暂行办法》，明确规定了公文工作的基本原则和指导方针，统一了公文名称、体式和适用范围，确定了公文处理程序。1955年1月、1956年11月中共中央和中共中央办公厅又先后批发了《中国共产党中央和省（市）级机关文书处理工作和档案工作暂行条例》与《中国共产党县级机关文书处理工作和档案工作暂行办法》，对党务机关的文书工作作出了明确的规定。这些办法和条例的颁布实施，使公文在适应、规范国家党政管理需要方面迈出了新的一步。

20世纪80年代以来，国务院从社会进步和经济发展的实际出发，曾于1981年2月颁布了《国家行政机关公文处理暂行办法》，并于1987年2月和1993年11月两次修订颁布《国家行政机关公文处理办法》。同时，中共中央办公厅也于1989年4月和1996年两次发布、修订了《中国共产党各级领导机关文件处理条例（试行）》，对党务系统的文件处理工作做了进一步调整、规范与完善。这样为党政机关公文的规范化、制度化、科学化奠定了坚实的基础。

随着中国特色社会主义建设事业和国家政治、经济、文化的进一步发展，社会主义市场经济体制进一步确立，依法治国、规范行政的观念日益深入人心，2012年4月12日，中共中央和国务院再次颁布了《党政机关公文处理工作条例》，对公文的种类、适用范围和格式，行文的规则和收办文处理，公文的归档管理等方面作出了最新的、更为简明规范的、科学的界定，使公文处理朝着适应现代社会发展和改革开放需求，实现现代化、科学化的管理目标又前进了一步。

第二节 公文的种类

一、公文的种类

公文是行政机关依法行政、进行公务活动的重要工具。随着社会主义市场经济体制的不断完善和确立，服务于社会政治、经济、教育和科技等方面的公文种类也在不断地增减，并不断规范完整。根据新颁布的《党政机关公文处理工作条例》规定，目前我国通用的公文共有15种。它们分别是：

（1）决议。适用于会议讨论通过的重大决策事项。

（2）决定。适用于对重要事项作出决策和部署、奖惩有关单位和人员、变更或者撤销下级机关不适当的决定事项。

（3）命令（令）。适用于公布行政法规和规章、宣布施行重大强制性措施、批准授予和晋升衔级、嘉奖有关单位和人员。

（4）公报。适用于公布重要决定或者重大事项。

（5）公告。适用于向国内外宣布重要事项或者法定事项。

（6）通告。适用于在一定范围内公布应用遵守或者周知的事项。

（7）意见。适用于对重要问题提出见解和处理办法。

（8）通知。适用于发布、传达要求下级机关执行和有关单位周知或者执行的事项，批转、转发公文。

（9）通报。适用于表彰先进、批评错误、传达重要精神和告知重要情况。

（10）报告。适用于向上级机关汇报工作、反映情况，回复上级机关的询问。

（11）请示。适用于向上级机关请求指示、批准。

（12）批复。适用于答复下级机关请示事项。

（13）议案。适用于各级人民政府按照法律程序向同级人民代表大会或者人民代表大会常务委员会提请审议事项。

（14）函。适用于不相隶属机关之间商洽工作、询问和答复问题、请求批准和答复审批事项。

（15）纪要。适用于记载会议主要情况和议定事项。

二、公文制作的相关知识

公文按照不同的标准，可以有许多分类方法。《党政机关公文处理工作条例》对公文制发的行文制度和行文原则两方面的内容做了明确的规定。

（一）行文制度

行文制度是指单位之间相互传递处理公文时必须遵守的制度。一般包括行文关系，行文方向和行文格式。各行文单位应当根据各自的隶属关系和职权范围确定行文方向，并根据行文关系、行文目的和工作需要，选择合适正确的行文方式。

1. 上行文。凡下级机关向上级机关呈送的公文为上行文。如请示、报告等文种。根据实际工作需要，上行文可以采取逐级上行文、多级上行文、越级上行文三种方式。逐级上行文是下级向直接上级行文，这是上行文时最基本的行文方式；多级行文，即下级同时向自己的直接上级和更高的上级机关单位行文，这种行文方式只有在少数特殊情况下才可以使用；越级上行文，即下级越过自己的直接上级给更高的上级机关单位行文，这种行文方式不可随意采用，只有在极其特殊且十分必要的情况下才可以采用，如因情况紧急、如战争和自然灾害等、如对直接上级检举或控告等问题，逐级传递将贻误时机。

2. 下行文。凡上级机关单位向下级机关单位发送的公文为下行文。如命令、批复、决定、公告、通知、通告、通报、意见等。根据实际工作需要，下行文也可以分为逐级行文、多级行文和直达基层组织或群众的三种行文方式。使用方法同上行文。

3. 平行文。平行机关或者不相隶属的机关之间，由于工作需要相互往来的公文叫平行文。具体讲，平行文可以在不分系统、级别、地区的党政机关、团体、企事业单位之间因工作需要而直接行文，以提高行文办事效率。平行文大多使用“函”，有时也使用“通知”的形式。

（二）行文原则

行文原则是为了执行行文制度，规范各单位的行文秩序而制定的规则或准则，一般包括下列几点：

1. 除确有必要一般不越级行文。如遇到特殊情况必须越级行文时，除对直接上级保密的问题外，应同时抄报直接上级。同样，如是下行文时，亦同时抄送直属下级。

2. 精简行文，严格控制发文的数量和范围。即可发可不发的，一律不发文；能用其他方式传达信息的就不用文件的形式。

3. 注意行文常规。行文时要分清党与政，领导与指导的关系，党委系统与行政系统之间不上下行文；无隶属关系的高层组织和低层组织间不互相发送上行文和下行文。

4. 正确确定主送单位和抄送单位。请示或要求答复问题的请示件应主送一个单位，忌多头主送；向上级的请示，不要同时抄送下级单位；受双重领导的单位在下行文时，应根据内容明确主送单位和抄送单位；接受抄送公文的单位，不应再向其他单位抄送。

5. 同级单位如确有必要可以联合行文，但联合部门不宜多。

第三节 公文的格式

公文的格式就是公文的文面样式，即公文组成结构和印制规范。一份完整的公文应当具有规范的格式，以体现公文的完整性、规范性和权威性。规范的格式能提高公文的处理效率，便于各机关单位公文的撰制、处理和存档。

一、文头部分

文头部分由份号、密级和保密期限、紧急程度、发文机关标志、发文字号、签发人组成。文头部分位于公文首页上端，在文头部分和正文部分之间画一红色间隔线，作为两部分之间的界线，红线的长短宽度与版心等距，在公文中称为红色反线。

（一）份数序号

同一份公文如印制若干份时，一般应标明份数序号，尤其是带密级的公文和上级机关向下普发的公文，必须标出份数序号，以便于分发、登记、清退、归档等。份数序号用阿拉伯数字顶格标识于文头左上端第一行，一般至少不应少于两位数，单数应编“0×”。

（二）密级和保密期限

秘密等级简称密级，表明公文保密的程度，有保密要求的公文应当在文头右上端第一行顶格标识。我国的公文保密等级分为三级：绝密，机密，秘密。密级二字之间空一字，如“秘　密”。如果需要同时标识密级和保密期限的，两者之间空一字隔开，这时密级两字之间则不空一字。公文制作机关要严格按照国家有关保密的规定，掌握宽严尺度，准确确定密级和保密期限。既要防止因定级太宽，随意扩大密级而造成失密；又要防止因定级太严而影响文件精神的贯彻执行和公文功能的充分发挥。

（三）紧急程度

紧急程度是对公文送达及办理的时间要求。需要紧急办理的公文，应当在文头右上端，密级之下表明紧急程度。紧急程度分“特级、急件”，有时可在标题中标明，如“×××紧急通知”。紧急电报可用“特急”、“加急”、“平急”表明紧急程度。

普通公文一般不需表明紧急程度。公文的承办期限规定为：一般公文不超过一周，急件不超过三个工作日，特急件一日内办毕。

公文制作单位要根据公文送达和办理时间的实际需要，严格掌握紧急程度，不能漏标或随意提高紧急程度。

（四）发文机关标志

发文机关是公文的制发机关，位于文头部分居中标识发文机关全称或规范化简称，在此后加“文件”二字，如“上海市政府文件”。如果两个或两个以上机关联合行文，则主办机关在上，其余机关排列在下。

（五）发文字号

发文字号由发文机关代字、发文年号、发文顺序号三部分组成，位于公文发文机关的正下方、文头红色反线之上，居中排列标识。

发文字号又称发文号或文号，是发文机关编排的公文代号。它标明发出公文的次序，便于归档和查询。其中发文机关代字要选用最能反映发文机关本质属性的字、词作为本机关的代字；发文年号是发文的年度；发文顺序号是当年所发文件的排列顺序编号。发文机关代字与发文年号之间一般加“发”字，也有的加“字”字，还有的省略。如“沪府发〔2003〕75号”，其中“沪府”是发文机关代字，代表上海市人民政府印发的文件，“〔2003〕”是发文年号，代表该文件是2003年印发的，“75号”表示当年的发文顺序号。

发文字号中的年份、序号均用阿拉伯数字标识，年份应写全，用六角号“〔〕”括入

（不用圆括号）；序号不编虚位，前面不加“第”字。

联合行文，只需标识主办机关的发文字号。

（六）签发人

向上呈报的公文，应当标明核准签发文稿的机关单位负责人的姓名，表明公文的责任人。签发人姓名应标识在发文字号同行的右侧。如有多个签发人，主办单位签发人姓名排列在上，最后一个签发人姓名与发文字号处在同一行。

签发人是主管该项工作的机关、部门的领导人。公文设置签发人这一项目格式，一是体现公文的严肃性、庄重性和权威性；二是表明领导人之间的业务分工和负责关系的制度；三是加强机关领导人工作的责任性，防止和避免工作中无人负责，遇事推诿，造成滥发文件或草率行文的现象。

签发人的姓名只能用墨水笔或签字笔以楷体字写真实姓名，不得用圆珠笔、铅笔写其他名号。签发人一般是在机关发文稿纸上签署意见。只有在上行公文时才在正式文件中标识“签发人”字样，并写上签发人的名字和签发日期。

二、正文部分

正文部分是每份公文的主要内容所在部位，由公文标题、呈送机关、正文、附件说明、发文机关印章或成文日期、附注等组成。

（一）公文标题

公文标题是公文行文的名称，应当准确简要地概括公文的主要内容并表明公文种类。

公文标题按规定一般应标明“发文机关名称、事由（正文主要内容）和文种”三部分内容，通过介词结构“关于……的”把这三部分组合起来，形成一个完整的公文标题。个别情况下可以省略发文机关名称或事由，但这二者不能同时省略，文种则在任何情况下都不能省略。具体表现为：

1. 全称式标题。全称式标题由发文机关名称、事由和文种组成。这是公文的常规标题。如《上海市人民政府关于贯彻国务院加强国有资产管理工作通知的情况报告》，其中“上海市人民政府”是发文机关名称（规范化简称），“贯彻国务院加强国有资产管理工作通知的情况”是事由，“报告”是文种。

2. 省略式标题。

（1）由发文机关名称和文种组成，省略了常规标题中的事由。如《中华人民共和国主席令》、《上海市人民政府公告》。一般在正文只有几句话或极为简单的几条，内容一目了然的情况下才可以采用这种省略式标题，虽然标题中未表明事由，但不影响表达的准确性。凡重要的公文，为体现公文的权威性，一般不应省略发文机关名称。

（2）由事由和文种组成，省略了发文机关名称。一般只有在下列两种情况下，可以采用这种省略式标题：一是内容不太重要的事务性公文；二是各机关、团体、企事业单位的内部行文，如上海市教育委员会在系统内下发的《关于本市高等院校开设账户归口核准的通知》。

拟定公文标题时，首先要斟酌该标题是否揭示和涵盖了公文的主要内容，对事由的概括是否准确、简洁，然后考虑文种选用是否恰当，避免出现错用或混用文种的现象。

公文标题标识于红色反线下空两行，用二号小标宋体字。根据标题内容的多少分一行或多行居中排列。回行时，要做到词义完美，排列对称，间距恰当。

（二）主送机关

主送机关指公文的主要受理和答复机关，俗称“抬头”，其标识的位置在标题下一行的左侧顶格，用三号仿宋体字标识，末尾标点用全角冒号“：”以引起正文。

主送机关应当使用全称或者规范化简称、统称。确定主送机关，首先要弄清所发公文的内容性质，属于何种问题，该由哪级、哪个或者哪些机关、部门知照或主办；其次要了解有关机关单位的职权范围、权限能力或解决所提问题的能力。主送机关的确定必须准确无误，除了普发性公文外，一件公文一般只选择一个主送机关而不应该选择多个主送机关，否则会造成由于主送机关责任不明而互相推诿。尤其是上行文的主送机关更要明确标识。一般上行文多是“请示”、“报告”，需要上级主管部门予以批复、指示或指导的事项。因此只能写一个主送机关，以免多头请示而贻误工作。

（三）正文

正文是公文的主体，是公文的核心内容。如何撰写正文，没有统一固定的模式，应该根据每份公文的实际需要和惯用体式来构思撰写。通常要注意的是：第一要准确。准确地表述和传达贯彻党和国家的方针政策；准确地交代事实，叙述事情的原委；准确地使用材料、依据；准确地选用词语、使用标点符号；准确地进行说明和判断。只有准确无误，才不会造成误解，贻误工作。第二要真实。公文内容无论是汇报贯彻上级指示的执行情况，还是向上级请求解决本部门的具体问题，或是向下级提出办理的事项，都应是缘事而发，不能有半点虚假和主观臆想，一切要做到完全真实，有根有据，否则可能造成严重后果。第三要简明。内容要精练，“削尽繁冗留清瘦”；文字要简洁，一字千金，言必中的。

正文位于主送机关名称下一行，按自然段依次排列，每自然段开头空两格，回行顶格。数字、年份和人名中间一般不能回行。字体与主送机关的字体相同，常用三号仿宋体字标识。

（四）附件

附件是指相对公文主体部分的内容而言、附属于公文主体（主件）的材料，一般只作为公文主体的说明、参考。附件的标识方法是在正文结束之后，另起一行行首空两格，注明“附件：×××××”。如有几份附件，可分行排列，用阿拉伯数字标明序号。附件名称不标书名号，末尾一般不用标点符号。

附件材料置于正文之后，与主件一起装订，并在附件首页左上端第一行顶格标识“附件”二字。有序号时标识序号，附件材料的序号和名称应与正文后的标识内容相一致。

附件是用来说明正文的附属文件，处于从属地位。但在公文处理过程中，我们可以看到用命令、决定等发布行政法规和规章的文件，用通知等转发的文件以及议案之后的具体方案等，其正文往往十分简短，只起到批准、发布或按语的作用，而主要内容则在附件中体现。因此，附件也是正文的重要组成部分，其效用与正文相同。

（五）签发机关印章或签署

签发机关印章或签署俗称发文机关落款，位于正文（附件）之后，成文日期之上偏右的位置。签发机关落款的全称要与印章相符，不能随意用简称。几个机关联合行文的，主办单位落款在先。如果公文标题中已经含有发文机关名称的（尤其是下行文时），落款时可以省略发文机关，直接写签发日期，加盖印章即可。签署是指签发的领导人在正式文件上亲笔签名。

公文除纪要外，一般都应加盖发文机关公章，印章既是公文生效的标志，也是发文机关职权或组织权利的象征。一般党政公文均以印章为生效凭证，命令等以领导人名义发出的公文则以领导人在文件上亲笔签名为生效标志。这是公文区别于其他文体的显著标志。

单一机关制发的公文加盖印章，应端正清晰、居中、上不压正文、下压成文日期；联合行文加盖印章，主办单位在前，其他联合行文单位顺序排列在后，印章不能相切相交，印章应用红色。

（六）成文日期

成文日期即公文的发文时间，或称落款日期。它直接关系到公文生效的时效，是文件生效和查考的重要依据之一，必须要准确、无误、完备，具体注明年、月、日。成文日期一般以机关领导人签发日期为准；联合行文，以最后签发机关领导人签发日期为准；法规性文件以批准日期为准；电报传真以发出日期为准。发文时间的标识位置一般在落款下面。有些正式会议通过的文件（决议、会议纪要等），发文时间则居中写在标题下面，有时还表明是什么会议通过的，然后用圆括号括起来。

成文日期的年、月、日用阿拉伯数字书写。

（七）附注

附注一般是对公文的发放范围在使用时需注意的事项加以说明的内容，不是对公文内容的本身作出注释，如“此件发至县团级”。公文如有附注，用三号仿宋体字，在成文日期下一行，居左空两格加圆括号标识。

三、文尾部分

公文末页下方是文尾部分，由主题词、抄送机关、印发机关、印发时间等组成。

（一）主题词

公文主题词是适应办公自动化、档案管理规范化、科学化要求而设立的一项公文格式。它是反映公文基本内容和形式的经过规范处理的一系列名词术语。作为公文分类的标识符号，录入存储于计算机中，检索时只需查找标识符号便能极方便地找到所需要的公文。

1. 主题词标识方法。公文主题词由类别词、内容词、文种词和归属词①组成。主题

① 归属词是体现文件归属的词，说明公文的制发机关。

词应根据公文内容从上级机关制发的《公文主题词表》中选择标识。“主题词”用三号黑体字，居左顶格标识，后标全角冒号“:”；词目用三号小标宋体字，各词目之间空一字，主题词下加一横线，与版心等距。如“上海市人民政府关于预售商品房转让问题的决定”的主题词是“房产　商品房　转让　决定”，其中“房产”是类别词，“商品房、转让”是内容词，“决定”是文种词。一般上行文有归属词，下行文则没有。

2. 主题词标引方法。

首先把握公文主题，对公文的主题进行分析，即了解把握公文所要反映的主要事由。公文的主题一般都明确地表现在公文标题中，形成了“事由 + 文种”的标题模式。因此，针对公文标题作进一步分析，即可把握公文主题。

其次查阅主题词表、归类选词标引。公文主题词表是标引公文主题词的基本依据和主要参考。如国务院办公厅下发的《国务院公文主题词表》，上海市政府下发的《上海市人民政府公文主题词表》。

标引公文主题词要正确掌握“宜宽不宜窄，精当不宽泛”的标引原则。公文主题词要用简洁、精练和规范的语词，准确恰当地反映公文的内容及其类别。根据这一目的要求，首先要考虑内容是否得到圆满反映，接着再检查语词是否精练。只有这两方面统一起来的主题词才是最佳标引。标引主题词的词目数量一般以 4 ~5 个为宜，不超过 7 个。

现代办公手段的进步对文书档案等管理提出了科学、规范的要求。然而在现实工作实践中，我们经常可以看到那种随意从公文标题中抽取若干个“关键词”来作为主题词词目的自由式标引法，这是对公文主题词的误解，也不符合主题词标引方法。公文主题词不是公文标题的简单压缩，这样做就违背了标引主题词的初衷。

（二）抄送机关

“抄送机关”与“主送机关”相对，是“次要受文机关”。它指对所收公文不需承当办理和答复责任，只需要了解文件内容或协助办理的机关。公文如需抄送，在主题词下一行，左空一字用三号仿宋字标识“抄送”，后标全角冒号“:”；如有回行，首字应与冒号后的抄送机关对齐，抄送机关名称间用顿号或逗号隔开，在最后一个抄送机关名称后标句号。抄送机关下加一横线，与版心等距。

抄送机关的对象是上级机关、下级机关和不相隶属机关，统称为抄送机关。在排列顺序上应上级机关在前，不相隶属机关和下级机关依次在后。《党政机关公文处理工作条例》规定：向下级机关或者本系统的重要行文，应当同时抄送直接上级机关；向上级机关的请示件，需要时可抄送其他机关，但不得抄送其下级机关；受双重领导的机关向上级机关行文时，应当写明主送机关和抄送机关。上级机关向受双重领导的下级机关行文，必要时应当抄送其另一上级机关。抄送机关应当是确实需要了解公文内容的机关，防止太多太滥，增加不相干机关的负担。因此，发文机关一定要根据公文内容，准确选择抄送机关。

样式 1-1 公文格式

公文首页样式

××(密级)
××(缓急)

国务院文件

国发〔××××〕××号

关于××××××的通知（标题）

××××:

××。

公文末页样式

××。

×××。

附件：1. ×××××××××××××××

2. ××××××××××××××××××××

中华人民共和国国务院（印章）
××××年××月××日

（××××××××）

主题词：×× ×× ×× ×××

抄送：×××××、××、××××、×××、×××××、××、××××、××××××××、××、××××。

××××××××××××××× ××××年××月××日印制

（共印×××份）

（三）印发机关和印发时间

印发机关是发文机关制作公文的职能部门，一般是发文机关的办公厅（室）或文秘部门。印发时间是指公文的具体印制日期，一般略晚于领导签发的日期，以公文付印日期为准。为保证公文的时效，在一般情况下，公文经领导签发后应及时印发，或在当天，或在次日，不得拖延。印发机关和印发日期位于抄送机关的下一行位置（无抄送机关在主题词之下），用三号仿宋体字标识。印发机关左空一字；印发时间右空一字，用阿拉伯数字完整标识年、月、日。这一行之下应加一横线，与版心等距。底线右侧加圆括号注明印发份数。

草拟即公文的起草。草拟的公文有草稿、定稿之分。定稿是公文印制的凭据，要与打印文件一并存档备查。因此草拟文件有专门印制的发文稿纸，其格式项目印在发文稿纸的固定位置上，其项目包括发文字号、日期、缓急程度、密级、签发、会签、主送机关、抄送机关、拟稿单位、拟稿人、核稿单位、封发人、印制人、校对、份数、附件、主题词、标题、正文等内容。发文稿纸的格式设定，没有统一的要求，各机关单位根据实际需要酌情增删。例如中国人民银行发文稿纸见下表：

样式 1－2　发文稿纸样式

中国人民银行发文稿纸

密级（　）
缓急（　）

<table>
<tr><td rowspan="2">签　发：</td><td>行外会签：</td><td>行内会签：</td></tr>
<tr><td>主办司局长
核　签：</td><td rowspan="2">主办单位：

拟稿人及
电话：

年　月　日</td></tr>
<tr><td>办公厅、业务综合处
核稿：</td><td>主办司局
办公室或
综合处核稿：</td></tr>
<tr><td colspan="3">标题（事由）：</td></tr>
<tr><td colspan="3">主送单位：</td></tr>
<tr><td colspan="3">抄送单位：</td></tr>
</table>

内部发送：
附件（名称）：
主题词：
发文编号：　〔　〕　号　打字：　校对：
打印份数：　份　中国人民银行办公厅　年　月　日封发

第四节 公文的写作要求

公文是制发机关集体意志的体现，是行政机关依法行政和进行公务活动的重要工具。相对于其他文体，它在内容材料和表达方法上有其特殊的要求，尤其是对公文的撰写及撰写过程都有相应的要求。

公文质量的高低，不仅反映了制发机关领导的思想政治理论水平的高低，而且也关系到本系统、本机关能否正确贯彻执行党和国家的路线、方针、政策，对本系统、本机关的改革与发展都会产生极大的影响。

一、对公文撰写者的要求

（一）政治素养

1. 政治信念要坚定。

2. 理论知识要扎实。公文撰写者必须以科学的理论为指导，理论联系实际，善于总结、分析、研究、提炼目前社会主义市场经济体制发展过程中的新问题、新情况，从而指导工作实践。

3. 工作作风要严谨。公文撰写者要具有谦虚谨慎、不骄不躁、严守纪律、勤恳工作、任劳任怨、不图名利、默默奉献的精神和作风，要将严谨的工作作风贯穿于公文撰写的全过程。

（二）知识结构

公文写作题材所遇到的问题和涉及的领域多种多样。因此，公文撰写者应该具备广博的知识，才能面对繁重的公文撰写任务应付自如，保证公文稿件的高质量。

知识结构是指一个人所具有的不同层次的知识构成状况，或者说是各种知识之间的比例、联系和相互作用的状况。一个人的工作能力和他所拥有的知识程度密切关联。根据公文写作的要求，公文撰写者的知识结构一般应该具备这样三个层次：

第一，应该具备一定的政治素养和理论积淀。

第二，应该具备一定的专业知识。这里的专业知识是指有关写作的专业知识和撰写者所在单位的行业专业知识。如果公文撰写者不了解行业的有关知识，就不能很好地理解领导的意图，在起草公文时很有可能会写外行话，因此而影响公文质量。所以，公文撰写者必须重视对专业知识的掌握。如在教育系统任职的，应当熟悉教学和教学管理的知识；在金融、证券行业任职的，应当掌握各种金融、证券等知识；在公司、企业任职的，应当掌握与本单位产品有关的知识等。

第三，应该具备一定的辅助知识。这里所说的辅助知识就是指除了基本理论知识和专业知识以外的其他知识，如历史方面的知识、法律方面的知识。除此之外，公文撰写者还应当掌握一定的管理学、社会学、政治学、领导学、公共关系学和国际关系学等常识，注意文学艺术修养，这些知识有助于开拓自己的视野，提高自己总体的知识修养层次，在起草公文时达到文思如泉涌、游刃有余的境界。

（三）综合能力

1. 认识理解能力。撰写公文不同于写个人文章。写个人文章大都是“事物牵于外，情理动于内”，有感而发。公文写作则是代表单位去行文，并且是“被动”地接受领导布置的任务。因此，公文撰写者要具有较高的认识和理解能力，迅速而正确地理解领导的写作意图，认识和把握公文的写作目的、事由等行文的要点，从而完成公文撰写的任务。

2. 调查研究能力。公文撰写者要具有较强的调查研究能力，才能迅速占有第一手资料，并将主观同客观、理论同实践统一起来，得出正确的结论，避免犯主观主义和片面性的错误。开展调查研究能全面反映公文撰写者的洞察力、政治觉悟、决策水平、组织能力和调查研究能力。因此，调查研究能力的高低也是检验和展示公文撰写者综合能力的重要方面。

3. 分析综合能力。分析综合能力是一种最普遍、最常用的抽象思维能力。无论是阅读资料、研究问题，还是总结经验和撰写文稿，都离不开分析综合。实践证明，分析综合能力的强弱高低，直接关系着解决问题能力的大小。公文撰写者只有具备较强的分析综合能力，才能保证公文撰写的质量。

4. 应用写作能力。只有熟练掌握各种实用文体的样式特点、内容结构、适用范围和写作特点，针对写作需要，收集典型材料，区分应用语言与文学语言的不同点，善于推敲文字，斟酌语句，有较强的语言文字表达能力，才能较自如地写出像样的计划、总结、调查报告、简报、消息等实用性文稿，才能保证在公文行文中不出现文种误用混用、格式不合、语言不妥以及逻辑不清等毛病。

总之，撰写公文是一件十分严肃的事情，公文立言为公，内容重大，关系到公务处理和国家行政管理。撰写者应该全面强化素养，提高能力，抱着不骄不躁、诚恳认真的态度，努力坚持学习，掌握公文写作的规律和方法，从而承担起公文拟写的重任。

二、撰写过程及其要求

（一）交拟

交拟是公文撰写的起始程序。即机关领导人以口头或文字批示的形式，将拟撰写公文的任务、意图、依据和写作要求等向拟稿人员交代清楚，这是公文撰写的起点，撰写者应当做到“意存笔先”，胸中有数。

（二）拟稿

拟稿即起草公文。拟稿人员接受任务后，就要按照写作的一般程序，进行酝酿准备。包括收集材料、提炼主题、安排结构、书写成文、修改定稿这些必要过程。拟稿要做到内容准确、格式正确、表达确切。这是形成公文的直接过程，也是撰制公文的关键环节。它不仅充分体现撰写者的政策水平和思想水平的高低，也直接反映了撰写者的文字表达能力。

（三）修改文稿

修改文稿是公文制作的一个重要程序，也是保证公文质量的重要环节。公文修改工作贯穿于撰写的全过程。从接受任务、获取材料到立意构思、起草完稿，往往需要经过反复地讨论研究，推敲琢磨。公文修改并不是撰写者个人的行为，一篇重要的公文往往是制发机关集体智慧的结晶。公文撰写过程是一个不断修改完善的过程，也是撰写者对事物认识的逐步深化和对表达形式反复选择的过程。因此，撰写者一要有整体的观念，统观全局，要善于从全篇着眼谋略，局部着手修改，一切修改服从于主题、服务于主题；二要有正确态度，虚心听取不同意见，要集思广益，尽可能统一汇集领导的各种意见；三要拓宽思路，开阔眼界，要站到一定思想高度来观察、分析、思考问题；四要有强烈的时间观念，力求在最短的时间内求得最佳效果。

（四）核稿

核稿是指文稿送领导签发之前，由公文制作部门或业务负责人对文稿进行审查，人们习惯称之为“文稿把关”。

《党政机关公文处理工作条例》第五章第二十条对“公文审核的重点”做了明确的规定：“（一）行文理由是否充分，行文依据是否准确。（二）内容是否符合党的理论路线、方针政策和国家法律法规；是否完整准确体现发文机关意图；是否同现行有关公文相衔接；所提政策措施和办法是否切实可行。（三）涉及有关地区或者部门职权范围内的事项是否经过充分协商并达成一致意见。（四）文种是否正确，格式是否规范；人名、地名、时间、数字、段落顺序、引文等是否准确；文字、数字、计量单位和标点符号等用法是否规范。（五）其他内容是否符合公文起草的有关要求。”公文核稿就是在修改的基础上，依据以上规定的要求，对公文进行全面的审核，及时纠正发现的问题，确保公文从内容到形式的全面准确规范，把住公文质量关，维护公文的权威性。

（五）签发

签发就是发文机关领导人对已经审核的公文进行最后审定，签署印发。文稿经领导人签发后即成定稿，可以据此生效。至此，公文制作部门或承办人不得再对文稿内容自行作任何添改变动。

公文签发是机关领导人履行职权的重要表现，签发人对其签发的公文从政治到文字上的准确性负完全责任。重要的或涉及面广的公文要经过领导班子集体讨论，由主要领导签字，必要时可实行“双签”制度，即由两名主要领导人签发。

（六）缮印和编号

公文经过签发，表明撰稿工作已经基本完成，但作为一份完整的公文成品，还有缮印和编号。缮印包括对公文进行缮写誊抄、打字、校对、付印和装订等全部工序。公文制作后要进行编号、登记和分发。这是公文成品的最后一道环节，代表本机关公文开始发生效力。

缮印工作必须以签发原稿为依据，保证质量，快捷守时。做到文字准确无误，字迹工整清晰，格式符合规范，页面整洁大方，装订牢固齐整。

第五节 常用公文的写作

一、通知

通知是机关日常工作中应用广泛、适用范围宽泛、使用频率很高的公文。它是上下级之间、平行和不相隶属的机关单位之间联系、商洽工作或机关单位内部都能使用的文种。根据其使用性质可以分为五种类型。

（一）指示性通知

1. 简说。指示性通知是上级机关对下级机关或所属单位交代工作，布置任务，并且阐明原则和工作目标，要求办理执行的公文。

2. 指示性通知的写法。

（1）标题：一般采用完整式标题，即“发文机关＋事由＋文种”的三项式标题。在系统或机关内部的通知可采用省略发文机关的“事由＋文种”的两项式标题。

（2）受文机关：指示性通知定向性较强，一般有明确的受文机关。

（3）正文部分：一般由通知依据、主体、结尾三部分组成。

通知依据：用简明的语言说明为什么发此通知，然后用一句过渡语转入主体部分。如“现将有关事宜通知如下”、“特作如下通知”等。

主体部分：通知具体事项，也是指示性通知的主要内容所在，往往分条或分段叙述。内容要求具体明确，工作目标要求切实可行，语言文字表达要求准确无误。

结尾部分：一般写执行要求，如“以上通知事项望遵照执行”。有时也可用一般号召性文字提出希望和要求；有的用“特此通知”等习惯用语；有的认为正文部分已经叙述比较详尽而可以没有结尾。

（4）发文机关或成文日期：在落款处署上发文机关全称或规范化简称，如果在通知的标题中已经标明发文机关名称，落款处则不必标署，直接标明成文日期的年月日即可。

（二）批转或转发性通知

1. 简说。批转或转发性通知是批转下级机关或转发上级机关和不相隶属机关的公文时使用的公文。

批转性通知是对下级来文加批语予以转发的通知。下级来文对于本系统、本部门工作有参考、借鉴价值，上级便用“批转性通知”予以转发，要求受文单位遵照或参考执行。批转性通知具有权威性，起到“指示”的作用，因而被批转的文件便具有了参考执行的价值。

转发性通知是指将有指导、借鉴意义的上级机关、同级机关或不相隶属机关的文件，通过本单位向下级发送，要求下级单位遵照或参考执行。“转发”就是转送印发的意思，发文单位对来文只起到中转的作用。

批转性通知和转发性通知的区别在于：

（1）批转性通知适用于上级机关对来自下级的公文进行批转。转发性通知适用于下级对上级或不相隶属机关的公文进行转发。

（2）在批转性通知上必须表明批转机关对批转公文的态度，还可以加批转说明，或提出执行要求。在转发性通知上一般不加按语而直接转发。批转性通知的重点在于“批”字上，而转发性通知的重点则是在“转”字上。

2. 批转或转发性通知的写法。

（1）标题：一般由“发文机关+事由+文种”组成三项式标题。此类通知与其他类型通知不同的是，发文事由用“批转”或“转发”带出被批转或转发的公文标题，并用书名号括上。例如：“上海市财政局关于转发《财政部关于印发〈基本建设财务管理规定〉的通知》的通知”。

（2）受文机关：批转或转发性通知的受文机关一般是下级或所属各机关单位。因此，受文机关可以是一个，也可以是数个。

（3）正文：此类通知的主要内容往往在被批转或转发的公文内。因此，正文要求文字精练、简约。根据不同情况，用“同意×××文件，现转发给你们，请认真贯彻执行（或请结合本单位情况参考执行）”等短语或语句予以批转或转发。有些重要的文件还可以根据本地区、本系统和本单位的实际情况，对所批转或转发的文件中所述问题或作出强调，或作必要补充，或有针对性地提出要求等。一般另起一段写，将转发的目的、意义和要求讲清楚。

随转发性通知、批转性通知一起下达的被转发、被批转的文件应视为正件的组成部分。凡在公文标题中已明确转发、批转文件名称的，不再列入附件。

（4）发文机关和发文日期：同指示性通知。

（三）发布性通知

1. 简说。发布性通知也称颁布性通知。它是用于发布行政法规、条例、办法、规定等文件的通知，具有权威性，其作用是表明被颁布的文件开始生效。此类通知从中央到地方都普遍使用。发布性通知的内容较为简短，一般只写明被颁布的文件名称，并提出贯彻要求。有时根据需要还可进一步阐明被颁布法规的意义，以利执行。被发布的公文是正式公文的一部分，不应视为附件，也无须在文末作附件说明。

重要的规章用“颁发”或“发布”，一般的用“印发”，这类通知发布（印发）的法规性公文，一般都是发文机关本身制定的。

2. 发布性通知的写法。

（1）标题：一般采用“发文机关+事由+文种”的三项式标题。发文事由用“颁布”、“发布”、“印发”等字样带出被发布公文的标题，被发布的规章、法规要用全称并用书名号括上。例如：“国务院关于发布《党政机关公文处理条例》的通知”。

发布一般性规定、办法的通知可以省略发文机关，而在落款处署名。

（2）受文机关：通知具有定向性，因此，发布性通知也应该有具体的受文机关。如在“国务院关于发布《党政机关公文处理条例》的通知”一文中明确标明受文机关是“各省、自治区、直辖市人民政府，国务院各部委、各直属机构”。

（3）正文：发布性通知的正文一般比较简短，只需写明被发布公文的全称（加书名号）、由何时、在何会议（机关）通过及执行要求即可。必要时可以简要阐述发布此公文的目的、意义或提出认真贯彻执行的具体意见。

（4）发文机关和发文日期：同指示性通知。

（四）事务性通知

1. 简说。事务性通知也称知照性通知，用以处理日常工作事务，即上级机关要求下级机关或不相隶属机关办理或需要周知、执行的事项，包括告知情况、部署一般工作、设立机构、启用印章、举办纪念活动、成立或撤销某个机构以及召开会议、组织学习等。如“上海市物价局关于本市高校收费工作有关问题的通知”、“关于做好2003年党报征订工作的通知”等。这类事务性通知的知照作用较强，只需要根据不同事由，简明扼要地把需要知照的事由说清楚即可，没有必要予以议论、评价或阐发意义。

2. 事务性通知的写法。

（1）标题：一般采用“发文机关+事由+文种”的三项式标题。在机关单位内部使用的通知可以省略发文机关。

（2）受文机关：知照性通知应有受文机关，需要周知的受文机关如果有两个以上，可以采用同类机关的统称，如国务院行文经常用“各省、自治区、直辖市人民政府，国务院各部委，各直属机构”来统称各受文机关。

（3）正文：一般由通知缘由和通知内容两部分组成。缘由要交代清楚告知事项的依据或背景，内容要写明事项的具体内容和要求。正文中要将通知涉及的时间、地点、告知事项和活动内容表达得准确无误，使受文机关明确要求，利于执行。正文末尾可使用“特此通知”作结。

（4）发文机关和成文日期：同指示性通知。

（五）会议通知

1. 简说。会议通知是各机关单位使用最频繁的文种，各机关单位在召开会议之前，要将会议的有关事项告知与会者。除了一些小型或紧急会议可用口头通知或电话通知外，一般都要使用会议通知。

2. 会议通知的写法。

（1）标题：一般采用“发文机关+事由+文种”的三项式标题，在机关单位内部使用的会议通知，可以省略发文机关。在工作实践中，我们经常会看到直接以“通知”作为标题的会议通知。但是如果作为正式公文，这样的标题标引是不规范的。

（2）受文机关：会议通知指向性十分明确，在制发会议通知时，受文机关和出席会议的对象已经基本确定。因此，行文时要明确受文机关。如果有些会议通知是给领导个人的，可直接写上领导人的职务或姓名。

（3）正文：会议通知的正文一般由召开会议的背景和会议具体内容两部分组成。召开会议的背景主要写明召开会议的主题、目的、意义，即为什么要召开会议、会议将达到什么目的；会议具体内容一般采取分条列项的方法将会议名称、召集单位、起止时间、出席人员、会议地点、会议议程安排（日程）、携带材料及其他有关事项交代清楚。有时为了安排好有些大型会议的会务，会议通知还附有“回执”，要求与会人员提前告知与会者的名单（包括职务、姓名和性别等），来往交通工具（车辆、飞机），抵达时间以及是否需要预订返程票等事项。拟写会议通知的关键是要仔细、周全，用语简洁明确，不易发生歧义。会议通知最后要留下会务联系人员的通信方式。

（4）发文机关和成文日期：同指示性通知。

（六）拟写通知的注意事项

1. 通知的内容要明确具体，忌模糊不清，不得要领。

2. 通知的语言要简洁肯定，忌重复赘言，模棱两可。

3. 通知的词语要使用一定的专用语。如指示性通知常用过渡语“现通知如下”、“特作如下通知”，结尾常用“以上通知，望遵照执行”；转发性通知常用“现将××××转发给你们，望遵照执行”等作为结束语；其他通知结束时一般常用“特此通知”等。

二、通报

通报是表彰先进、批评错误、传达重要精神或者情况以及需要各相关单位知晓时使用的公文。

通报的事项一般是具有普遍意义的典型事例、成功的经验或失败的教训，以对人们起到示范教育、交流消息、沟通情况的作用。

通报使用范围是上级机关可对所属下级机关发通报；本机关也可对内部各组织机构和有关人员发通报。

通报按其作用可分为表彰性通报、批评性通报和情况通报三种。这三种通报尽管内容各有侧重，形式各有不同，但除正文外，在标题、受文单位、发文单位和成文日期等基本要素的写法上大体相同。

（一）基本要素的写法

1. 标题。通报一般可采用“发文机关＋通报事项＋文种”的三项式标题，也可以采用省略发文机关的“通报事项＋文种”的两项式标题。标题中的“通报事项”是拟制好标题的关键。行文时一定要用简洁明了、定义准确的词语概括好被表彰的事迹、被批评的事项和被通报的情况，使人一看标题就知道该通报表彰的是什么、批评的是什么、通报的是什么。

2. 受文机关。通报一般是普发性公文，受文机关往往较多，所以要注意受文机关的排列顺序。如果受文机关过于冗长，可在正文前省略，而在文尾的“主题词”与“抄送机关”之间，增加“主送机关”一行，将受文机关顺序列于该行；用于张贴或登报的通报，则可以不列受文机关。

3. 发文机关和成文日期。通报的标题如果是三项式标题，只需在正文结束后右下方的落款处标明成文日期的年月日即可。但如果是省略发文机关的两项式标题，则需要在落款处标署发文机关全称或规范化简称，在落款下面标明成文的年月日。

（二）不同类型通报正文的写法

1. 表彰性通报。

（1）简说。表彰性通报主要是对全局性工作的成果、成绩或者某单位、某部门的先进典型、有突出贡献或者有功人员进行表彰奖励的一种通报。其作用是通过表彰先进人物，从正面树立榜样，弘扬其品德和精神，推广其先进经验和做法，对当前的工作起到积极的指导意义或促进、推动作用。

（2）表彰性通报正文的写法。表彰性通报的正文一般由主要事实、表彰决定和学习要求三部分组成。

主要事实：概述发此通报的背景，交代清楚表彰事迹的时间、地点、参加人员、具体经过、主要情节和事迹等。写法上的要求是一要善于分析，抓住本质；二要注意材料安排的详略恰当；三要采用概述手法；四要语言简练。

表彰决定：在简单分析原因的基础上对表彰人员或单位予以精神或物质奖励，如记功、晋升、授予荣誉称号等，表述要清楚明确。

学习要求：发文单位一般先表明对受表彰事件的态度和评价，然后向受文单位提出学习号召，以此作为全文的结束语。

2. 批评性通报。

（1）简说。批评性通报是在一定范围内对工作中出现的不良现象、情况与事件进行批评的公文。其目的是通过批评通报，指出危害，归纳教训，引以为戒。

（2）批评性通报正文的写法。批评性通报的正文一般由主要错误事实、对错误事实的分析与评议、处理决定和警戒要求四部分组成。

主要错误事实：即写明错误或事故发生的前因后果，包括时间、地点、人物、事件经过等主要过程。陈述错误事实要具体客观、实事求是，不夸大，不缩小。

对错误事实的分析与评议：即根据错误事实找出产生或造成的严重性和后果的危害性，找准根源，分析成因，作出恰如其分的评议。

处理决定：对被批评单位或责任人提出处理意见，要做到严肃、慎重、恰当。处理决定超过两项的，可以分条表述。

警戒要求：针对通报事项，向受文机关和干部群众提出举一反三、引以为戒的要求，避免或杜绝类似情况的发生。

3. 情况通报。

（1）简说。情况通报就是把上级机关的重要精神或某一方面工作的重要情况，把工作中出现的新情况、新问题或经验传达给所属的机关单位，以引起重视或借鉴。情况通报的特点具有强烈的时间性，对于统一思想认识，及时沟通信息，推动当前工作具有重要作用。情况通报的内容写法不一，有的只告知情况，使受文单位了解；有的还要对情况进行分析，指出意义，提出针对性要求。采用何种写法，要根据事项的特点和发文意图来确定。无论哪种写法，都要求情况真实，事项典型，分析中肯，意见切实，符合政策。

(2) 情况通报正文的写法。情况通报的正文由通报情况和提出要求两部分组成。

通报情况：即把通报的情况信息、事实材料等介绍清楚，如实反映。如果是通报工作情况的，首先应肯定已经取得的成绩，表扬成绩突出的单位、部门，并说明取得成绩的原因，使受文单位得到鼓励；如果是通报错误情况的应指出工作中存在的问题和不足，也可以批评一些问题、严重的事件、现象或单位，并说明产生问题的原因，以引起受文单位的高度重视，努力、尽快解决；如果是通报突发事件（事故）的，首先要把事件（事故）发生的基本情况（包括时间、地点、当事人、事情经过和造成的后果）交代清楚。然后简单分析事件（事故）发生的原因和已经或可能造成的影响，使受文单位了解情况的前因后果。

提出要求：针对通报的情况作必要的阐述、评价，针对工作中存在的问题和不足，或者造成突发事件（事故）的原因，对受文单位提出改进的要求和应注意的事项。如果提出要求和应注意的事项比较多时，为便于受文机关贯彻执行，可以分条排列。

（三）拟写通报的注意事项

1. 通报的选材要典型、具有普遍意义。表彰先进要有感召力，批评错误要有警戒作用。

2. 通报的事实要准确，行文要丰满，评价要恰当，分析要到位。

3. 通报的时间把握要及时迅速，起到宣传教育、推动工作的作用。

三、报告

报告是机关单位最常用的陈述性公文。按其用途可分为工作报告、情况报告、调查报告、答复报告、报送报告。报告一般由文头、标题、主送机关、正文、发文机关和成文日期几部分组成。上述五种报告除正文外，其他几部分的写法基本相同。

（一）基本要素的写法

1. 文头部分。报告和请示都是上行公文，因此在文头部分的发文字号右侧应标明公文签发人，即发文机关的负责人应签字，表明对公文负完全责任。

2. 标题。报告一般采用“发文机关＋报告事项＋文种”的三项式标题；也可以采用省略发文机关的“报告事项＋文种”的两项式标题，然后在落款处标明发文机关。

3. 主送机关。上行文一般只有一个主送机关，即直接的上级机关。如果此报告需告知几个上级机关，可以采取主送直接上级机关，抄送其他上级机关的行文形式。

4. 发文机关和成文日期。如果发文机关已在标题中明确标识，那么落款处只需注明报告的成文日期年月日即可。

（二）不同类型报告正文的写法

1. 工作报告。

(1) 简说。工作报告主要用于总结工作经验、汇报工作的进展或完成情况、提出今后工作意见等的公文。一般有内容较全面的综合性报告和内容较单一的专题性报告。行文时要把工作进展情况、经验体会、存在问题等内容在报告中具体反映出来。综合性报告在全面汇报的同时，要注意突出中心工作，有主有次；专题性报告的内容要专一，只写一个专题，不能写与本专题无关的其他内容。

（2）工作报告正文的写法。工作报告的正文一般由前言、工作情况和成绩、工作经验或教训、存在问题和不足、今后工作意见或打算及结尾六部分组成。

前言：正文的开头。首先简要交代被报告工作的依据、时间、进程、内容、成绩等情况，然后用“现将有关情况报告如下”引起下文。

工作情况和成绩：汇报工作的基本情况和主要成绩。汇报时可以按时间顺序的纵式结构写，也可以用把工作分几个方面的横式结构写，还可以纵式结构和横式结构结合，交叉兼用。一般汇报工作进程、基本情况时往往采用纵式结构，而在分析主要成绩时则采用横式结构，使报告简要、条理清晰。

工作经验或教训：这是工作报告的重点内容，是指在完成工作任务的过程中形成的带有规律性的认识或经验体会。工作报告往往把工作中行之有效的措施和方法加以总结、提高、归纳，对今后工作或其他单位的工作具有参考价值，能起到指导作用。

存在问题和不足：工作报告还应该“一分为二”地找出工作中存在的失误和不足，以利在今后的工作中改进或避免。

今后工作的意见或打算：针对以上情况，提出今后工作的意见或打算，在一般情况下可以简单阐述。如果在改进目前存在的问题和不足时存在具体困难，那应该另行文，以“请示”的形式请求上级机关予以指导、解决。如果希望上级机关同意批转本报告，那么工作意见或打算须详细表述，以便上级机关批转其他各机关，各单位贯彻执行。

结尾：工作报告的结束语往往用“以上报告如有不妥，请指正”或者直接以“特此报告”结束。

由于报告不是请示文件，上级机关没有答复的义务，因此不能用“以上报告妥否，请指示”之类的用语做结束语。如果希望上级机关批转本报告，可以用“以上报告如无不妥，请批转有关单位（地区、部门）贯彻执行”等习惯用语来结尾，而且这个结尾不能省略。

2. 情况报告。

（1）简说。情况报告是将某一情况的原委、性质、影响以及对情况的基本看法向上级作如实反映的报告。“情况”包括工作中发生的重大问题或特殊情况、工作中新的动态和完成上级交办工作时遇到的实际情况。情况报告的作用是把工作中遇到的带有普遍性意义的现象、问题等向上级及时反映，以便上级了解和采取必要措施或得到上级的指导。

（2）情况报告正文的写法：情况报告反映的问题通常比较专一，主要是围绕一项工作、一件事情加以叙述和说明。其正文主要由汇报、反映发生的情况并作客观的分析、报告处理结果或处理打算和结尾三部分组成。

汇报、反映发生的情况并作客观的分析：首先将情况发生的原因（报告依据）作准确、简要的汇报；然后进行客观的分析，说明情况的性质，指出已经产生或可能产生的正面或负面影响。

报告处理结果或处理打算：报告中要将已经处理的结果或准备处理的打算（或完成情况或结论）予以如实汇报。

结尾同工作报告，没有特殊情况，一般以“特此报告”作为结束语。

3. 调查报告。

（1）简说。调查报告是指有关单位为了解情况，研究制定政策、法规、计划，解决与处理问题，发现典型与总结新鲜经验，推动工作等有目的的指派专人或工作组深入实际进行调查之后写出的书面报告。在调查报告中，调查研究是取得第一手资料、制定有关方针政策和处理问题的重要依据。调查报告的目的性很强，往往一个调查报告就是一个专题报告。

（2）调查报告正文的写法。调查报告的正文通常由目的经过、基本情况、分析认识、结尾四部分组成。

目的经过：正文开头简要交代进行调查的缘由，调查的时间、地点和对象，要解决的中心问题，参加调查的人员和调查的简要经过。

基本情况：汇总通过调查得到的具体情况。

分析认识：通过汇总调查所得到的资料，从中分析研究得出的认识。这一部分也可以与基本情况结合在一起写，边汇总边分析。既可以采取纵向叙述法，从事物的历史状况谈起，分析它的发展变化及成因；也可以采取横向剖面叙述法，从几个主要的方面来看事物的发展面貌和主要特点。

结尾：对全文作“画龙点睛”式的总结。概括出全文给人的启示和得出的结论。有时也可对问题的定性处理、政策的制定调整、工作的开展推进提出意见或建议。

4. 答复报告。

（1）简说。当上级机关向下级机关询问某一问题或某项工作进展情况时，下级机关按照要求向上级机关如实汇报情况而使用的公文就叫答复报告，又称答复询问性报告。

（2）答复报告正文的写法。答复报告的正文由报告起因、报告内容和结尾三部分组成。

报告起因：正文开首说明写报告的原因或根据。通常是写明收到上级什么文件，或什么指示，或接受了什么任务后，执行办理的进程情况或办理结果的摘要。

报告内容：这是报告的主体。要按照执行或办理的实际情况拟写，通常要写明执行或办理的依据、主要过程、主要措施及结果，有时还要写出主要的做法、经验、教训及今后打算。答复报告具有很强的针对性，上级机关问什么，下级机关就答什么。

结尾：一般用“特此报告”结束，也可省略。

5. 报送报告。

（1）简说。报送报告是下级机关向上级机关报送有关公文或物品时，随报送材料或物品而写的一种报告，它的落脚点是在报送的材料或物品上，而不是报送报告的本身。

（2）报送报告正文的写法。报送报告的写法一般比较简短，只需写明报送对象及报送目的地，请受文机关查核（查收）、审阅（阅核）即可。

（三）拟写报告的注意事项

1. 报告中忌夹带请示事项。报告的特性决定了受文单位没有答复的责任，因此，夹带请示事项往往容易误事。

2. 报告忌面面俱到、不分主次。拟写时要根据上级的要求，分清主次，突出重点，善于综合归纳。要从众多的材料、数据中提炼出有价值、带规律的内容。

四、请示

(一) 简说

在实际工作中，各机关、企事业单位或社会团体经常会碰到这样的情况：或因对有关政策掌握不准；或因事情重大不易裁决；或因出现新情况、新问题而无章可循；或因权力限制而不能对某项工作决定、处理等。当出现这类情况时，具体的执行部门往往需要行文经过上级答复、批准后方能办理或执行，这时所使用的文体就是请示。

请示是一种上行文。它具有三个特点：一是内容的单一性，请示必须严格遵循“一文一事”的行文原则；二是要求的可行性，请准的事项应该切实可行，请准的理由应该非常充分，并且不是超出上级机关的审批权限或解决能力之外的要求；三是态度的祈请性，请示是向上级机关提出请求批准事项，所以请示应在事前行文，不能“先斩后奏”，同时行文语言要恭谦，语气应诚恳。

(二) 请示的写法

1. 标题。请示的标题一般采用“发文机关 + 请示事项 + 文种”的三项式标题。有时也可省略发文机关，用“请示事项 + 文种”的二项式标题，而在落款时标明发文机关。

2. 主送机关。请示是上行文，请示的目的是祈请上级对请示事项作出答复。因此，请示的主送机关只能是一个，即直接的上级机关。即使是双重领导的下级机关向上级机关请示，也只能以主管所请示事项的上级机关为主送机关，尽可能避免出现由于两个主送机关而作出了两个截然不同的答复，致使发文机关无所适从的情况；或者可能出现的互相推诿，谁都不作答复而贻误工作的情况。

3. 正文。请示正文一般由请示事由、请示事项、请示要求三部分组成。

(1) 请示事由（起因）：正文开头表明提出请示的依据。请示的发文机关可以根据工作中遇到的新问题、新情况如实反映情况，提出问题，陈述理由。

(2) 请示事项：这是请示的核心内容。在反映情况、提出问题、陈述理由的基础上，写明需上级帮助解决的问题。为了有利于批准，可以进一步提出解决问题的建议、措施或方案，供上级领导审批时参考。

(3) 请示要求：这是请示的结尾部分，也是请示的终结和强化。行文中要用简短的文字概括写出具体请示要求，突出主题。通常是紧接请示事项之后，另起一段书写。根据请求目的不同，请示常用语是“以上请示如无不妥，请批准”、“当否，请指示”、“特此请示，请予以审批”、“以上请示如无不当，请批转各部门（地区、单位）执行”等。这是请示的重要组成部分，不能省略。

(4) 发文机关和成文日期。

(5) 请示件应当在文头部分标明签发人姓名，在附注处注明发文机关联系人的姓名和电话。

(三) 拟写请示的注意事项

1. 请示要一文一事，忌一文多事。

2. 请示的主送单位只能是一个，忌多头主送。

3. 请示要事前行文（紧急事件除外），忌先斩后奏。

4. 明确行文目的，准确使用文种，切勿写成“请示报告”。

5. 选准请示的问题，充分考虑到上级批准的可能性。

6. 请示理由要充分，具有说服力。

五、批复

（一）简说

批复是针对下级的请示事项使用的文件，具有鲜明的针对性、指示性和结论性的特点。首先是针对性。批复是针对请示事项的答复，针对请示单位，针对“请示”这一文种，针对请示中提出的问题。没有请示，就没有批复。其次是结论性。批复要针对下级的请示，明确表示是否同意或者是否可行的结论性态度，这是上级对请示问题所作的决定。上级的批复就是下级开展工作的依据，下级机关必须遵照执行。最后是指示性。针对下级机关的请示，上级机关在批复中还要提出开展此项工作的要求、措施等指示性意见。这些意见与指示具有同样的作用，下级机关也要认真落实。

（二）批复的写法

根据请示内容的不同要求，批复还可分为表态性批复与指示性批复，但在写法上大同小异，因此一并介绍。

1. 标题。批复的标题一般采用“发文机关 + 批复事项 + 文种”的三项式标题，也可省略发文机关，采用“批复事项 + 文种”的两项式标题。标题中的“批复事项”一般只引用来文标题中的事由，而不引用来文标题的全部。

2. 受文机关。受文机关即请示的发文机关。如果其他单位也需要了解该批复内容，可采用抄送形式。

3. 正文。批复正文一般由批复依据、批复内容、结束语三部分组成。

（1）批复依据：批复的开头引用来文的日期、标题和发文字号。常用的写法是：“你省××××年××月×日《关于×××××的请示》（××发〔××××〕×号）收悉”，随后用过渡语引出下文，如“现将有关事项批复如下”，或者“经研究，现批复如下”等。这样的写法一般适用于指示性批复。表态性批复由于只对请示事项表明同意或者不同意的态度，文字较短，可以不用此过渡语，而直接进入批复内容。

（2）批复内容：针对来文的内容进行答复，表明对请示事项的态度和意见。必要时，上级机关还可进一步提出实施的具体指导意见及特别要注意的问题。

（3）结束语：常用“特此批复”、“专此批复”、“此复”等惯用语。如果在开头已有“特作如下批复”等过渡语，结束语可以省略。

4. 发文机关和成文日期。如果在批复的标题中省略了发文机关，落款处则需署上发文机关名称，同时注明成文日期年月日。

（三）拟写批复的注意事项

1. 批复要坚持一请示一批复的原则；切忌一文多批或多文一批。

2. 批复要态度明确、意见清楚；忌含糊其辞不置可否，使请示单位无所适从。

3. 批复行文要原则简洁、言简意明，针对性强；忌离开请示事项说题外话。

六、函

（一）简说

函也称公函。函的写作较灵活、内容较广泛，陈述事实，说明情况，答复问题，批准事项都可用函。它是一种上下级之间、平行或不相隶属的机关之间都可以使用的、适用面较宽的公文。

从函的行文方向分类，可分为来函和复函两种。

（二）函的写法

1. 来函。来函也可称为去函。即发文机关主动向对方提出商洽工作，询问事项，请求批准等用函。其基本写法为：

（1）标题：来函的标题一般采用“发文机关 + 发函事由 + 文种”的三项式标题，也可省略发文机关，采用“发函事由 + 文种”的两项式标题，但在落款时需署名。

（2）主送机关：函的主送机关只能是一个，即致发机关。

（3）正文：来函的正文一般由起因、事项和结尾三部分组成。

起因：陈述发函的原因或理由。商洽工作的函开头一般简短说明原因，无须长篇大论；询问事项的函则要开门见山，直奔主题；请求批准的函类似于请示，必须把请求批准的理由表达充分。

事项：提出商洽内容或请求批准的事项。根据商洽或请求事项的内容长短，确定行文的长短。

结尾：来函正文的结尾用语如表示希望的用“为要”、“为盼”等，表示感激的用“为荷”、“是荷”等；“为盼”用于上行函，“为荷”用于平行函。凡需要受文机关复函的，在结尾应有复函请求，一般常写“请予函复”、“即请复函”、“敬请函复”。若不需对方答复，则写“特此函达”、“特此函告”。无论去函或复函，都要写得中心明确，主题集中，不蔓不枝，不夹杂与处理事务无关的话。语言要恳切，语气要谦和，措辞要得体。即使对下级，也要以礼相待，表现出对对方的尊重。

（4）发文机关和成文日期。

2. 复函。复函也可称为答函。即发文机关答复来函询问事项、批准（或不批准）请求等用函。复函的写法类似于批复，有来函才有复函。

（1）标题：复函标题一般采用“发文机关 + 复函事项 + 文种”的三项式标题，也可用省略发文机关的两项式标题。“复函事项”即是来函请求答复事项的概括表述。

（2）主送机关：复函的主送机关就是来函机关。

（3）正文：复函正文的写法与来函相似，也由起因、事项、结尾三部分组成。

起因：告诉对方来函已收到。复函一般开头先引述来函的标题、发文字号，然后用“经研究，现函复如下”等惯用语过渡。

事项：复函的事项部分就是对来函提出的请求作出明确的同意与否的答复。如果不能满足来函要求的，复函时要简述原因或理由，以期得到对方的谅解。

结尾：复函的结束语一般采用“专此函达”，“特此函复”，“特此函告，务请见谅”等习惯用语。

（三）拟写函的注意事项

1. 拟函应开门见山、开宗明义，忌客套、绕弯。

2. 拟函要有鲜明的针对性，一事一函，忌一函多事。

3. 拟函态度要诚恳、语气要平和，忌居高临下、发号施令。

4. 复函要直接回答来函提出的问题，忌复非所问，也不宜提出执行要求。

[例文一]

中共中央办公厅　国务院办公厅
关于印发《党政机关公文处理
工作条例》的通知

中办发〔2012〕14号

各省、自治区、直辖市党委和人民政府，中央和国家机关各部委，解放军各总部、各大单位，各人民团体：

《党政机关公文处理工作条例》已经党中央、国务院同意，现印发给你们，请遵照执行。

中共中央办公厅
国务院办公厅
2012年4月16日

（此件发至县团级）

[简析]

这是一份典型的发布性通知，内容简短，言简意赅，主要的内容都在附件上，即《党政机关公文处理工作条例》，正文只起到了引言、按语的作用。

[例文二]

国务院批转国家土地管理局
《关于加强农村宅基地管理工作的请示》的通知

国发〔××××〕4号

各省、自治区、直辖市人民政府，国务院各部委、各直属机构：

国务院同意国家土地管理局《关于加强农村宅基地管理工作的请示》，现转发给你们，请认真贯彻执行。

中华人民共和国国务院
××××年×月×日

[简析]

这份批转性通知只用一个段落就写明：批转机关名称是“国务院”、态度是“同意”、被批转公文的发文机关是“国家土地管理局”、被批转的公文标题是“关于加强农村宅基地管理工作的请示”、执行要求是“认真贯彻执行”。与转发性通知不同的是，批转机关明确表明了自己的态度，即“同意”国家土地管理局的请示，这是批转性通知的特点，必须引起注意。

[例文三]

上海市财政局关于转发《财政部关于印发〈基本建设财务管理规定〉的通知》的通知

沪财建〔2002〕189号

各委、办、局，各有关投资公司，各区、县财政局：

为了适应新形势下基本建设财务管理的需要，有利于各部门、各地区及项目建设单位加强基本建设财务管理，有效节约建设资金，控制建设成本，提高投资效益，针对基本建设财务管理中反映出的问题，财政部对《基本建设财务管理若干规定》（财基字〔1998〕4号）的有关内容进行了修订。现将财政部《关于印发〈基本建设财务管理规定〉的通知》转发给你们，请转知所属按照执行。

一、本次修订的《基本建设财务管理规定》完善了基本建设预算管理、财务管理和财务监督，取消了非经营性项目投资包干责任制及其包干节余分配办法，调整了非经营性项目结余资金分配内容，改变了基建收入的税后收入处理规定。

二、本市凡有财政性资金投入的项目，建设单位管理费实行总额控制、年度审批办法。建设单位应在每年第一季度内正确编报建设单位管理费年度预算（包括委托代建管理费用），经同级财政部门审批后据实列支。特殊情况确需超过基本建设财务开支标准的，须事前报同级财政部门审核批准。

三、本规定自发布之日起执行。上海市财政局1998年印发的《关于印发〈上海市基本建设项目竣工决算审批办法〉的通知》（沪财基〔1998〕3号文）、《关于转发〈财政部〔关于基本建设财务管理若干规定〕的通知〉的通知》（沪财基〔1998〕4号文）、《关于印发〈上海市基本建设项目竣工决算报表编制说明〉的通知》（沪财基〔1998〕7号文）、《关于本市基本建设项目竣工财务决算的补充规定的通知》（沪财基〔1998〕20

号文）同时废止。本市其他制定的基本建设财务管理规定中有关条款与本通知不符的，按本通知规定执行。

特此通知。

附件：财政部《关于印发〈基本建设财务管理规定〉的通知》

（印章）
二〇〇二年十月三十日

[简析]

这份转发性通知是上海市财政局为转发上级机关财政部的通知而拟写下发的。通知一开始即明确指出“为了适应新形势下基本建设财务管理的需要，有利于各部门、各地区及项目建设单位加强基本建设财务管理，有效节约建设资金，控制建设成本，提高投资效益”，财政部针对基本建设财务管理中反映出的问题而修订了《基本建设财务管理规定》，然后在正文中提出了三项内容，第一项着重说明修订的重要意义，第二项提出具体的执行要求，第三项是提出实施本规定的具体时间，并对上海市以往制定的同类型的办法提出废止要求。

[例文四]

上海市人民政府贯彻国务院
关于加强国有资产管理工作的通知的情况报告

国务院：

现将我市贯彻《国务院关于加强国有资产管理工作的通知》（国发〔××××〕38号）的情况报告如下：

一、开展对国有资产的调查统计工作。主要是调查统计全市国有资产存量，掌握资产分布的现状及其经营效益，了解资产管理中存在的问题，为“八五”期间开展清产、核实国家资金做好准备。在清查国有资金存量中，我市采取了“先预算内后预算外，先账内后账外，先市内后境外”的做法，逐步摸清了全市国有资产的底数。国务院计划在“八五”期间进行清产核资，我们认为这是一项非常重要的工作，我市将根据国务院的部署，积极开展清产核资的试点。

二、对“撤、并”的公司做好国有资产的清理、评估、划转和收缴工作。我市由市清理整顿公司领导小组负责清理、整顿公司。对确定“撤、并”的各类公司，从保护国有资产、防止国有资产流失出发，市政府已责成财政局负责国有资产的清理、评估、划转和收缴工作。

三、加强企业的国有资产管理。在工业企业产业结构调整中，由我市经委牵头，国有资产管理机构参与组织企业集团、联合经营、企业兼并和其他各种试点涉及国有资产管理的工作，积极推进国有资产存量合理流动，提高经济效益。

四、纠正损害国有资产产权的行为。市政府已责成有关部门深入进行检查，如发现问题，要采取相应的措施予以纠正。同时研究如何加强对股份制企业、企业兼并、中外合资经营企业的中方资产管理等。此外，还将研究国有资产产权界定政策、限制设备的调剂办法等。

五、逐步建立资产评估机构。我市将陆续开展对评估机构资格审查和颁发资产评估资格证书，以适应对外开放的需要。待条件成熟后，我市将设置国有资产评估中心，负责组织、领导和监督市管国有资产评估工作。

六、研究成立国有资产管理机构。我市已在市财政局设有国有资产管理处，开展有关国有资产管理工作。待条件成熟后，将研究成立市国有资产管理局，并在各区、县财政局和直属财政分局内相应增挂国有资产股的牌子，设专人负责，逐步理顺国有资产管理体系。

随着××的开发和××改造的推进，××国有资产管理任务很重。我们按照国务院的要求，进一步将有关工作做好，请财政部和国家国有资产管理局继续给予指导和支持。

以上报告，请审阅。

（印章）
一九九〇年十一月十日

[简析]

这是一份上海市政府报国务院的贯彻落实《国务院关于加强国有资产管理工作的通知》的情况报告。全文将上海市开展的国有资产管理工作情况分门别类、一一汇报，报告中既有落实通知精神的具体措施和做法，又有前瞻性的思考和计划，有根有据。报告内容全面，条理清楚，格式规范、用词准确，是一份比较规范的情况报告。

[例文五]

××银行关于储蓄存款计息方法有关问题的请示

×银函〔2004〕××号

中国人民银行：

近日，储户××起诉我行辖属××分行××支行××分理处，认为我行支付的活期存款利息，比按照实际天数计算的利息少7.22元。我行答辩认为，根据计息原则，月按30天计息，凡大月31日发生业务，作为特殊日期，将31日发生额并入30日余额，作为计息余额，30日、31日合并作一天计息。现审理法院要求我行就计息方法的合法性取得人民银行的确认。

我行计息方法的依据是：（1）《中国人民银行关于储蓄存款利率调整后有关业务处理手续问题的通知》（1965年4月30日，〔65〕银密商储字第66号）规定，关于活期储蓄存款计算利息的方法，按余额打积数的，大月31日的余额，视同30日的余额。如

30 日和 31 日都收付，30 日的余额不打积数。(2)《中国人民银行关于贯彻执行〈储蓄管理条例〉有关事项的通知》(1992 年 12 月 28 日，银传〔1992〕47 号) 规定，计息每年按 360 天，每月按 30 天计算。

由于此案对我行影响重大，特向贵行请示如下：(1)《关于储蓄存款利率调整后有关业务处理手续问题的通知》(〔65〕银密商储字第 66 号) 是否继续有效？(2) 如何理解《中国人民银行关于贯彻执行〈储蓄管理条例〉有关事项的通知》(银传〔1992〕47 号) 的上述规定？(3) 我行的计息方法是否符合中国人民银行的相关规定？

以上请示请速函复。

二〇〇四年九月××日
××银行（印章）

[简析]

这份请示内容简明、重点突出，总共用两句话就阐述了请示缘由和请示事项。其写法特点是从实际需要出发，将请示事项与请示缘由糅合在一起写；在此基础上，发文单位表示自己的态度，再次申明请示事项。最后用有关的文件作为依据，既发问，又提出请示要求，显得十分完整。

[例文六]

劳动和社会保障部关于中国海洋石油总公司深化用工与薪酬制度改革请示的复函

中国海洋石油总公司：

你公司按照国家关于发展具有国际竞争力的大型企业集团的要求，围绕总公司发展的战略目标，明确了企业劳动用工和工资制度改革的目标与原则，拟定的改革方案和措施，符合国有企业劳动工资制度改革的方向。经研究，原则同意你公司深化用工与薪酬制度改革方案，请你公司按照改革方案的总体要求，认真组织实施，并在实施中注意以下几点：

一、抓紧、抓好改革方案的实施工作，精心组织，周密安排，使各项改革措施落到实处，真正建立起员工能进能出、收入能增能减的有效激励机制和约束机制。

二、改革中既要着力于制度创新、机制创新，又要积极稳妥。坚持在建立竞争上岗、优胜劣汰的用人机制的同时，妥善处理好富余人员的安置，维护企业稳定和社会稳定。

三、坚持效率优先，兼顾公平的原则。既要通过合理拉开收入差距，使工资分配向重要岗位和关键人才倾斜，为企业吸引人才，稳定骨干创造条件，又要考虑职工的承受能力，使新老办法平稳过渡。

四、做好劳动工资制度改革的宣传工作，妥善处理改革中的相关问题，使全体职工理解和支持改革，为企业的改革和发展营造一个良好的环境。

希望你公司紧紧围绕国有企业改革，逐步建立符合现代企业制度要求的劳动工资制度，更好地调动公司全体职工的积极性，促进企业的进一步发展，早日实现成为具有国际竞争力的国际一流综合型能源公司的战略目标。

改革方案实施中出现的新情况、新问题请及时与我部联系。

二〇〇三年一月三十日

[简析]

这是国家劳动和社会保障部针对中国海洋石油总公司关于深化用工与薪酬制度改革请示的复函，开头表明态度，“原则同意你公司深化用工与薪酬制度改革方案”，接着作为上级主管部门提出总体执行要求，“请你公司按照改革方案的总体要求，认真组织实施”；随后又针对中国海洋石油总公司的实际情况提出了四点具体的要求；最后部分一是提出希望，二是表示“改革方案实施中出现的新情况、新问题请及时与我部联系”，表明了上级主管部门对中国海洋石油总公司的信任、支持和关心。

全文行文流畅，要求确切，态度明确，用语恳切。

 【专栏 2 -1】

师爷与公文

中国的封建时期，尤其是明清两代，当主官的多是科举出身，会写“代圣贤立言”的八股文，却无行政经验。所以，需要有俗称师爷的幕僚加以协助。即使是七品县令，也须有一个主管财务的钱谷师爷和一个主管公务的刑名师父。由于刑名师父出面机会多，又多属绍兴人，故人们多呼幕僚为绍兴师父，这些人为了替主人服务，或抱着“身在公门好修行”的信念，常用他们极深的文字功力，在公文中玩些花样，以达到目的。

曾国藩的幕僚，将曾在奏章中的“臣屡战屡败”改为“屡败屡战”，使得常败将军一变而为刚毅将军的形象，是家喻户晓之事。另有相似的一例，是一富家之女，遭强奸后，还被勒下了金镯，上诉的状子上用当时术语，写的是“揭被勒镯”，官府的师父看后，认为这样写变得“勒镯”成为目的，“揭被”反会受到忽视，便改为“勒镯揭被”，突出了主要情节，使罪犯受到了应用的惩罚。

据说，明代江南才子唐伯虎也客串过一回师爷，当时他被封在江西的宁王宸濠网在幕下，宁府豪奴在南昌城内无恶不作，一日纵鹰飞入百姓家攫抓家禽，不意被该户所豢养的猎犬咬死，偏偏该鹰悬挂一块御赐金牌。这帮奴才，一纸状子告入公门，告“鹰悬金牌，本系御赐，刁民可恶，纵犬行凶”。这户人家不被弄得家破人亡，也要倾家荡产。南昌知府颇有正义感，但在这大帽子下又无可奈何，便去请教唐寅。六如居士提笔也写了十六写判词：“鹰悬金牌，狗不识字，禽兽相争，何预人事。”推出状子，不予受理。(一说这是南昌祝知府自撰判词)

附录：

《党政机关公文处理工作条例》权威解读

为统一中国共产党机关和国家行政机关公文处理工作，2012年4月6日，中办、国办联合印发了《党政机关公文处理工作条例》（以下简称《条例》），同时废止了1996年中办印发的《中国共产党机关公文处理条例》和2000年国务院印发的《国家行政机关公文处理办法》（以下简称《办法》）。《条例》的发布施行，对推进党政机关公文处理工作科学化、制度化、规范化必将发挥重要作用。与《办法》对比，《条例》主要有以下特点：

一、重新定义了公文处理相关概念

《办法》规定，“公文处理是指公文的办理、管理、整理（立卷）、归档等一系列相互关联、衔接有序的工作。”也就是说公文处理由公文办理、管理、整理（立卷）、归档等工作组成。

《条例》规定，“公文处理工作是指公文拟制、办理、管理等一系列相互关联、衔接有序的工作。”其中，公文拟制包括起草、审核、签发3个环节（在《办法》中，这3个环节均隶属发文办理）。《条例》同时将整理（立卷）、归档划归公文办理范畴。经此调整，公文处理工作由公文拟制、公文办理、公文管理组成。

二、增加了公文种类

《办法》规定公文种类有13种，《条例》规定文种为15种，增加了“决议”和“公报”，同时将“会议纪要”改为《纪要》。原有13个文种的适用范围与《办法》的规定基本相同。

三、调整了公文格式要素

《条例》规定，“公文一般由份号、密级和保密期限、紧急程度、发文机关标志、发文字号、签发人、标题、主送机关、正文、附件说明、发文机关署名、成文日期、印章、附注、附件、抄送机关、印发机关和印发日期、页码等组成。”

从格式要素看，增加了“份号”、“发文机关署名”、“页码”，减少了“主题词”。考虑到《办法》虽未对“份号”、“页码”作出规定，但实际工作中一直在使用，属于增加的要素只有“发文机关署名”。

格式要素的应用有以下变化：一是规定涉密公文应当标注份号（《办法》只要求对绝密、机密公文标注份号）；二是规定紧急公文应当分别标注“特急”、“加急”（《办法》要求标注“特急”、“急件”）；三是规定联合行文时发文机关标志可以单独用主办机关名称；四是明确规定公文标题应标发文机关（《办法》未作强制性要求）；五是规定有特定发文机关标志的普发性公文可以不加盖印章。

公文的版式以及格式要素的具体应用，《党政机关公文格式》国家标准将作详细规定（该国家标准尚在编制中）。

四、行文规则方面增加了一些具体规定

《条例》减少了“行文规则”一章的条目，但增加了一些具体规定，主要有：上行文“原则上主送一个上级机关”（《办法》只对请示作此规定）；“党委、政府的部门向上级主管部门请示、报告重大事项，应当经本级党委、政府同意或者授权”；“下级机关的请示事项，如需以本机关名义向上级机关请示，应当提出倾向性意见后上报，不得原文转报上级机关”；“不得以本机关负责人名义向上级机关报送公文”；“属于党委、政府各自职权范围内的工作，不得联合行文”。

五、公文拟制更加强调程序规范

在“起草”环节强调，“一切从实际出发，分析问题实事求是，所提政策措施和办法切实可行”；“深入调查研究，充分进行论证，广泛听取意见”；“机关负责人应当主持、指导重要公文起草工作”。

在“审核”环节强调，“需要发文机关审议的重要公文文稿，审议前由发文机关办公厅（室）进行初审。”

在“签发”环节强调，“重要公文和上行文由机关主要负责人签发”（《办法》只对上行文作此规定）；“党委、政府的办公厅（室）根据党委、政府授权制发的公文，由受权机关主要负责人签发或者按照有关规定签发。”

六、简化了公文办理的环节

在“收文办理”中，将“审核”改为“初审”，将“分办”、“批办”并入“承办”，并增加了“传阅”、“答复”2个环节。

“发文办理”的环节由8个减少为4个，其中，“起草”、“审核”、“签发”3个环节列入“公文拟制”，“用印”并入“印制”。

《条例》将发文办理的“分发”改为“核发”，规定：“公文印制完毕，应当对公文的文字、格式和印刷质量进行检查后分发。”

七、公文管理更加注重安全保密

《条例》在第七章“公文管理”中着重强调了有关保密规定，提出了设立保密室和阅文室的要求，对公文定密和解密、密级文件的复制和汇编、公文的销毁和移交、新设立单位的发文立户等作出具体规定。

[思考与练习]

1. 公文的内涵是什么？公文有什么特征？
2. 按照国务院规定，公文种类有几种？适用范围各是什么？
3. 公文的行文制度和行文原则是什么？
4. 公文的文头、正文、文尾部分各由哪些项目组成？如何规范标识各项目？
5. 撰写公文的过程及其要求是什么？
6. 说明下列各组公文的异同：报告、请示；公告、通告；会议记录、会议纪要。

第二章

工作计划

GONGZUO JIHUA

计划是对未来将要进行的，在一定时期内的工作、生产、学习及其他活动所作出的筹划、部署与安排，并形成的书面材料。计划根据其时限、详略和成熟程度的不同而有不同的名称。如规划、纲要、要点、设想、意见、方案等都属于计划的范畴。本章所介绍的工作计划是计划中常见的一种应用文体。

第一节 概　说

一、工作计划的含义

计划按其所要完成任务的内容分类，可分为工作计划、学习计划、生产计划等类型。工作计划是各机关、企事业单位、社会团体乃至个人根据一定的原则和要求，对未来一定时期内的工作任务，预先拟定任务目标、工作内容、实施步骤、落实措施、完成时限等的一种应用文体。简而言之，工作计划就是对今后一段时期工作的打算与安排，是计划的一种。

首先，根据工作计划内容和要求的不同，我们可以视具体情况，恰当选用以下不同的名称：

规划与设想：规划是指跨越时间较长、涉及面广、展示远景的粗线条的正式计划；设想是指对长远工作所作的预设，是一种初步的、不够成熟的、粗线条的参考性计划。

要点与意见：两者都属于粗线条的计划，两者的特点是都偏重于政策性、原则性的指导，主要用于上级机关给下级布置工作，提出任务，交代政策，提供方法等。但两者仍有细微差别：要点是对一段时间的工作作出简要安排，重点突出、文字扼要、分条列项、成条文式的；而意见则是上级对下级布置某一阶段几项工作，需交代的政策重点、提出具体要求。

安排与打算：两者都是指时间比较短、内容较为单一具体的计划。但二者仍有细微差别：安排是指预定在短期内要做的一些事情的具体计划要求；打算则是准备在近期要做的，但对其中的指标或措施等考虑还不很周全，而只能作原则性要求的计划。

方案：它是对某项工作的实施，经过深思熟虑，从目标、任务、要求、方法、措施、步骤、进度等都作出周密安排的计划。

其次，根据完成工作任务的时限长短可以将工作计划分为长期计划、中期计划和短期计划。一般将部署六年以上的长远工作计划称为规划；而部署中期（二至五年）和短期（一年以下）工作的计划则统称为工作计划。

最后，工作计划安排、部署的工作任务应该是现在尚未完成但将来应该完成的。

二、工作计划的种类

根据不同的划分标准，工作计划可以分成不同的种类：

1. 按内容分：有教学工作计划、科研工作计划、营销工作计划、军事工作计划等。

2. 按范围分：有国家工作计划、地区工作计划、系统工作计划、单位工作计划、部门工作计划、个人工作计划等。

3. 按时限分：有年度工作计划，跨年度工作计划、阶段工作计划等，也可以分为长期工作计划（规划）、短期工作计划（工作安排、工作打算）等。

4. 按性质分：有专项性工作计划、综合性工作计划。专项性工作计划是指就某单一的专题工作拟定的工作计划；综合性工作计划是指就包括一定范围内多方面的综合性工作而拟定的工作计划。

5. 按形式分：有文书式工作计划、表格式工作计划和文书与表格相结合形式的工作计划。

三、工作计划的特征

1. 预见性。制订工作计划要从客观实际出发，根据事物发展的客观规律，对未来的发展趋势作出科学的判断，客观分析现状，科学预测未来，从而指导工作实践。要充分预见计划实施过程中可能出现的问题与困难，提出必要的防范措施和解决办法，确保工作计划的落实，预计目标的实现。

2. 可行性。工作计划来源于客观实际，又指导于工作实践。每一份工作计划，工作计划中的每一项目标、任务、措施都必须是符合本地区、本单位、本部门实际而切实可行的，能将工作目标转化为现实工作成果的，能更有效地指导工作实践的。没有可行性的工作计划，再完美也只能是空中楼阁，一纸空文。

3. 目的性。计划都是针对某种具体情况而定的，是把握工作目标，完成工作任务的保证，有了切实可行的工作计划，才能明确奋斗目标，避免或减少工作中的盲目性、被动性和随意性。因此，任何工作都应该未雨绸缪，应该有明确的工作目标。在一定时期内，要完成什么任务，采取什么措施，取得怎样的效果，达到什么样的具体目的，在工作计划中都应该有明确无误的表述。

4. 规范性。工作计划作为一种应用文体，不同的内容，不同的时限有不同的写法，名称也不尽相同，但是，它们都必须具备工作计划的基本要素：要完成的任务，完成该任务的措施，完成该任务的时间。即“做什么”、“怎么做”、“何时做”和“何时完成”。因此，构成了较为固定的工作计划程式和规范，因而也就更有利于检查落实。

第二节　工作计划的写作方法

一、工作计划写作的基本步骤

一份工作计划从酝酿、构思、起草到修改完成，一般要经过以下几个基本步骤，才能最后定稿。

（一）选用合适的方式

工作计划制订的方式，可以自上而下，即由上级领导下达指导性意见或计划的粗略提纲框架，而后由下级进一步丰富、完善并具体拟定；也可以自下而上，即由下级根据总体工作目标拟定初步计划，上级再对初步计划加以完善，提炼成一个总体性的工作计划；还可以将自上而下和自下而上两种方式结合起来。撰写者要根据本机关、单位或部门的实际情况，恰当选用这三种方式。

（二）吃透“两头”，意存笔先

“两头”即指上级的方针政策及制订该计划的背景和基层的实际情况。在动笔之前，首先要深刻领会上级的指示精神和工作任务的目标及指导思想。只有这样，制订的工作计划才能目标清晰，指导思想明确，同时还要围绕中心，深入调查研究，掌握第一手资料，包括对本单位、本部门实际情况的分析研究，对当前新形势、新情况的了解，对完成该工作目标的有利因素、不利因素及各种必然、偶然因素的把握。只有这样，才能真正做到意存笔先，胸中有数，分析到位，预测准确。这是工作计划拟定的起点。

（三）运筹帷幄，谋划周到

在吃透“两头”的基础上，要根据上头的精神和下头的实际，确定工作的方针、任务、要求，再根据工作的方针、任务、要求来确定工作的具体办法、措施，进而确定具体实施和贯彻执行的步骤、进度、时间等，环环相扣，井井有条，既要考虑客观实际需要，又要考虑主观可能；既要考虑计划的先进性，又要考虑计划的可行性。

（四）草拟初稿，修改完善

在完成上述工作的基础上，开始草拟工作计划的初稿，这是形成工作计划的直接过程，也是撰写工作计划的关键环节。它不仅要求撰写者具有一定的政策水平和思想水平，掌握撰制工作计划所需的丰富的第一手资料，还要求撰写者了解计划类文书的特点、规律和要求，具有一定的文字表达能力。

初稿草拟后，将有一个修改完善的过程，这是保证工作计划可行性的一个重要环节。一般的短期工作计划，修改完善过程较为简单。而一些中长期工作计划（规划）、重大的专项工作计划则需要通过各种形式来论证、完善。如请专家论证，进行科学预测，尽量减少工作计划的失误和盲目性，使之更科学、更完善；如召开各类座谈会听取不同意见，集思广益，既弥补工作计划制订时可能出现的疏漏或失误，又使计划本身更具群众性，从而更易调动群众积极性，更有利于工作计划的实施、工作目标的实现。

（五）内容明确具体，文字简明扼要

写计划最忌空洞浮泛，通篇原则口号，而无明确具体的要求、措施、办法，使执行者无从下手。所以，写计划要符合实际，便于操作，要尽可能地把计划的目标、任务写明确，把要求、措施、方法、步骤、时间进度等写具体，以便执行与检查。

文字要反复推敲，切忌语言含糊，产生歧义，造成职责不清、分工不明，无法落实和检查。

工作计划要做到条理清楚。一般可以采取分条列项的方法来写。如果计划内容较为复杂，还可以列出小标题，以示醒目，突出重点。

（六）在实践中不断完善

工作计划的修改完善贯穿于计划撰写和实施的全过程。任何人对某一事物或某一问题的认识，都有一个逐步完善、由浅入深的发展过程，特别是对复杂的事物或问题更是如此。因此，工作计划从接受任务到酝酿构思，起草写成，往往需要经过反复讨论、研究，推敲、琢磨后，才能最后定稿。

即使定稿后，工作计划已经付诸实施，但在实施过程中还常常会根据不断出现的新情况、新问题而对工作计划中不适应客观实际的那部分内容及时加以修订补充。实践是检验真理的唯一标准，一份工作计划制订得科学与否，只有在实践中才能得到验证。

二、工作计划的写法

工作计划是一项专用文体，在实践中，它已形成基本固定的格式和写法。工作计划一般由标题、正文和落款三部分组成。

（一）标题

工作计划的标题一般有两种：完整式标题和省略式标题。

1. 完整式标题。完整式标题由制订地区（单位）名称、计划时限、内容和计划名称四要素组成。如《××省××××年度科技工作计划》，“××省”是制订计划地区的名称，“××××年度”是计划的时限，“科技工作计划”是计划的内容和名称。

2. 省略式标题。省略式标题是指对完整式标题中某些要素有所省略的标题。

（1）省略制订计划地区（单位）的名称：如《2004年财经工作计划》。这种标题在正文之后落款部分要署上地区（单位）的名称。

（2）省略时限：如《中国人民银行××分行工作计划》，标题中省略了计划的时限。这种标题一般会在标题之下居中注明制订计划的时间。

（3）省略制订计划地区（单位）的名称和时限：如《清产合资工作计划》，这种标题必须在落款部分署上制订计划地区（单位）的名称。

如果工作计划尚未最后定稿，可以在标题之后注明“初稿”、“草案”或“征求意见稿”等内容，并加上圆括号。

（二）正文

工作计划的正文由前言、主体部分和结尾三部分组成。

1. 前言。除了极简短的工作安排外，一般工作计划都有前言部分。计划的前言部分，主要写出制订计划的指导思想。它是制订计划的依据，也是制订计划的指针。大体上包含以下三点内容：

（1）制订计划的依据，即写明所遵循的方针、政策以及上级的指示、部署；

（2）根据本单位实际情况，对完成任务的内部和外部、主观和客观、有利和不利的条件进行分析，说明完成计划的必要性和可能性；

（3）提出总的任务和要求，或阐释完成计划指标的意义。

当然，并不是所有的工作计划都必须包括这三方面内容，工作计划的撰写者要根据计划的实际情况和内容选择使用。前言的语言要求是“要言不烦”，简洁明了。

2. 主体部分。主体部分是指计划完成任务的项目，是计划正文的主要部分。它的内容大体上应包含目标、措施（怎么做）和步骤（分几步完成）三方面的内容。

（1）目标与任务：这是计划的灵魂。计划就是为了达到某一目标、完成一定任务而制订的。目标是计划产生的导因，也是人们奋斗的方向。因此，计划应根据需要与可能制订出在一定时间内应达到的目标，据此规定应完成的任务和应达到的要求。任务和要求应该具体明确，有的还要定出数量、质量、时间要求。

（2）措施与办法：要确保实现目标和完成任务，就必须制订出相应的措施和办法，这是实现计划的保证。措施和方法主要指达到既定目标需要采取什么手段，动员哪些力量，创造什么条件，排除哪些困难等。总之，要根据主客观条件，统筹安排，将“怎样做”写得明确具体，切实可行，保证计划的完成。

（3）步骤与时限：这是指执行计划的工作程序和时间安排。每项任务，在完成过程中都有阶段性，而每个阶段又有许多环节，它们之间常常是互相交错的。因此，订计划必须胸有全局。一般总把计划分成几个阶段合理安排，哪些先做，哪些后做；在实施当中，又有轻重缓急之分，应该明确哪是重点，哪是一般。在时间安排上，既要有总的时限，又要有每个阶段的时间要求以及人力、物力的相应安排。

上述内容最好分条列项来写，每一项只写一件事、一个问题，这样眉目清楚，易于执行。

3. 结尾。工作计划的结尾部分应根据行文需要而定。一般的工作计划主体内容写完即可，不必另加结尾。但是重要的工作计划应加结尾。常用的结尾部分有以下几种写法：

（1）指出贯彻执行工作计划时应该注意的事项，指出可能出现的问题并提出防范的措施；

（2）概括全文，进一步突出重点，强调重点工作对完成总体任务的重要性；

（3）提出要求，发出号召，激励全体员工为完成计划中设定的目标而努力奋斗。

（三）落款

如果是完整式标题，那么落款时只需在正文的右下方标明成文日期即可。如果是省略式标题，则需要在正文右下方署明单位名称。换行后，在单位署名下方标明成文日期。

此外，如果工作计划中附有表格或其他附件，应该在正文之后，落款之前分别注明。

[例文一]

2013年北京市金融工作重点任务

2013年是全面贯彻落实党的十八大精神的开局之年，是实施“十二五”规划承前启后的关键一年。根据市委十一届二次全会、2013年政府工作报告、北京市“十二五”时期金融业发展规划等会议精神和文件要求，拟定本年度金融工作重点任务。

一、2013年全市金融工作思路

2013年，全市金融工作将继续紧密围绕服务、创新、监管三条主线开展。在服务首都金融业发展方面，把政策的提升和落实作为重要抓手，把优化金融发展环境作为全市金融工作的第一要务。在推动金融创新方面，把促进金融与首都实体经济对接作为重要手段，以科技金融创新和文化金融创新为重点，为首都经济发展方式加快转变提供有力支持。在加强地方金融监管方面，加强体系、制度和能力建设，不断改进金融风险防范、化解和处置的工作机制。

二、全市金融工作重点任务

（一）进一步优化发展环境，促进金融产业发展

1. 创新和提升金融发展政策措施。结合北京市“十二五”金融业发展规划中对北京作为国家“六个中心”的目标定位，加快推动政策整合、提升、落地。……

2. 深化细化政府公共服务。将市政府、有关部门和区县与在京金融机构的对接服务制度化、常态化。……

3. 开拓思路做好高端金融资源聚集工作。发挥总部经济的整合集聚效应，为在京金融总部开展综合化经营试点、非金融企业总部并购金融机构提供落地服务。……

4. 推动金融功能区提升发展。进一步深化金融功能区功能定位，完善项目准入标准体系和项目引进工作机制。……

5. 营造活跃的金融人才环境。加强金融文化建设，发挥首都金融家协会、市金融团工委等作用，组建市金融青年联合会，开展形式多样的文化建设活动。……

6. 加强交流合作和宣传推介。加快区域金融协同发展。加强金融宣传推介平台建设，开展国际金融交流合作，提升首都金融的国际话语权和影响力。……

（二）加快推进金融创新，推动首都经济转型发展

1. 加快建设国家科技金融创新中心。落实国家科技金融创新中心意见，打造中关村科技金融综合服务平台，协调推进区域性股权交易市场建设，支持各类金融机构在示范区设立科技金融事业部，支持建立科技金融服务联盟，推进科技金融综合化创新体系建设，加强国家科技金融创新中心建设的基础性工作。……

2. 大力推进文化金融创新。落实金融促进首都文化创意产业发展意见，推进文创信贷、投资、上市、保险、交易等“九文”文化金融服务体系建设。构建首都文化金融综合服务平台，促进文化资源与金融资源全面对接。……

3. 大力发展多层次资本市场和金融要素市场。为全国中小企业股份转让系统在京建设与发展做好服务工作，积极推进北京股权交易中心发展，增加企业备案挂牌数量，吸引更多中介机构参与市场发展。……

（三）拓宽金融参与首都发展的范围，提升金融服务实体经济的水平

1. 加强本市重大项目融资对接工作。建立和完善全市融资工作的统筹协调工作机制，进一步发挥“政金企”沟通交流机制作用，积极促进项目主管部门、项目主体与各类金融机构对接合作。……

2. 推进金融资本与产业资本融合发展。继续推进企业上市，提升上市公司在首都实体经济中的影响力和带动力，打造上市公司全产业链。……

3. 加快小微企业金融服务体系建设。建立健全小微企业金融服务体系，发挥融资担保体系作用，探索建立全市统一的小微企业风险补偿机制，鼓励金融机构扩大小微企业融资规模。……

4. 加强农村金融服务体系建设。进一步完善农村金融服务体系，统筹引导农村金融组织发展，积极推进大兴区农村金融综合改革试验区建设。……

5. 提升金融服务民生发展的水平。推动商业健康险信息系统与社保信息系统对接。支持商业保险机构承办大病保险，发挥市场机制作用，提高大病保险的运行效率、服务水平和质量。……

（四）强化监管意识和责任，维护首都金融安全稳定

1. 健全地方金融监管的规章制度。总结《北京市融资性担保公司管理暂行办法》实施经验，开展申报制订政府规章的前期工作。……

2. 加强地方金融监管的能力建设。加强市、区（县）金融工作部门的金融监管机构建设和能力建设，支持各区（县）政府落实监管和风险防范职责，积极推进小额贷款公司行政审批权向区（县）下放。……

3. 加强金融风险防范工作体系建设。加强与国家金融管理部门、在京金融机构的协调合作，打造良好的金融生态环境。继续做好风险排查工作，及时掌握金融业总体运行情况，分析潜在风险隐患和需要关注的矛盾问题。……

4. 加强金融风险的化解和处置工作。建立金融应急、打非工作的体制机制，建立金融风险协同处置机制。……

[简析]

这是一篇由政府职能部门制定的、下发相关单位的年度专项工作要点。因此，重点是向各单位提出任务，布置工作。在前言部分，概括了全年工作的指导思想、总的工作任务和目标要求，这是制订计划的依据，也是计划的总纲部分，据此制订具体的工作计划。在计划的主体部分采取分项列条的形式，提出了四大项十八条具体的工作，工作目标和任务非常明确，工作内容和要求全面详细，基本涵盖了北京市金融工作的各个方面。作为工作要点，它侧重于政策性和指导性，而没有规定完成任务的具体措施和办法，因而留给下级机关的发挥余地较大。

[例文二]

安徽望江农村商业银行2013年度"标准基层支行"创建工作计划

为认真贯彻落实省联社三届四次社员大会精神，确保安徽望江农村商业银行（以下简称望江农商行）"标准基层支行"创建（以下简称创建）工作扎实有序开展，并取得预期成效，依据省联社创建工作要求，特制订本工作计划。

一、创建指导思想

创建工作要始终以科学发展观为指导，坚持"打基础、抓规范、提素质、促发展"的工作思路，巩固和扩大创建成果，着力提升合规风险管理的有效性，全面规范各项基础管理，不断提高管理水平。

二、创建总体目标

我行全辖基层网点共计32个，其中一级支行18家，二级支行1家，分理处13家。2013年度创建工作继续由一级支行向二级支行（含分理处）延伸，由基层支行向机关总部延伸，并将二级支行创建结果纳入一级支行创建考核。年度创建等级目标需达到"693"，即实现一级支行6家（分别是×××、×××……），二级支行9家（分别是×××、×××……），三级支行3家（分别是×××、×××……）。逐步完成创建新三年（2012—2014年）规划的阶段性目标任务。

三、创建总体要求

一是要进一步统一思想，提高认识。全行员工要深刻领会创建工作的重要意义，坚持树立"创建促合规，创建促发展"的根本理念。落实合规风险管理各项规章制度，规范做好日常经营行为，将创建工作同业务经营发展有机结合起来，把实现全员、全程合规作为创建工作的最终目标，全面深入扎实地开展好创建工作。

二是完善规划目标，扎实有序推进。各网点要根据总行创建工作的要求，本着扎实推进、务求实效的原则，与员工签订“标准基层支行”创建工作责任状，做到创建岗位目标符合实际、方案措施切实可行。日常创建工作做到全覆盖、无死角，实现创建单位真正全面健康快速发展。

三是加强学习培训，普及合规知识。总部将制定学习培训制度，多形式、全方位地开展创建培训工作，培训结束后要适当通过测试等方式进行检验，确保培训效果。有效利用流程与合规风险管理系统信息科技平台，定期针对不同岗位的员工开展合规知识测试，全面提升全行员工综合素质。

四是加大检查力度，严格违规问责。相关职能部门要制定年度创建工作检查方案，整合各类检查资源，有计划、有步骤地开展创建检查监督工作。要针对经营管理中各种不合规问题，找出合规风险点，逐条解决。要明确违规问题相关人员责任，实行违规问责和处罚，对屡查屡犯的责任人加大处罚力度。同时要对检查中发现的问题进行全面梳理，认真分析原因，制定和落实切实可行的措施，从根源上防止同质同类违规问题的发生。

四、创建主要措施

（一）成立组织，加强领导，明确职责

一是成立望江农商行“标准基层支行”创建工作领导小组，以董事长为组长，班子其他成员为副组长，各职能部门负责人为成员。工作领导小组主要负责对全辖基层网点创建工作的组织实施和考核验收等。创建工作领导小组下设办公室，办公室设在合规管理部，由分管行长兼办公室主任，综合管理部、合规管理部工作人员为办公室成员，日常创建工作由合规管理部门负责开展。

二是明确创建“五项基础规范”的对接条线责任部门，其中综合管理部负责“组织管理规范”，合规管理部负责“文明服务规范”，风险管理部与业务管理部负责“信贷基础规范”，财务会计部与电子银行部负责“会计基础规范”，监察保卫部负责“安全保卫规范”。各创建业务条线责任部门负责基层支行对接创建规范的检查、辅导、培训，审计稽核部门负责基层支行日常创建督查工作。

三是成立支行创建工作实施小组。要求各支行成立创建“五项基础规范”实施小组，实行一把手负责制，单项实施创建小组负责人应按以下标准明确：组织管理规范和信贷基础规范由支行行长负责；文明服务规范和会计基础规范由内勤主任（主办会计）或副行长负责；安全保卫规范由副行长或安全员负责。

（二）认真落实创建“三查”工作机制

一是基层营业网点要加大创建自查频率。各支行在做好本网点合规隔日查、按旬查和月度内控合规检查同时，要严格按照“五项基础规范”创建评分细则内容开展好本网点创建自查自评工作，要求自查频率至少每季度开展一次，检查时要成立检查小组，明确每条块检查责任人员，并通过流程与合规风险管理系统向总行各条线部门提交检查结果。

二是机关职能部门要深入开展业务条线检查和支行创建检查，及时掌握基层创建工作动态，并定期对创建支行就本业务条线开展情况进行考评。指导基层网点正确理解和执行各项规章制度，对基层网点在创建工作中存在的问题和差距，要加大督促整改力度，通过完善制度流程、强化培训教育、提供资源支持等方式予以解决，推进创建工作全面开展。

三是总部要进一步加大对各基层支行创建督查力度，结合季度业务经营真实性检查、稽核常规检查以及开展专项创建督查等多种形式对基层支行创建进展及其取得的成果进行现场和非现场督查，确保全辖创建水平整体提升。

（三）全面开展机关总部创建

总部将根据省联社制定的法人行社标准总部规范和考核标准开展总部创建工作。总部将认真组织实施总部创建工作，以业务发展与综合绩效为中心、以内部控制与流程建设为抓手、以合规与风险管理机制建设为基础，全面完善法人治理结构，规范总部的组织架构，合理划分岗位和职责，科学设计制度与流程，转变工作作风，营造文明工作氛围，全面加强部门建设、机关效能建设和企业文化建设。

（四）严格创建申报验收标准

一是各基层网点要重视创建过程，有效提升基础规范水平。要做到创建有规划目标和实施方案，并按步骤组织实施，坚决杜绝创建工作中的形式主义和短期行为。严格创建申报门槛，按照创建验收考评实施细则要求，并结合职能部门日常条线检查及总行督查情况了解分析，对达到创建申报条件的支行方能准予申报，总部对创建申报材料要进行细致的审核，对达到条件的方可安排现场验收。

二是年度终了对创建支行的现场验收工作，总行要从严要求，统一标准，统一口径，不搞人情打分。现场验收要有验收方案，要严格按照验收标准和程序开展现场验收。要明确验收责任和要求，对不负责的验收人员要实行问责。验收后要向被验收单位下达验收意见书，提出整改意见，并要跟踪落实整改情况。

（五）建立创建工作长效机制

一是建立逐级申报验收和复查摘牌制度。今年总行将实行逐级申报验收制度，对经复查未能通过创建等级的网点，坚决予以摘牌，防范和遏制创建工作中的短期突击行为。

二是建立中长期激励机制。各网点要建立和完善创建工作考核制度，确立创建工作中长期目标，建立创建工作中长期激励机制，做到当期考核与中长期考核相结合、处罚与激励相结合，形成创建工作综合考核体系。

[简析]

这是一篇农村商业银行创建“标准基层支行”的年度工作计划，相对前面的工作要点而言，这份工作计划的主体内容更为全面具体。

在具体内容上，正文分为指导思想、总体目标、总体要求、主要措施四大部分。第一部分、第二部分解决的是“为什么做”，第三部分主要工作解决的是“做什么”，第四部分具体措施则是重点解决“如何做”。作为基层行，抓落实是其重要职责，也是确保全年工作任务完成的关键。不落实，再好的计划也是空的。因此，制订切实可行的措施是计划的重头戏。在这份计划中，我们可以看到，该行对措施的重要性高度重视，将主要内容重点放在第四部分“主要措施”上，围绕创建“标准基层支行”全年主要工作指导思想和主要任务，从组织机构创建、领导班子建设、检验机制构建，从深化各项改革、提升管理水平等方面都提出了具体的措施和要求，要求明确，措施到位，易于操作，对今后的工作指导性极强，可谓抓住了完成目标的牛鼻子。

在具体写法上，全文结构较为规范完整，具备工作计划的基本要素，有前言、有主体；有目的任务、有措施方法。在语言表达上，用语也较准确、流畅。应该讲是一篇较为理想的工作计划。

[思考与练习]

1. 什么叫工作计划？它的特征和作用是什么？

2. 工作计划写作的基本步骤有哪些？有何写作要求？

3. 根据不同的内容和要求，工作计划有不同的称呼，请根据规划、要点、设想、意见、安排、打算、方案等不同的特点，说出它们分别适用于何种情况。

4. 根据自己的工作实际，制订一份格式规范的工作计划。

第三章

工作总结

GONGZUO ZONGJIE

事前作计划，事后作总结，这已成为人们一种常规性的工作。人们的各项工作就是不断通过“计划——实践——总结——再计划——再实践——再总结”这样的多次循环往复而不断改进、提高和发展。工作总结是总结类文书中最常用的一种文体。常见的“小结”、“回顾”、“经验交流”、“工作报告”和“体会介绍”等都属于总结类文书的范畴。总结类文书还包括个人工作总结，本章前三节着重介绍的是公务文书中工作总结的基本概念和写法，而个人的工作总结则在第四节以“述职报告”的形式进行介绍。

第一节 概　说

一、工作总结的含义与种类

（一）工作总结的含义

工作总结就是对已经做过的某一个时期工作或某一专项工作进行回顾检查、分析研究、归纳整理，从中发现问题，吸取教训，找出规律性的东西，并作出客观的评价，以肯定成绩与经验，指导今后的工作。简而言之，工作总结是一种应用文体，它是对事物本质的概括，对工作实践的理论升华。

（二）工作总结的种类

工作总结的分类与工作计划类似，最常见的有以下几种：

1. 按范围分，有地区工作总结、系统工作总结、单位工作总结和部门工作总结等。

2. 按时限分，有年度工作总结、跨年度工作总结和阶段性工作总结等。

3. 按功能、作用分，有汇报性工作总结、报告性工作总结、经验性工作总结等。

汇报性总结就是下级单位向上级主管机关或领导所做的某一时期或某项工作的情况汇报，其写作目的是对上级负责，使上级领导部门了解情况，便于指导工作。此类总结亦称“工作汇报”。

报告性总结则常用于领导在各种大会上所做的关于某一工作的总结性发言，有时会后可以作为文件下发。其目的是让下级（或群众）对本单位的工作有一个全面了解和正确评价，以增强信心，鼓舞士气，明确今后努力的方向。

经验性总结一般是以介绍本单位工作中某些先进的、有成效的做法和体会为主。其写作目的在于交流经验、取长补短，共同提高。

4. 按性质分，有综合性工作总结和专题性工作总结。

尽管根据不同的划分标准，对工作总结可以进行多种分类，但从工作总结的写作要素来看，不外乎综合性工作总结和专题性工作总结两大类。它们往往能同时反映工作总结的性质、范围和时限等内容。

综合性总结是在一定时期内对本单位、本部门的工作进行全面、系统的总结。其内容包括情况概述、成绩和经验、缺点和教训、存在的问题和今后打算等，常用于年终或某项工作进行到某个阶段、向上级或向群众作的总结报告。如政府工作报告、单位年度工作总结等。这类总结往往涉及面较广，内容比较全面详细。总结的重点是讲成绩经验，也要提出教训和不足以及今后努力方向。写作时要注意详略得当，突出重点。切忌主次不分，只注意堆砌繁杂的材料，不注重总结归纳，不能提炼出带有规律性的认识，因而对今后的工作起不到指导的作用。从功能作用上来看，综合性工作总结多属于汇报性工作总结。

专题性总结是对一项工作或某方面的经验、问题专门进行深刻分析、归纳、阐述，不涉及其他方面的内容。这类工作总结往往偏重于总结经验，因此，在书面上报或下发时又可以称为经验总结，而在刊物上刊登或在会上交流时，也可称为经验介绍。写作此类工作总结，内容要集中，特色要突出，切忌泛泛而谈。一份出色的专题性工作总结往往对今后的工作实践具有很强的指导意义。

二、工作总结的特点

（一）工作总结的特点

工作总结作为一种常用应用文体，有其鲜明的个性特点，其中尤其以目的性、客观性、理论性最为显著。

1. 目的性。工作总结的目的，从总体上讲就是更好地认识自我、认识事物、认识世界。通过总结实践中得到的经验与教训，经过理性的研究与思考，形成带有规律性的认识，从而上升为理论反过来指导实践，推进认识的发展、工作的提高。因此，对工作进行总结前必须有所思考：在这份总结中，究竟要总结什么内容，达到什么目的，起到什么作用。它既要反映客观实践，又要高于实践，提炼上升为理论，进而指导实践。这才是工作总结的意义所在。

2. 客观性。工作总结是事后才写的文种。因而工作总结的内容应该是人们在客观实践活动中的真实反映。工作总结中的观点和结论应该是从人们自身实践活动中抽象出来的认识和规律。因此，工作总结必须实事求是，有一说一，不能添枝加叶，不能报喜不报忧。

3. 理论性。一份好的工作总结，在具备目的性和客观性的基础上，还应该具备理论性的特点，这是对今后工作能否起到促进、指导作用的关键。即在总结提炼思考过程中不仅要回答“做了什么”、“怎样做的”和“做得怎样”，还要回答“为什么这样做”，从而实现从感性到理性，从物质到精神的认识飞跃。当然，工作总结的理论性有别于议论性论文的理论性，它只是从实际情况出发并在实践中得到验证的画龙点睛式的结论。

（二）工作总结与调查报告、议论文、工作报告等文体异同的比较

1. 工作总结与调查报告。

（1）两者的共同之处。

第一，两者都特别强调从调查研究入手，尊重事实，实事求是，因而具有鲜明的客观性。在实际应用中，专题性经验总结与典型经验的调查报告更有相似之处。

第二，两者都要求以党和国家的有关方针政策、法律法规为依据，因而具有较强的政策性。

第三，两者都以提高认识、揭示本质、掌握规律、有效地推动工作为宗旨，因而对今后的工作具有一定的指导性。

（2）两者的主要区别。

第一，作者身份与人称不同。工作总结多数由本单位或本人写，常用第一人称；调查报告的作者往往由上级机关或有关部门派人或指定专人来写，多用第三人称。

第二，取材的范围不同。工作总结主要取材于本地区、本部门、本单位，从实践者亲身经历中取材；调查报告则不限于本单位和某一时期，可面向社会，进行广泛的调查，收集材料。

第三，写作的目的不同。工作总结是通过对本地区、本单位（部门）的自我分析，以达到肯定成绩，发现问题，引出经验教训，把握规律，提高工作效率的目的。因此，除经验介绍性质的总结外，工作总结一般较少公开发表和宣传；调查报告则要求从调查对象得出结论，以点指导面，且经常发表于报刊上，具有一定程度的新闻性。

第四，内容、结构及表现手法均不同（详见工作总结的写法）。

2. 工作总结与议论文。

（1）两者的共同点。主要是都要求观点和材料尽可能达到完美的统一，都要运用议论手法，使文章的理论概括达到一定的深度等。

（2）两者的主要区别。

第一，写作内容与目的的差异。工作总结的目的是为了总结经验教训。这些经验教训强调的是从工作实践中引出的事物本身所具有的本质与规律，因而具有客观性。议论文则强调各抒己见，“仁者见仁，智者见智”，要有独到见解，具有一定的主观性。

第二，材料来源及运用的差异。在材料的来源上，工作总结是从本部门、本单位或者本人的实践中选取相关的材料，即都来自总结者本体；议论文的材料则不受时空限制，古今中外都可涉及。在材料的运用上，工作总结是对以往工作的回顾，因而要反映工作或活动开始、发展、结局的全过程或某一阶段；议论文则援引事件或结论式叙述，不必叙述过程。

第三，结构及表达方式的差异。工作总结的结构有一定的模式，它采用的叙述是概括叙述，它采用的议论是在概叙事实基础上的，一针见血、一语破的地揭示事物本质与规律的评价式议论。议论文的议论则是引经据典，追求完整的逻辑推理论证方法，其理论的色彩强于工作总结。

3. 工作总结与工作报告。

（1）两者都以过去一段的工作回顾为基础，这是共同之处。

（2）两者的主要区别。

第一，在内容上，工作总结着重总结经验教训，引出规律性的东西。工作报告则是重点阐述下阶段的工作方针、任务、方法等。

第二，在作用上，工作总结旨在提高本单位人们的认识水平，指导今后的工作实践。工作报告往往是领导机关在回顾总结前一阶段工作的基础上，向下级指示和布置下一阶段工作，如各级党和政府的工作报告，各种专业会议上领导的报告等。至于工作汇报，则是下级向上级反映情况的一种材料，它和工作总结相类似，但内容比较简略，偏重于陈述情况、反映问题，缺少工作总结的理性分析。

必须指出的是，这里的工作报告，并非是公文上的“报告”。

通过上述的分析比较，我们可以更为清晰地看到工作总结与其他几种相近文体之间的异同点，从而更进一步认识工作总结所具有的目的性、客观性和理论性的基本特征。

第二节
工作总结的写作方法

一、工作总结写作的基本步骤

撰写工作总结的基本步骤与工作计划相类似，一般有以下几个步骤：

（一）收集资料

巧妇难为无米之炊，善为文者善积累。收集和掌握丰富的资料，这是写好工作总结的先决条件和形成正确观点的基础。工作总结的撰写者要全面了解和分析情况，其一平时要注重积累。平日要随时把工作进程中的情况，包括做法、效果、点滴经验体会、典型人物与事例、有关细节与数据、存在的问题等都记录下来；同时还应掌握计划、简报、汇报资料、会议记录等有关材料，作为总结的重要根据。其二要多听取群众对工作的评价。经验的本身就是群众智慧的结晶。只有走群众路线，运用座谈会和个别谈心等方式，深入了解群众对工作的意见、看法与评价，才能为撰写工作总结获得更多真实具体的情况、丰富生动的材料和深刻新颖的见解。群众的意见与评价，往往是书面材料上所没有的，是更加鲜活、更加贴近实际的活材料。除此之外，还要了解兄弟单位或部门对工作的评价。从横向的比较中分析总结，眼界会更加宽阔。其三要听取单位领导和主管部门对工作的意见。一般地说，他们对整个工作过程及情况比较熟悉，提出的意见对工作总结往往有指导作用，便于撰写者尽快地把握住总结的中心和重点。

（二）分析研究

收集了丰富、生动的资料之后，撰写者进入了分析研究阶段，这是写好工作总结的关键。分析研究的深度就是这份工作总结水平质量的高度。撰写总结的根本要求，就是要从众多繁杂零乱的材料中归纳整理，找出规律性的东西来指导今后的工作实践。所谓分析研究，就是指对收集的原始资料进行“去粗取精、去伪存真、由此及彼、由表及里”的思考，包括对材料的鉴别、选择、归纳、整理，从纷繁的现象中分清事物的真实与虚假、本质与现象、主流与支流、共性与个性、重点与一般、事物的内在联系与发展趋势……从而使感性认识上升为理性认识，总结出具有典型意义的、带有规律性的经验，写出有思想深度的总结来。

（三）拟订提纲

占有了多方面的材料，又经过认真细致的分析研究，分清了主流与支流、成绩与失误、经验与教训，就可以确定工作总结的大致框架，并且用准确精练的文字概括出来，这就是提炼观点的过程。在拟订提纲时，还应考虑总观点与分观点的关系，分观点之间的内在联系与排列次序以及材料的分布、各部分内容详略的安排、观点与材料的统一等。拟订提纲的过程就是将材料与观点统一起来的条理化、系统化的过程。有了提纲，写作时就有了方向和依据，写好总结就有了基础。

二、工作总结的基本写法

工作总结的基本写法与工作计划类似，也是由标题、正文和落款三部分组成。

（一）标题

工作总结的标题有公文式标题和新闻式标题两种。

1. 公文式标题。公文式标题就是我们前面介绍的工作计划式标题，有完整式标题和省略式标题。

（1）完整式标题：由工作总结单位的名称、所总结事项的时间、内容和名称四要素组成。如《×××有限公司××××年市场营销工作总结》。其中“×××有限公司”为工作总结单位的名称，“××××年”为所总结事项的时间，“市场营销”为所总结事项的内容，“工作总结”为名称。

（2）省略式标题：有省略单位名称的，如“二〇一三年精神文明建设工作总结”；有省略时间的，如“中国银监会××监管局金融监管工作总结”；还有省略单位名称和时间的，如“信贷工作总结”。但是公文式标题中的文种绝对不能省略。

2. 新闻式标题。新闻式标题又称通讯式标题，分单标题和双标题两种。

（1）单标题：即只有一个中心标题，用一句话或一两个短语概括工作总结的主题或提出总结中将要回答的问题。

（2）双标题：即主标题加上副标题。正标题概括表示总结的主题，副标题限定总结的范围或时限。如“求实、高效、廉洁、服务——××分行××××年工作总结”。在日常工作实践中，常规性的工作总结大多使用公文式标题；用于介绍经验，交流工作体会，特别是用于报纸杂志上发表的各类总结文章，大多用新闻式标题。由此可见，工作总结的标题相对于其他公文标题而言，要相对灵活宽泛。然而，工作总结的标题虽然形式多样，但都必须简明准确地反映总结的范围或基本经验，要求能概括内容，明白易懂，题文相符，分寸适度，切忌含糊不清或文不对题。标题在简明准确的基础上，能做到新颖、醒目当然更好，但绝不能为此过于雕琢，炫人耳目。

（二）正文

正文一般由前言（导言）、主体、结尾三部分组成。

1. 前言（导言）。前言即正文的开头部分。简要介绍工作总结的背景、根据、时间、内容等基本情况，有时还可以概括将要总结的成绩和经验，使读者对总结的全貌有一个基本的了解，并为下面的行文做好铺垫。前言中所介绍的概况，尽管内容会因总结的目的不同而有所侧重，但基本要求都只有一个，那就是必须紧扣全文中心，切合主题需要。

工作总结的前言一般有这样几种写法：

（1）概括式：简要介绍与工作总结有关的基本情况，不用求全求详。

（2）提问式：在总结一开头即设问，提出问题，引出总结的重点，以吸引人们的注意力。

（3）对比式：将前后两种情况进行对比，使人们非常直观地看到前后两者的优劣和成绩。

（4）结论式：开头即明确提出工作总结的结论，概括地点出所要总结的主要经验和突出成绩，使人们一开始就了解该总结的主题。

（5）提示式：对总结的工作内容、范围进行提示性、概括性的介绍。

2. 主体。

（1）主体的基本内容：主体是工作总结正文的主要部分，也是重点部分。由于工作总结类型繁多，目的各异，因而主体的内容也不是整齐划一、千篇一律的。但是主要有以下几项基本内容：

第一，基本情况介绍。任何工作总结都要先概述完成工作的基本情况，包括交代清其工作的时间、地点、背景，简述工作过程、主客观条件、基本做法（方法、措施、步骤）。总之，是写做了什么和怎么做的，这是总结的依据和前提。

第二，经验体会总结。这是对所做工作的分析评价。工作做得怎样，是还是非，得还是失，优还是劣？具体来说，如果那项工作是成功的，那么它收到了什么效果？取得了哪些成绩？取得成绩的原因是什么？由此可以看出哪些做法是切合实际、符合规律、行之有效的、有什么经验值得借鉴。如果那项工作失败了，失败的原因是什么？是主观思想不对头、方法措施不得力，还是客观条件所限，或估计不足出于意外……对这些成功与失误要进行综合分析，对它们的是非、得失、优劣作出科学的评价。当实践上升为理论，引出可资借鉴的经验教训，揭示出工作中带有规律性的东西，认识才能产生飞跃，才能对今后的工作有指导价值。这部分是总结的灵魂，总结的重心，善不善于总结，能不能上升到理论高度，找出带有规律性的东西来，是衡量工作总结质量高低的重要标志，是必须花大力气去做的。

第三，今后打算。即对今后工作提出设想、建议、希望等。汇报性总结与报告性总结一般都会在总结最后有所表述；经验性总结则视情况而定，比较灵活。

（2）主体内容的详略处理。工作总结主体的基本内容比较多，根据总结的实际情况和目的的不同，在内容的详略上可以灵活掌握，特别要处理好主次与详略的问题。表达的详略取决于材料主次的安排，材料主次的安排则决定于重点与非重点材料的取舍。通常不同类型的工作总结，在材料安排与详略处理上是不一样的。

汇报性总结，重点在“做了什么”，要将所做工作的方方面面汇报出来，让上级领导部门了解情况，便于指导工作。文章中的经验、体会等则可从略交代。目的在于让上级了解本部门“做了什么”。

报告性总结，重点在引导下级及群众认识工作的价值、意义及今后努力的方向，因此，文章中对先进集体与典型人物的创造性经验与成绩以及存在的失误与不足，应进行重点分析和评价；至于如何做的，则因群众已经了解，可以略写。目的主要是让群众了解“做得如何”。

经验性总结，重点要总结出不同于别人的、有一定特色的经验、体会，让人们从这些经验、体会中得到启示，以资借鉴。在材料的选择上应选择具有先进意义、典型意义的内容（方法、措施、步骤、经验等），并说明它产生的过程和原因；而其他内容则可略写。目的主要是让别人了解是“怎样做”的。

（3）正文主体的结构：常见的主体结构形式有横式结构和纵式结构两种。

第一种是横式结构，即从不同的方面，分几个问题来概括经验。几个问题之间是一种并列关系，既有相对的独立性，又有密切的内在联系，总的是为主旨服务。

第二种是纵式结构，即按工作发展的顺序、进程来阐述。这种方式便于人们了解工作过程的来龙去脉，对问题有一个系统而深刻的认识。

在这两种结构中，既可以分条列项来进行总结，也可以按材料性质分成若干部分，每一部分以小标题来突出重点，这种形式适合于综合性工作总结。还有一种是不列条，不设小标题，而是一气呵成，全篇贯通，以一以贯之的思路来取材构思，总结回顾，这种形式往往适用于内容比较单一的专题性工作总结。

3. 结尾。在工作总结的结尾中，有的明确指出今后努力的方向，有的实事求是地指出工作中的不足和存在的问题，还有的提出建议和希望等。其共同的要求就是语言简洁，收尾自然。当然，如果是经验介绍类的工作总结，能有一个表示谦虚的结尾则更佳；而在员工大会上的工作报告类的总结，则应该有一个号召式的结尾。因此，工作总结的结尾没有固定格式，而要因文而异。

（三）落款

落款即署上发文机关的名称和成文日期的年月日，工作总结的落款方法是：

1. 如果在工作总结的标题中已经标明发文机关的名称，那么在落款处只需注明成文日期的年月日即可。如果在工作总结的标题中没有标明发文机关的名称，那么就要在文尾的落款处署上发文机关全称或规范化简称，然后在发文机关名称的正下方注明成文日期的年月日。同样，如果成文日期已在标题之下正文之上标注了，那么在文尾落款处就不必再标注成文日期。

2. 在有些工作总结中，经常将发文机关名称直接标署在标题之下正文之上的居中位置，在文尾落款处不再标署。这种情况往往出现在会议交流材料、各类工作简报或刊登在报纸刊物的工作总结上。这类工作总结大都使用新闻式标题。

[例文一]

求实　高效　廉洁　服务

——××分行办公室××××年工作总结

一年来，我们××分行办公室在分行和省行办公室的直接领导下，紧紧围绕当前金融工作中心，树立起“求实、高效、廉洁、服务”的办公室工作指导思想，并以此为突破口，来推动各项工作的开展。在转变机关作风、组织协调机关办公、综合反映、信息调研、催办查办档案管理、保密和后勤管理等方面都取得了可喜的成绩，受到了本行、上级行和地方党政部门的表扬。

一、加强信息调研，为领导当好参谋

为了给领导当好参谋，我们扬长避短，提高微观与局部信息调研的层次和质量，把握好“四度”，即捕捉信息立足点要有高度，加工信息要有最佳角度，挖掘信息要有深度，反映信息要讲求速度。1月至11月，先后被各级政府、党委和上级行采用的信息×××条，其中中央级×条、省级××条、地级××条，并被省行评为政务信息调研先进单位。

（一）跟踪“热点”捕信息。在抓信息上，我们紧紧围绕领导特别关心和将要决策的“热点”问题组织调研，推出短、平、快，高节奏的信息。……

（二）综合处理上质量。信息加工处理是衡量信息是否具有使用价值的关键，搞好信息加工，关键在吃透两头，即“吃透中央的精神，吃透本地的实际情况”，做好结合的文章。……

（三）报送信息看对象。为了增强信息的针对性，我们按信息的性质，严格区别什么信息可以公开，什么信息只报内刊，什么信息报条条，什么信息报块块，分层次、分类别地加工报送信息，做到收集快，选材精，用事实说话，不躲躲闪闪，敢于捅“娄子”，并且内容新、题材新、观点新、标题新。……

二、强化督察职能，狠抓制度落实

督察、督办是办公室的一项基本职责。随着形势任务的变化，督察、督办范围日益拓宽。搞好督察、督办，对于转变机关作风，提高办事效率，保证金融方针、政策、措施真正落到实处，解决实际问题，有着重要的作用。通过查办这个“窗口”，可以看出机关的工作效率，从而反映出机关的工作质量和作风。在强化督察职能上，我们着重狠抓制度的落实。

……

三、加强宣传工作，提高银行信誉

随着经济的不断发展，银行在在业务领域的竞争越来越激烈，因此，宣传工作也显得愈加重要。一年来，我们把加强金融宣传作为办公室的一项重要职能，作为提高服务、扩大业务的突破口，在行领导的支持下，围绕党和国家的经济、金融方针政策，围绕金融工作中心，以有效地实施宏观调控措施和增强全社会的金融意识为目的，积极主动地开展金融宣传。

……

四、严格后勤管理，为群众服好务

为全行干部职工提供良好的生活和工作条件，解决领导和职工的后顾之忧，是办公室服务宗旨的体现。一年来，我们紧紧抓住为领导服务、为科室服务、为基层服务、为群众服务开展后勤管理工作。

（一）建设文明单位，美化机关环境。……

（二）抓好食堂，改善生活。……

（三）搞好车辆管理。……

我们在档案管理、保密、绿化、车辆管理等方面受到了省、地市有关部门的表彰，也受到了行领导和职工的好评。

[简析]

该文是××地区分行办公室的同志写的一篇综合性工作总结。这篇总结有不少地方值得我们学习、借鉴。

1. 观点提炼得好。一是作者善于从众多的材料中，提炼观点，如第一标题下的三个小观点：即“跟踪热点捕信息”、“综合处理上质量”、“报送信息看对象”。从信息的收集、加工、运用三个不同方面总结了他们信息调研工作的经验。二是作者采用撮要目标的方法，即通过分析、归纳，把每段或每层的要点（或称观点、小观点）准确地提出来放在每段或每层的首句位置上，读者只要一看，就能抓住这一段或这一层的要点，迅速地把握文章的脉络。

2. 材料运用得好。该文的材料翔实、典型，而且能做到点面结合。第一标题中所运用的材料大都是面上情况的概括叙述和说明，并列出典型事例。第二标题中运用的材料更多地采用点上的典型材料。

3. 语言表达得好。一是就表现手法而言，做到有叙有议，叙议结合，既使读者了解情况，又能提高读者的认识；二是语言运用得准确、简洁，且富有文采。如第一标题的三个小标题（即小观点），分别仅用了七个字就概括了文章的主要内容，达到了简洁的要求。另外写作中运用了对偶、排比的修辞手法，读起来朗朗上口，显得有文采，更便于理解和记忆。此外，作者在语言上善于归纳、概括，如："提高信息的质量，把握好'四度'，即捕捉信息立足点要有高度，加工信息要有最佳角度，挖掘信息要有深度，反映信息要讲究速度。"又如，"对烤烟调销资金实行'三统三分三把关'"等都是归纳、概括得比较好的例子。

不足之处，是文章的第三、第四标题的内容较为松散，语言也不及前文简洁精练。

第三节 工作总结的写作要求

一、实事求是，探究规律

毛泽东同志曾经指出："'实事'就是客观存在着的一切事物，'是'就是客观事物的内部联系，即规律性，'求'就是我们去研究。我们要从国内外、省内外、县内外、区内外的实际情况出发，从其中引出其固有的而不是臆造的规律性，即找出周围事变的内部联系，作为我们行动的向导。"在此，毛泽东同志用非常朴实的语言，深刻而精辟地指出了"实事求是"的实质。我们进行工作总结，就是要从客观实际出发，去研究工作的全过程和全部情况，寻找事物的内在本质，引出带有规律性的东西，从而指导今后的工作实践，这也是我们能够通过总结不断进步、提高的根本原因所在。因此，我们在撰写工作总结时，必须坚持"实事求是"的原则，按事物本来的面目如实反映其事实真相。无论是从材料的收集、取舍到公文的构思、起草，还是从对被总结工作的分析评价到对遣词造句的分寸把握，都应该力求真实可靠，恰如其分。做到反映事实不夸大缩小，肯定成绩不弄虚作假，提出问题不先入为主，分析情况不以偏赅全。

撰写者要通过对整个情况的全面了解和对事件全过程的深入调查，从分析研究事实着手，发掘出事物的本质，找出事物的内在联系，认识取得成绩和出现问题的成因，从而探究事物固有的、对今后工作有“向导”作用的本质规律。

二、突出重点，彰显特色

一篇好的工作总结，要能够有理有据地总结出一些好的经验，能够做到点面结合、重点突出、特色鲜明，对本单位或其他单位的工作都有指导意义。这就要求总结必须抓住本单位工作中主要的、突出的、最能反映总结本质特点的事实，进行分析概括，总结出带有规律性的经验，这样才能使工作总结的重点突出，个性特色鲜明。我们要根据工作总结的目的去确定总结的重点，确定材料的取舍。总结目的的不同，总结的内容材料的侧重点也会有所不同。在起草初期，我们就要根据工作总结的目的来确定总结的重点，并据此选择材料，谋局布篇；在起草过程中，要注意点面结合。既能反映一般，又要突出重点。对于能充分反映总结对象本质特征的事实，对于“人无我有”的、有别于他人的个性特色要重点反映、着力挖掘。只有紧紧抓住特征去反映，重点才会突出，特色才能彰显。

三、观点和材料的有机统一

写工作总结，离不开观点和材料。总结的观点不是凭空产生的，众多的材料中蕴涵着观点。公文撰写者在收集分析、综合各种材料的过程中，同时也在捕捉材料中的思想意义。经过“去粗取精、去伪存真、由此及彼、由表及里”的分析提炼过程，一个成熟的思想就会产生，这个思想往往就是总结的观点。总结的材料主要指典型的事例和有代表性的数据等。一旦观点形成后，材料就要围绕这一观点来取舍、加工、改造，使材料充分反映观点。观点和材料是构成总结内容的两个要素。这两者必须有机地结合，构成一个统一的整体，才能达到工作总结的目的。

要使观点和材料有机地统一，必须做到观点统率材料，材料说明观点。一篇工作总结，如果内容比较单一，提出全文的观点后，就可直接运用材料进行阐述。有的总结，内容比较复杂，往往在全文总观点之下还安排几个分观点。它们之间是统率与被统率的关系，是纲和目的关系，总观点要统率分观点，分观点是阐述总观点的重要支柱，是为表现总观点服务的，两者紧密相连，不可分割。同时，每个分观点下所运用的材料，也恰当地为表达分观点服务。在总观点的统率下，全文的分观点和具体材料有机贯穿，形成一个统一的整体。

我们要根据表述的需要来选择合适的观点和材料结合的方式，通常的方法有三种：第一种是先提出观点，再用材料阐明，这样安排的好处是开门见山，头绪清楚；第二种是先列举材料，然后归纳出观点，有的小型的经验总结往往运用这种方法，其作用是先让读者了解事物发展的过程，而后从中自然地得出结论；第三种是先提出观点，后列举材料，再进一步阐明观点，它先给人以简明的概念，而后用具体的材料阐述，再作出分析判断，意在使人们的认识由浅入深。不论采取哪一种方法，都必须注意把文章的总观点作为贯穿全文的纲，把各个部分、各种材料组织起来，使观点和材料达到有机统一。

要使观点和材料结合得好，还必须注意详略得当地选用材料，全篇哪一段该详或该略，都要根据观点的需要，做到“心中有数”，这样才能分清层次，突出重点，剪裁合体。

四、叙议恰当，语言精当

常言道“好马要配好鞍”。如果说以上几方面是对工作总结内容上的要求，那么“叙议恰当，语言精当”则是对工作总结的外在形式上的要求。

从工作总结的表达方式上讲，总结要谈情况，讲问题，摆成绩，这需要叙述；而谈经验，说体会，找原因，则需要议论。因此，工作总结需要叙述与议论结合。叙述是总结行文的基础，叙述的事实为议论提供依据，议论是对叙述事实的提炼，是对总结观点的升华。在工作总结中要做到叙议恰当，叙者有根有据，议者画龙点睛。

工作总结的语言要求是简洁、朴实、准确、生动。简洁就是要简短明了，不拖泥带水，不零乱啰唆。朴实就是要朴素平实，明白易懂，不过分追求辞藻的华丽。准确就是要文如其人，恰如其分，有较好的分寸感。生动就是要多用充满生活气息的、群众喜闻乐见的语句，不用枯燥的、干巴巴的语言，尤其要避免“八股文”。

唯有此，工作总结的形式才能为内容服务，为主题服务，才能追求形式与内容的完美统一。

第四节 述职报告

一、述职报告的含义、特点及种类

（一）述职报告的含义

述职报告，是员工向主管领导、上级主管部门、人事部门，或选区的选民，或本单位的全体员工，汇报自己履行岗位职责，实现责任目标情况的自我述评性的报告文书。

随着我国干部人事制度改革的深入发展，竞聘已经成为任用干部、选拔人才的一种重要形式，干部聘任制和岗位责任制也已成为我国干部管理的基本机制。受聘的干部或由选举出任的干部在一定时期内，要向有关部门报告其在任期内的工作实绩，即实事求是地把自己履行岗位职责的情况和称职与否用文字表述出来，于是逐步形成了这种全新的应用文体，亦是一种个人工作总结。

实践证明，干部任期内述职这种方式，不但有助于正确考核与评价干部，正确选拔和任用干部，而且也有效地促进干部队伍建设，加强干部队伍管理，提高了干部整体的综合素质和综合能力。

（二）述职报告的特点

述职报告，最初曾以“总结”或“汇报”的形式出现，经过一段时间的使用，逐步形成了独具特色的体式，其主要特点是：

1. 自述性。述职报告要求报告人以第一人称，采用自述的方式，将自己在一定时间内履行岗位职责的情况向有关方面汇报。汇报的重点是报告人的工作效率、工作成果、工作目标、工作责任心等。报告人要将这些内容实实在在地、真实可信地反映出来，切忌报喜不报忧，弄虚作假。

2. 自评性。报告人要依据自己的岗位职责和工作目标要求，对自己在任期内的德、能、勤、绩等方面情况，作客观的自我评估、自我鉴定。述职人必须按照实事求是的原则，抱着严肃、认真、慎重的态度，在自述的基础上对自己作出客观的评价，叙述要清楚，评价要恰当。但要强调的是在述职报告中切忌空谈浮泛的政绩，切勿引经据典地论证，定性分析必须在定量证明的基础上进行。

3. 报告性。述职报告中述职人要以被考核、接受评议和被监督的身份，将个人履行职责的情况，向上级或群众作汇报。这是让组织了解自己、评审自己工作的过程。因此，语言必须得体，态度必须诚恳，报告内容必须实在、准确，而且要以叙述的方式，将来龙去脉交代清楚。

报告人在撰写述职报告时，要注意将“工作总结”同述职报告区别开来。工作总结可以是单位的、集体的，也可以是个人的，其写作角度是全方位的，即凡属于重大的工作业绩，出现的问题，经验教训，今后工作设想等都可以写。而述职报告则不同，它要求侧重反映个人履行岗位职责、实现责任目标的有关情况，不一定与本部门、本单位的总体业绩、问题相掺杂。

（三）述职报告的种类

1. 从内容上划分可分为综合性述职报告和专题性述职报告。综合性述职报告，指报告内容是一个时期所做工作的全面、综合的反映。专题性述职报告，指报告内容是对某一方面工作的专题汇报。

2. 从时间上划分可分为任期述职报告、年度述职报告、临时性述职报告。任期述职报告，指对任职以来的总体工作进行报告。一般来说，时间较长，涉及面较广，要写出一届任期的情况。年度述职报告，指一年一度的述职报告，写本年度履行职责的情况。临时性述职报告，指担任某一项临时性的职务，写出其任职情况。比如，负责某地一项金融风波的调查处理工作，或主持一项检查评比工作，或组织了一项技能竞赛等，写出其履职情况。

二、述职报告的写作方法

述职报告的结构与工作总结相类似，一般是由标题、抬头、正文、落款四部分组成。

（一）标题

述职报告的标题一般有两种写法：

1. 公文式标题。述职报告的公文式标题由“述职人姓名＋述职的时限＋事由＋文种”组成完全式标题。也可以部分省略形成省略式标题。如完全式标题的《×××关于2010年至2012年任公司总经理职务的述职报告》；省略姓名的，《2010年至2012年任支行行长职务的述职报告》，省略时间、事由的，《×××的述职报告》，或者直接标注《述职报告》。述职报告的标题应置于第一行，居中标注。

2. 文章式标题。述职报告中可使用正题，也可以正副题配合使用，如《我的述职报告》、《思想政治工作要结合经济工作一起抓——××造纸厂厂长王××的述职报告》、《当改革的排头兵——我的述职报告》。正题居第一行正中，副题置下一行稍偏右。

（二）抬头

写主送单位名称，如“××党委”、“××组织部”或“××人事处”等。

（三）正文

正文由开头、主体、结尾三部分组成。

1. 开头。开头又叫引语，一般交代自己的职责，这是述职的基础，用以确定述职范围和基调。包括何时任何职，变动情况及背景；岗位职责和考核期内的目标任务情况及个人认识；对自己工作履职的整体估价。这部分内容要写得简明扼要，给人一个总的印象。

2. 主体。主体是述职报告的中心内容，主要写自己的工作实绩、做法、经验、体会、问题或教训。其具体内容包括：

（1）履行岗位职责情况——做法、成效、经验，说明自己如何履行职责。

（2）突出性的业绩——列举有代表性的典型工作业绩，并写明其起止时间、主要内容、个人所起的作用及其影响。

（3）目标实现情况——岗位总体目标或任期内目标实施的情况。

（4）工作中存在的问题，并分析问题产生的原因，今后改进的意见。

主体部分要写得具体、充实、有理有据、条理清楚，由于这部分内容量多面广，所以以分条列项表述为宜。各“条”、“项”之间要注意安排好内在逻辑关系。

3. 结尾。述职报告的结尾一般用“专此述职”、“特此报告，请审查”、“以上报告，请领导、同志们批评指正”等结束语作结。

（四）落款

述职报告的落款，只要述职人署名，并注明述职日期或成文日期即可。署名可在标题的下一行居中标注，也可以在文尾落款处标注。

三、述职报告的写作要求

1. 要突出工作实绩。述职是民主考评干部的重要一环，也是干部自觉接受组织和群众监督的一种有效形式。干部作述职报告，是为了让组织和群众了解和掌握干部德才状况和履行职责的情况。工作实绩如何，是检验干部称职与否的主要标志，述职人要充分认识这一点，实事求是地把自己的工作实绩和存在的问题反映出来。

2. 实事求是。介绍履职情况，要用事实说话。评价自己既不能夸大，也不能缩小，要准确恰当，分寸合适。处理好成绩与问题的关系，个人与集体的关系。既不争功诿过，掠人之美，也不让功揽过，让美于人。

3. 要抓住重点，突出个性。述职报告，一般以 3 000 字以内为宜。抓住最能显示工作实绩的大件事或关键事来写，不必面面俱到。此外，还应突出自己的特色，突出自己独有的气质，独有的风格，独有的贡献，让人能分辨出自己在具体工作中所起的作用。

[例文二]

述职报告

2011 年因工作需要、受组织重托，我担任了××支行信用卡部总经理，一年来在市行领导的正确指导下，以市行整体工作部署为指导思想，在信用卡部日常工作中坚持以客户为中心、以市场为导向的运作体系，树立全新的服务形象，打造独特的经营理念，各项工作取得长足发展。截至年末，信用卡部本部门超额 3 006 张完成市行下达全年发卡任务，实现收入 955 万元，中间业务收入达 574 万元。借此机会将一年来的工作作如下述职。

一、努力学习，全面提高自身素质

2011 年对我来说是十分有意义的一年，经过多年孜孜不倦的追求，我终于在党组织的关怀和老党员的熏陶下，敲开了党组织的大门，有幸成为中国共产党的预备党员，开始了自己政治生命的新篇章。特别是新年伊始受分支行领导任命，我走上了××支行信用卡部总经理的工作岗位，全面负责信用卡部的日常管理工作；可以说工作岗位的变动、工作担子的加重、新政治生命的开始让我深深感到进一步提高自身素质真是刻不容缓。

在工作中，我十分注重业务素质的培养。自己除了对《中国信用卡》、《金融时报》每期必看、每天必读，以掌握大量有关信用卡的国内、国外，本行、他行的信息外，更注重学习上级行下达的各种文件领会其思想内容；注重学习经常变化的新增的业务品种、业务内容，自己必须做到融会贯通。通过学习使得自己能够更好地胜任本职工作；通过学习，我个人不论是敬业精神、思想境界，还是业务素质都有了很大提高。

二、加强修养，时刻注意自我约束

信用卡部在2011 年一直由我一个人主抓全面工作，没有配备副手。所以在工作协调布置上我特别注意加强修养，时刻约束自我并做到三个学习：

一是向行领导学。学习上级行领导的领导风范和工作艺术，做到谦虚谨慎，尊重服从。

二是向同志学。在信用卡部内部，我信奉“众人拾柴火焰高”的道理。对重大事宜，工作安排首先与卡部的业务经理、各组组长共同商议，共同探讨每一项工作的重点、难点及注意事项，防患未然，避免“一言堂”所带来的负面影响。

三是与卡部的每一位同志共勉。领导信任我让我来负责卡部的全面工作，但这不等于说我就没有缺点。所以在日常工作中我坚持做到严于律己、宽以待人，让员工们感到卡部大家庭的温暖，感受到工作着是美丽的。

四是坚持公平原则，在用人方面能够出于公心，坚持公平、公正、公开的原则，工作能够充分调动员工的积极性。

从2011年年初到现在信用卡部开展了一系列的如“吃就有礼”、“消费积分抵年费”等一系列优惠持卡人的宣传活动，再加上营销中心不定期的、大都在休息日搞的宣传活动。我不管怎么累，家里有多少事，都坚持亲临现场，坚持到各宣传点巡视。用自己的行为从点滴做起，维护信用卡部的整体形象，维护××行的社会威信。

三、勤奋工作，回报大家对我的关爱

可以说是领导的信任、同志们的支持才使我有信心接任卡部总经理的工作。在这里我是要特别感谢市行行长及各营业网点的诸位行长对我工作的理解、支持、帮助。

一年来，我思考最多的就是怎样才能让更多的人在短时间内认识并接受××信用卡？怎样才能让××卡走进千家万户？为了开展业务，我独辟蹊径，以客户的身份亲自到中行办理长城卡、到工行办理牡丹卡、到建行办龙卡，仔细研究其他行有关信用卡的开展情况、服务及管理情况，做到知己知彼。就是通过这些耐心细致的工作我不仅找到了做好××信用卡的突破口，而且为××信用卡的发行闯下一片天空。仅以沈阳邮政局为例，我在调查中发现邮政局不仅是大的国营、收益性单位，而且收入相对稳定。我就以此为切入点，多次登门拜见邮政局有关领导，宣传××信用卡特点和优势。在与邮政局领导取得共识的情况下，通过该局下发红头文件和专人负责的形式，与邮政局合作共发卡达2 751 张。

一年来我借助总行与南航航空公司协作推出“南航明珠信用卡优惠活动”的平台，及时成立了专门项目组，派专人在沈阳桃仙机场安检处和候机大厅驻寨，不遗余力地向南航员工、候机旅客宣讲“南航明珠信用卡”及我行其他品种信用卡的功能、特点、申请手续进行了全方位介绍和现场办卡业务，共受理南航员工和现场办理1 386 张，取得了良好效果。

多年来价值观念和思维方式的形成使我对人生、对事业都有了自己的感悟。我没有什么奢求，努力工作是我的追求，说句实话，工作不仅是我谋生的手段，更是我回报领导和同志们对我支持的最好方式。

四、健全制度，完善内控降低风险

我们××支行信用卡部从2011年第二季度起，采取总经理、业务经理、普通员工共同商议的办法，建立健全卡部各项规章制度及风险防范措施。特别对容易出现的配送成品卡交接、会计专业账务处理做了详明、可行的规定。在4月份的分行稽核检查和8月总行稽核检查中，我们信用卡部的内部控制工作受到了好评。

在取得成绩的同时，我也清楚地认识到自己工作中的不足，表现在：一是政治理论水平需进一步提高。二是认知水平需进一步加强，特别是对工作中可以出现的问题和困难要有一定的预见性，时刻保持强烈的忧患意识。

2011 年已经过去，2012 年工作也开始走上正轨。对新一年的工作重点，有几个方面的展望：

一是争取第一季度内解决邮政还款通路问题。

二是做好营销中心的接收、善后处理工作。

三是完成卡部内部人员重组。因为 2011 年有些业务总行已上收，这样相关小组的业务量、人员配置需做新的调整，充分调动各部门、各岗位人员的积极性、创造性，为达到卡部总体效益最大化目标做好铺垫。

四是开拓本地区联名卡市场，走联合发展之路，增加××卡的市场占有率。

五是做好优质客户的维护工作及今年的市场营销计划。

以上是我一年来的工作情况，取得这样的成绩这和卡部全体员工共同努力是分不开的。2012 年，任重而道远，有机遇更有挑战，我将带领卡部同仁，紧紧跟上市行的改革步伐，坚定信心、扎实工作，为实现××支行各项工作健康有序发展贡献出自己的一份力量。

××××年××月××日

[简析]

这份述职报告用亲切、朴实的语言，如实而具体地汇报了自己任职以来履行职责的情况，内容比较充实。但是报告的语言有些地方欠准确，分寸也注意不够，需要进一步斟酌、锤炼。

[思考与练习]

1. 什么叫工作总结？它有哪些作用？

2. 在工作总结写作的基本步骤中，哪些步骤是在撰写工作总结之前做的，它们对于写好工作总结有什么重要意义？

3. 请通过简述工作总结与调查报告、议论文、工作报告等文体的异同，说明工作总结的特点。

4. 根据自己工作实际，撰写一份格式规范的工作总结

第四章

会议文书

HUIYI WENSHU

会议作为人们从事社会活动或各项工作的一种重要手段和方式，自古以来就为人们所采用。在社会实践活动中，它能够集思广益，促进科学决策；充分发扬民主，密切上下关系；互相交流信息，彼此共享互补；协调矛盾分歧，统一思想认识，推动工作开展。随着社会不断进步、发展和信息流量的迅速增加，会议越来越受到人们的重视，成为各机关单位在部署任务、民主决策、交流信息、监督检查等活动中经常采用的形式。有会议就有会议文书，每一次会议都离不开会议文书，会议文书随着会议的产生而产生，其种类、功能和作用也随着会议的种类、功能、作用的增加而拓宽。会议文书质量的高低和准备程度往往决定了会议的效果。

第一节 概 说

一、会议文书的含义

会议文书也称会议材料，是指围绕一个会议使用的、直接反映会议精神并为会议服务的一系列文书材料。如会议预案、会议通知、开幕词、工作报告、发言稿、会议决议、闭幕词、会议纪要、会议简报等。有的会议文书会后可以通过正式文件下发，有的还可以登报、广播。如会议通知、会议决定、会议纪要等。

现代社会已经进入信息化社会，互联网、多媒体手段、视频电话、网络信息技术等高新技术的开发、应用及普及，使希望减少会议文书、会议经费，节省人力、物力、财力的愿望成为现实，也使会务筹备人员从“文山会海”中解脱出来，提高了工作效率。

二、会议文书的特点

会议文书是一种比较特殊的文书，在形式、内容、分类和撰写上都有自己的特点和要求，会议文书一般具备三个特点：

1. 针对性。任何会议总有其明确的目的，会议文书也必须围绕会议的主旨、会议的精神来完成。会议文书的基本观点必须是针对不同问题提出的切实有效的解决办法和指导性意见，这些是会议文书构想、立意、选材、结构、遣词等的现实依据。在起草会议文书时一定要深入实际，调查研究，综合分析。如果没有针对性，会议文书就会失去价值，会议效果也会逊色。

2. 集体性。每一次会议都会涉及许多职能部门和相关的个人，它是一种群体行为。作为会议文书，其涉及的内容和对象也就比较广泛。从内容到制作都可以说是集体智慧的结晶。各类讲话稿、会议记录、会议纪要等都记载了个人或集体的观念与行为、单位的发展前景等多方面内容，充分显示了群体的智慧和力量。

3. 指导性。会议的宗旨是为了更好地确定工作原则和方法。因此，会议文书就可以是上级机关对下级机关或群众的有效性指导意见。它是单位内部开展工作，实行经营管理的一种依据。在制作会议文书时要根据单位的实际情况和会议的目的要求，突出其内容的政策性、业务性、思想性。

三、会议文书的作用

不同的会议目的形成不同的会议文书，不同的会议文书在工作实践中就会发挥不同的作用。但总体而言，会议文书有如下三个共同的作用：

1. 管理作用。会议是行政管理的重要手段。单位主管部门可通过会议来研究和讨论各项工作，通过明确分工、划定职责、落实任务来协调、规范上下级之间、部门之间、系统之间的工作。广大干部和员工还可以在会上各抒己见，直接参与民主管理，形成新的决策和管理方案。因此，会议文书对行政管理工作起到了重要的促进作用。

2. 依据作用。会议文书可以为各部门工作提供一定的办事依据。特别是一些工作报告、会议决定等正式的会议文件，可以下发给各部门作为今后的工作依据和工作原则。有些会议决定的规定和办法，还具有法规性和约束力，其依据作用比较明显。

3. 宣传作用。会议文书可以宣传党和国家的路线、方针、政策，可以上情下达、下情上达、沟通信息、交流经验；还可以缩短领导与群众之间的距离，让群众了解到工作的实际情况，以便统一思想认识，积极配合领导工作，顺利完成各项任务。一些通过新闻媒介对外宣传报道的会议简报、会议纪要等会议文书能更多地宣传报道本单位（部门）的工作成绩、贯彻上级指示以及对社会公众关注问题的态度和举措。有关会议的新闻报道，可以让社会各界（包括上级部门）理解、关心、支持本部门的工作，更好地发挥会议文书的宣传作用。

第二节 会议文书的种类和写作要求

一、会议文书的种类

不同的会议应有不同类型的会议文书。一般涉及的会议文书大体有以下几类：

1. 会议的指导性文书，包括上级会议文书、上级指示文书、本级开会起因文书等。

2. 会议的主题性文书，包括开幕词、主题报告、专题报告、会议交流文件、大会发言稿、选举结果、正式会议决议、闭幕词、会议总结报告等。

3. 会议的程序性文书，包括会议预案（筹备方案）、会议议程、日程安排、选举程序、表决程序等。

4. 会议的实录性文书，包括会议签到、会议记录、会议简报、会议发言、情况反映等。

5. 会议的公告性（传达执行）文书，包括会议公告、新闻稿、接受采访、宣传文章、会议精神传达（汇报）提纲、会议纪要、执行计划、专题或理论研讨会综述等。

6. 会议的事务性文书，包括会议通知、开会须知、议事规则、会议代表证件、作息时间表等。

除上述以外，会议文书中还有在会议中经常使用的参考资料、选举材料、代表发言稿、会议人员名册、机构名单、提案等。每次会议不一定会需要所有的会议文书，而是根据会议的性质、规模来确定和准备合适的会议文书。同时，以上的会议文书中有部分文种与其他公文及应用文有交叉之处，需要注意分清场合，视其具体情况加以使用。

二、会议文书的写作要求

会议文书的撰写是一项十分严肃、细致的工作。它包括素材、数据和典型材料的收集、整理、筛选，文件的起草和修改等一系列环节。各个环节都必须严格按照领导的意图和会议的实际需要认真执行。对于会议文书中的主要文书，如会议报告（主题报告）、领导人讲话稿、开幕词、闭幕词、会议决议、会议简报和会议纪要等，尤其要引起足够的重视。会议的主要文书是会议主题或指导思想的集中体现，也是今后贯彻落实会议精神的依据。因此，会议文书的撰写人员一定要下工夫写好。要写好一份领导满意的高质量的会议文书，最基本的要注意以下三点：

1. 明确主旨。会议文书撰写人员动笔前一定要认真理解和吃透会议领导机构所确定的会议主题，努力把握领导意图和上级机关的要求，特别是党和国家的有关方针、政策、精神。

2. 调查研究。丰富的材料是写好会议文书的基础。撰写人员要围绕会议主题开展深入细致的调查研究，访问有关人员，查阅有关的档案资料，向有关部门或个人收集相关材料，尽可能掌握详尽的、确切的第一手材料。

3. 集思广益。在撰写文件的过程中，撰写人员要抱着“兼听则明，偏听则暗”的态度，虚心听取各方面的意见，尤其是领导同志的意见。起草者可以提出自己的观点和意见，但这种观点或意见应该是领导意见的补充，而不是修正，更不能与之相悖。

第三节 几种常用会议文书的写法

一、会议预案

（一）会议预案的含义

会议预案又称为会议筹备方案，简称会议方案，属于计划的一种，是召开重要的会议之前，就会议的时间、场地、议程、参加人员、所需经费、组织机构等提出的具体方案。预案经批准就成为组织会议的主要依据。会议预案一般由领导机关的办公厅（室）制定，有时由会议组织筹备部门制定。

一般日常办公会议和小型会议不需要制定会议预案，而对一些组织内容和形式较复杂、规模较大的会议必须制定会议预案，以保证会议顺利进行。如党代会、职代会、专业性表彰会、专题性工作会议等。

（二）会议预案的写法

会议预案主要由正式文件和附件两部分构成。正式文件就是写一个关于召开××××会议的请示，请示中一般比较多的是阐述、强调召开会议的原因或者目的；附件就是会议预案，详细说明会议的总体安排，作为请示的附件报请上级批准。这类附件的内容往往比请示本身更具体、更详细，因此，往往是领导决策的重要依据。这里介绍的会议预案就是这一类的附件。会议预案的写法基本同一般计划，其结构由标题、正文、落款三部分组成。

1. 标题。标题一般由会议名称和文种组成。如《上海市 2004 年科技工作会议预案》。

2. 正文。在工作实践中，会议方案的拟订人员往往也是会议的筹办人员。因此，会议方案的撰写过程，也是整个会议的策划过程，会议方案只是将领导和会务筹备人员的策划内容用文字形式表达出来。因此，撰写人员必须根据领导的意图，全面、仔细和周全地思考会议全过程的每一个环节。在正文中一般要确定七方面事项：

（1）确定会议主题。无论什么会议都有会议主题，特别是组织大型会议或专题会议，必须明确会议要研究解决什么问题，达到什么目的。确定会议主题的主要原则：一是要有切实的依据；二是要结合本单位的实际；三是要有明确的目的。会议预案的撰写人员要根据这三个原则来确定会议主题，并据此安排以下各项会务筹备工作。

（2）确定会议召开的时间和地点。会议时间包括会议实际进行时间和会议过程中的休会时间，有时也叫会期；会议地点选择的重点是会场大小适中，地点远近适当，环境交通适合，会场设施齐全、适用。

（3）确定会议的规模。会议的规模主要指出席会议的正式人员、特邀人员、列席人员、工作人员等的总体数量，会议规模由会议的组织者根据实际情况掌握，并在会议方案中有所体现。

（4）确定会议的议程。各种不同主题的会议就有各种不同的会议议程。但一般都应包括会议主持人、会议发言、会议讨论、会议讲话、会议总结等内容。确定会议议程的方法主要有：一是根据到会主要领导的情况，确定会议主持人；二是根据会议主题，确定会议发言人；三是围绕会议主题，确定会议讨论题目，并根据会议规模，确定会议讨论方式；四是根据会议拟达到的目的，安排领导做好会议总结。这些内容在会议预案中要一项一项明确地列出。

（5）确定会议文件和材料的准备。根据会议主题，在会议预案中要把拟在会议期间使用的各种材料及准备的情况明确表述，如会议主报告、发言人员及材料、会议日程表、参加会议人员名单、讨论题目、讨论分组情况、会议下发材料等。一些重要的会议，包括主席台座次安排、作息时间等内容也都要在会议预案中标明。这些内容非常具体，看起来不显眼，却直接影响会议的效果，万万马虎不得。

（6）确定会议经费预算。会议的经费预算是会议预案中非常重要的内容。会议预案要本着实事求是、勤俭节约的原则，制定出一份合理的会议经费预算。既要尽量降低会议的成本，又要有一定的弹性，留有余地。

（7）确定会议组织和分工。即会议组织部门和人员的落实。一般专业性的会议由职能部门具体组织；涉及面广或全局性的会议大多由机关单位的办公厅（室）组织筹备；组织比较重大的或重要的会议，为保证会议质量，还要成立专门的会务组来筹备会务。但是不管以何种形式来筹备会务，会议的每一项组织工作、每一个工作环节都必须有专人负责，责任到人，并明确任务和要求。会议的组织分工包括文件起草和准备，会场布置，会议的组织、接待、宣传等内容，还包括生活服务（娱乐活动安排）、安全保卫、交通疏导、医疗救护等后勤保障的落实。会议方案撰写人员可以根据会议实际情况选择相关内容制订详尽的预案。

3. 落款。落款要标明制作会议预案的单位名称，以及拟订会议预案的日期，最后加盖公章。

（三）会议议案的写作要求

会议预案的制作是为了保证会议能够有计划、有组织、有秩序地进行。因此，拟订会议预案要注意以下写作要求：

1. 力求周全。如前所述，会议预案的撰写过程就是会务工作的策划过程。会议预案的每一项内容都是筹备组织会议的具体工作细则，对开好会议有着重要作用。因此，在撰写会议预案时，一定要将各个细节考虑周全，不遗漏、无差错，确保会议的顺利举行。

2. 按程序分项叙述。会议预案一经领导批准，即成为会务筹备组织依据。因此，会议预案要严格按照会议的程序来思考布局。会议预案的程序性对会议的组织能够起到有机协调、高效服务的作用。在撰写过程中必须采取依次分项叙述的方法来仔细撰写，要体现会议的内容以及组织形式的和谐统一。

（四）例文简析

[例文一]

关于筹备××市经济工作会议工作预案的请示

××××：

根据××办公会议要求，市委办公厅、市府办公厅经研究，拟定了我市经济工作会议的筹备预案，呈请领导审批。

特此请示。

附件：××市经济工作会议的筹备预案

市委办公厅　市府办公厅

×××××××××

附件：

××市经济工作会议的筹备预案

1. 会议主题：贯彻落实中央经济工作会议精神。重点是研究讨论全市经济发展的突出问题，分析原因、理清思路、确定重点、提出对策，做好明年的工作。

2. 会议的时间地点：拟定于明年年初的×月×日——×月×日（会期3天）在××××会堂召开。（与会者×月×日的上午8:30报到）

3. 会议规模：参加会议正式代表：×××人、特邀代表和列席人员×××人、会议工作人员（不含会场服务员）××人，合计×××人。

4. 会议议程：会议由市委书记、市长分别主持。

第一天：市长主持大会，听取市政府部分职能机构关于本年度全市经济工作的总结和贯彻落实中央经济工作会议精神的具体措施的发言。

第二天：分组讨论。

第三天：上午——继续讨论。

下午——大会由市委书记主持，市长作会议总结报告，书记讲话。

5. 会议材料准备：

(1) 大会发言单位的材料。(略)

(2) 主席台座次。(略)

(3) 会议日程表。(略)

(4) 参加会议人员名单和分组讨论名单。(略)

(5) 分组讨论题目和讨论地点。(略)

(6) 会议注意事项。(略)

(7) 会议通知。(略)

6. 会议经费预算。(略)

7. 会务工作由市委办公厅和市府办公厅负责，拟成立秘书组、宣传报道组、后勤保障组、安全保卫组等工作组具体负责会务筹备工作。具体名单和分工是：

(1) 秘书组。(略)

(2) 宣传报道组。(略)

(3) 后勤保障组。(略)

(4) 安全保卫组。(略)

[简析]

这份预案基本做到了会议预案要求的“七明确”，中心突出，事项明确，要言不烦。

二、开幕词、闭幕词

(一) 开幕词和闭幕词的含义

开幕词、闭幕词是在会议开始和结束时有关领导人的致辞，是会议的开始语和结束语，即序曲与尾声。致辞者往往由会议组织单位的领导人，或者委托、邀请有关的领导同志担任。它们是整个会议的有机组成部分，起到宣传、鼓动的作用，以增强会议的气氛。它们主要用于庄重、大型的代表会议，或重要的、有纪念意义的会议。在这种会议上，一般要另行安排主持人主持会议，主持人和致辞人不能兼任。而在一般性的会议上，主持人和发表讲话的领导人可以是同一人，也可以由两个人分别担任，所发表的讲话则称为“×××同志在×××会议开（闭）幕式上的讲话”。

(二) 开幕词和闭幕词的写法

开幕词和闭幕词的篇章结构大致相同。一般由标题、署名、时间、称谓、正文几部分构成。

1. 标题：习惯有三种写法。

（1）只写“开幕词”或“闭幕词”三个字，在第一行居中标注。这种标题比较简洁、醒目。

（2）由会议名称加“开幕词”或“闭幕词”组成，如《××大学第×次教师代表大会开幕词》。这种标题比较规范。

（3）由正标题和副标题组成。如《解放思想，深化改革——在×××公司第×次职工代表大会上的开幕词》。这种标题能充分反映开（闭）幕词的主旨，一般也是会议的主题。

2. 署名。即致辞者的姓名。一般在标题下方居中标注。有的还注明领导人的职务，有时也可以不署名。

3. 时间。即在会议上讲话的日期，写在署名之下；若无署名则直接写在标题的下方，并用括号括上。

4. 称谓。即称呼语，是对与会人员的称谓，如“同志们”、“各位代表”、“各位来宾”等。

5. 正文。由开头、主体、结尾组成。

（1）开头。开幕词的开头一般是宣布大会开幕，或向与会者表示欢迎、祝贺，或对会议的背景、宗旨、规模加以概括等。有的代表大会还简述出席人员的情况，也有的开幕词只在开头介绍大会召开的背景以及宣布大会开幕，其他内容放在主体中写。

闭幕词的开头一般是肯定大会圆满完成了预定的会议议程，达到预计的会议效果，宣布大会闭幕，或对会议进行概括的评价。

（2）主体。开幕词的主体部分主要写召开会议的指导思想、议程和任务，会议的开法、希望和要求。有的还简述上次会议以来所取得的工作成绩。

闭幕词的主体主要有如下几项内容：向为努力开好大会而服务的各方面人员表示感谢；总结大会通过的主要议程、决定事项；概述会议的基本精神及其意义；并且为完成大会的任务而发出号召、提出贯彻执行会议文件和会议精神的意见和要求。

（3）结尾。开幕词的结尾一般用“预祝大会圆满成功”等惯用语。

闭幕词的结尾一般是宣布大会胜利闭幕。

（三）开幕词和闭幕词的写作要求

开幕词、闭幕词是应用文中比较规范的讲话稿，有相对固定的格式，对会议有明显的指导、宣传、号召作用。因此，写法上要注意以下两点：

1. 篇幅短小，结构规范。开幕词、闭幕词不能写得面面俱到、烦琐冗长。写作前要把握会议的主要目的。主题要鲜明集中，内容要高度概括，形式要讲究规范，篇幅要短小精悍。

2. 语言庄重、简洁、富有启发性。会议的具体内容一般是在会议主报告里做具体陈述，在开幕词和闭幕词里只做简单介绍。在隆重的场合里，开幕词和闭幕词的语言在讲究格式规范的同时还要注意语言的文采；应当是经过提炼加工的、庄重的、朴实的、通俗的语言，能够激励与会者的政治热情、使命感和责任感，增强与会者的决心和信心。

（四）例文简析

[例文二]

中国××学会第××次全国代表大会开幕词

中国××学会名誉会长　×××

（××××年××月××日）

各位代表、各位来宾：

大家好！

在春暖花开的季节里，我们中国××学会第××次全国代表大会现在开幕！

参加这次会议的有中国××学会理事和代表，还有××金融学会、××金融学会、××学会和银行代表，财经院校和有关研究单位代表，共290多人。我代表理事会和主席团向来自全国各地的代表表示热烈欢迎！对于这次会议的召开，××省委和省政府给予了很大支持，××××银行××分行做了大量准备工作，对此表示衷心感谢！

这次会议的议程有四项：

一、审议常务理事会工作报告；

二、修改学会章程；

三、选举新的理事会；

四、进行学术交流。

同志们，从中国××学会第一次全国代表大会以来，金融研究工作进展很快，成绩显著。我们要充分肯定成绩，认真总结经验，明确今后工作任务，继续不懈地努力，力争把工作做得更好。

我希望，通过这次会议，把全国金融战线的一切科学研究力量进一步动员起来，组织起来，采取多种形式，开展群众性学术活动，促进金融研究事业的发展；同时希望大家坚持理论联系实际的良好学风，发扬敢于探索、大胆创新的精神，把金融学会的实际工作和理论研究搞得生动活泼，卓有成效。

最后，预祝大会圆满成功！

[简析]

这篇开幕词主题鲜明集中，语言简洁明快，结构严整规范。开头处用了点名季节的俗语，然后介绍了出席会议的人员情况，并对来宾表示热烈欢迎，对会议的筹备单位表示感谢，营造了一种欢快明朗、热情洋溢、团结祥和的会议气氛。接着说明会议的议程，最后向与会者提出要求，祝愿大会圆满成功。由于是名誉会长所做的开幕词，因此，内容比较简短，一句话“中国××学会第一次全国代表大会以来，金融研究工作进展很快，成绩显著”简明扼要地概括了学会的工作情况，又用一句话表明了今后的态度“我们要充分肯定成绩，认真总结经验，明确今后工作任务，继续不懈地努力，力争把工作做得更好”。整篇文字提纲挈领，确实富有鼓动性和号召力。

[例文三]

中国××学会第××次全国代表大会闭幕词

第×届会长　×××

(××××年××月××日)

各位代表:

中国××学会第××次全国代表会议历时×天，已经圆满完成了预定的各项议程，今天就要闭幕了。这次会议是一次全面检阅近四年来我国金融科研成果的会议，是一次充满探索精神的会议，也是一次解放思想、开阔视野，把金融科研提高到一个新水平的誓师动员大会。

会议开始时，中国××学会名誉会长××同志致了开幕词，××省副省长×××同志代表省委、省政府，在大会上做了重要讲话，中国××学会常务理事会副会长××同志代表上届常务理事会做了工作报告。(略)

这次会议根据新的形势，重新修订了学会章程，选举了新的理事会。大家推选我担任第×届××学会会长，这是对我的莫大信任。我深感责任重大，一定不辜负众望，竭尽全力，把工作做好，为发展我国金融科研事业作出应有的贡献。

这次会议还广泛地进行了学术交流。(略)

这次会议得到了××省委、省政府的大力支持，省分行的领导和同志为大会做了周到细致的服务工作，在这里，我代表××学会常务理事会以及到会全体人员表示衷心的感谢!

现在，我宣布，中国××学会第××次全国代表大会胜利闭幕!

[简析]

这篇闭幕词内容朴实，高度概括，一开始连用三次“是一次……的会议”的排比句，对会议作出了高度的评价，然后概述了会议的主要内容和基本情况。同时在闭幕词结束之前，对于自己新担任会长一职表明态度，并再一次对会议的组织单位表示感谢，最后才宣布会议胜利闭幕。通篇文稿显得水到渠成，气势顺畅。

三、会议报告

(一) 会议报告的含义和特点

1. 会议报告的含义。会议报告是单位领导人在一些重要的会议上向与会者报告工作情况或专门谈某一问题时所做的讲话，集中全面地体现了会议的主要精神。因此，会议报告是会议最主要的文件，又称为会议主题报告或会议主报告。

会议报告是会议主办机关领导集体意志的体现。它一般是由机关单位领导班子集体讨论研究决定，而以领导成员个人的名义出现，一旦在会议上通过，作为公文被批转下去，就必须遵照执行。

2. 会议报告的特点。

（1）主题鲜明集中：会议报告的主题是针对会议的召开而选定的，也是会议指导思想的体现。因此，会议报告的撰写人要围绕会议主题，充分准备材料，将工作中的主要成就、经验和存在的问题集中起来分析研究，并提出解决问题的措施与办法。不写与会议主题无关的内容。

（2）指导性强：会议报告要体现领导机关的意图，实际上是上级机关对下级机关的指导性意见。上级机关可根据会议报告的要求，监督、检查下级机关的工作；下级机关也要根据会议报告的要求去完成上级布置的相应工作。

（3）语言通俗易懂：会议报告是在会议上与群众直接交流的讲话稿。它的内容灵活，有话则长、无话则短。因此，语言要求通顺流畅，简洁明白，适于讲演。

（二）会议报告与其他文种的区别

1. 会议报告与公文中的报告的区别。

（1）从报告的目的上看，公文中的报告是向上级汇报工作、提供信息、下情上达的；而会议报告是为了指导下级更好地开展工作，是上情下达。

（2）从报告的对象上看，公文的报告是作为文件呈给上级机关和领导阅知的；会议报告则是在会上宣读的，它的受文对象是参加会议的下级机关或群众。

（3）从报告的内容上看，公文的报告注重汇报工作进展的情况和问题；会议报告则偏重总结工作中的成绩、经验，提出今后的工作任务及指导性意见。

（4）从报告的行文要求上看，公文的报告有固定的公文格式和严格的行文要求；会议报告则属应用文的写作范围，虽然有其比较固定的格式，但相对于公文中报告的行文要求，则显得相对较为宽泛。

2. 会议报告与一般的领导人讲话稿的区别。两者虽然同属于公务活动中的讲话稿，但会议报告作为会议中的最重要的主体材料，与领导人讲话稿有所区别：

（1）从讲话人的身份上看，会议报告一般要由代表机关单位的主要领导或主持工作的领导来做；而领导人讲话往往是受会议邀请而做的，由谁来讲话，要视会议的需要来决定。

（2）从应用文的作用来看，会议报告体现了集体领导的智慧和意志，所讲内容经集体研究决定，对下级单位或群众具有较强的指导作用和约束力，若以会议文件下发则下级必须遵照执行；而领导人讲话的内容往往只代表个人或某方面的意见，对与会者的约束力不太强，大多数只起到参考的作用。

（3）从行文的规范上看，会议报告的行文格式有相对统一的结构和比较固定的内容，语言也较庄重、朴实、书面化；而领导人讲话则可以灵活多样，没有固定的格式和内容，语言比较口语化，可以轻松幽默，亦可以庄重大方，个性不同，风格各异。

（三）会议报告的种类

1. 工作报告。工作报告是对前一段工作的全面总结以及对下一段工作提出的安排意见。这类会议报告的标题常冠以“工作报告”的字样，其写法类似于一般的总结，如“政府工作报告”。

2. 动员报告。动员报告是为了完成某项工作或解决紧急重大的问题而做的讲话，具有极强的号召性、鼓动性和激励性。

3. 传达报告。传达报告是传达上级精神的讲话材料，在原原本本传达上级有关会议或文件的主要精神后，一般还要结合本地区、本单位的实际情况，提出贯彻落实的具体措施。

除此以外，还有形势报告、纪念报告、表彰报告、新闻发布报告、理论研讨报告等。通过这些报告，我们可以了解国家、社会的政治经济动态，掌握本地区、本单位发展与改革的状况，可以统一思想认识、明确奋斗目标、增强人们的工作信心。

（四）会议报告的写法

会议报告由标题、正文两部分组成。

1. 标题。

（1）会议名称式：以讲话人的姓名和会议名称组成标题，如《×××同志在中国××银行××分行行长工作会议上的讲话》。

（2）单标题式：以概括讲话的中心内容为标题，揭示主题，如《创造良好金融环境促进我省利用外资》，这是中国××银行××分行副行长×××同志在××省利用外资工作会议上的讲话标题。

（3）双标题式：正标题概括中心内容，副标题说明讲话的场合。如《优化信贷结构，提高资金效益，为支援农业生产，发展农村经济而努力——×××同志在中国××银行××行长会议上的讲话》。

2. 正文。会议报告的正文包括开头、主体和结尾三部分。

（1）开头。首先与开（闭）幕词的要求相仿，对与会人员作相应的称谓，如“同志们”、“各位代表”之类。称谓一般顶格写，单独占一行，后接冒号。然后简明扼要地说明召开会议的名称、会议的主要任务等。最后可以用“受大会委托，现作如下报告，请代表们审议”或“根据党组讨论的意见，我讲以下几个问题”等习惯用语，引领下文。

（2）主体。通常可以有三种写法：

第一种是两段式写法。首先工作总结，然后部署今后的中心任务。在工作总结中要说明成绩，阐明经验，指出问题。今后的中心任务是报告的重点，在这部分内容里还可以把上级的指示精神，讲话人对形势的分析等内容融合进去写。

第二种是三段式写法。首先简写回顾已经开展的工作，并分析成绩、经验、不足和体会，为今后工作提供借鉴；然后提出今后的中心任务及面临的形势，通过分析当前面临形势中的有利因素和不利因素，说明完成今后中心工作的重要性和必要性，分析要透彻，任务要明确；最后提出完成今后中心任务的措施和办法，措施办法要切实可行。

第三种是分若干专题写。按会议报告中内容的轻重缓急程度分成若干个专题来写，可用小标题来表示，便于集中问题，明确任务，贯彻执行。

以上几种写法必须根据报告的实际需要来选择使用。一般地讲，如果是对前一段工作的全面总结，采取第一种写法较多；如果任务新、工作重，需要动员与会者认清形势，统一思想，采取第二种写法较为合适；如果工作任务已经明确，但很重要，就可以采用第三种写法。当然也可以按工作的时间顺序、工作的轻重、问题的逻辑关系来安排布局。

（3）结尾。要根据不同的会议、不同的讲话内容酌定。可以提出希望、要求，发出号召，振奋与会者的精神。

（五）会议报告的写作要求

会议报告是一个时期里总结和指导本单位及本系统工作的纲领性文件。它集总结、动员、传达、布置工作为一体。因此，在写作时要注意其特殊之处：

1. 吃透上头，摸清下头。首先要消化上级的指示精神，深刻领会国家的大局方针、政策，并掌握本级领导的意图，以便确立鲜明、集中的报告主题，明确本单位现阶段工作的指导思想及其依据；其次要了解基层的情况，调查分析、全面掌握出现的新情况、新问题，要找出既符合上级指示精神，又保证能够顺利完成中心任务的好主题来；最后在报告中上情下情要有机结合，统一构思，深化主题。

2. 内容求新。会议报告是一种例行的公务讲话，在年初、年中、年末或代表会上常常使用，若每年的工作很有规律、任务变化不多，所作的会议报告容易出现老生常谈的现象。为了增强会议报告的庄重性、有效性，可以寻找新的写作角度，力求突出形势变化的新特点、中心任务的新要求、工作方法的新特色。

3. 结构层次清楚，语言简洁明了。会议报告既要便于宣讲，又要考虑到与会者的知识水平，并方便群众的听记。因此，报告的内容切忌反复解释说明，冗长烦琐；结构条理要清晰，层次分明，便于记录；语言要简洁，句式简短，易懂易记，定义准确，没有歧义。

（六）例文简析

[例文四]

抢占市场先机　提高经济效益
力争三年达到组建全省农村合作银行标准

同志们：

这次会议是在农村信用社改革发展的新形势下召开的一次十分重要的会议，主要任务是研究部署如何开拓市场，加大补亏进程，争取早日达到全省组建农村合作银行标准的问题。下面，根据省联社党委研究的意见，我讲三个问题。

一、努力拼搏，三年达到组建合作银行标准

年初全省工作会议，省联社提出全省农村信用社利用5年时间组建农村合作银行，并将这一目标写入“十一五”规划。2月20日全国合作金融监管暨改革工作会议，明确了农村信用社改革、发展的方向和目标，我们年初的工作会议与全国的改革工作会议精神是吻合的，是一致的。按照这一目标，我们就是向区域银行机构发展。前段时间，中国银行业监督管理委员领导一行来××调研，对产权制度改革问题又提出了新要求。要求用三年时间确定产权形式和管理模式，即是股份制、股份合作制还是合作制。省联社深入到各个地区做了大量的调查研究，召开党委会研究决定，对全省“十一五”规划进行调整，确定拼搏三年，全省70%以上的县级联社达到组建农村合作银行标准的奋斗目标。确定这一目标主要基于五个方面的考虑。

一是推进现代金融体制改革的要求。……

二是金融市场竞争的要求。……

三是农村信用社发展阶段的要求。……

四是国家政策机遇的要求。……

五是农村信用社全体员工的强烈愿望。……

那么，怎么样能实现？组建农村合作银行必须采用目标倒推法。就是按照三年达到组建农村合作银行标准的目标，倒推回去。按目前经营状况提出四句话：一是依据补亏计划，确定实现利润。二是按照利润计划，确定贷款投放规模。为什么其他方面没有提呢？现在看，我们的主要收入来源还是主营业务，还是信贷业务，其他方面还是不行，当然中间业务和其他方面还要做，但是作为补充。三是按照贷款规模，确定存款目标。四是将责任目标分解到人，落实奖罚。……

二、落实市场发展战略，扩张市场份额

组建农村合作银行最大的障碍在于历年亏损挂账，只有最大限度地提高经营效益才能很好地弥补历年亏损挂账，最大限度地提高经营效益就必须加大营销力度，努力开拓市场。

（一）我们的市场战略是什么？在6月12日召开的全省重点工作督查通报会上，我们提出“近期占领，远期站稳”的市场发展战略。近期占领，就是对新市场寸土必夺；远期站稳，就是对老市场寸土必保。……

（二）为什么要落实市场战略？就是将来要出现三强瓜分农村市场的局面，我们现在要必须占上，2008年以前，绝对是农村信用社的一个机遇，哪个县把机遇丧失了，把市场丢了，将来你要想拿回来，也是很难。没有人占领的阵地，你去占领了，要相对容易些，已经有人占领了，你再去占领就要难得多。

为什么要近期占领？因为我们市场的空间还很大，余地还很多，所以我们必须寻求新的市场，深度挖掘，不留空间，消灭死角。我们先把市场占领了，等竞争对手进来时，我们就有选择地淘汰，让新进来的竞争对手吃我们的剩饭。

（三）怎样落实市场战略？具体做到“五要”：

一要做好市场调查。……

二要有详细的档案资料。……

三要做好市场细分。……

四要全员营销。……

五要提升服务水平。……

三、要加强风险控制

现在看，问题较多的信用社都有着辉煌的历史，说明在高速发展阶段，大的发展隐藏着大的风险，繁荣背后隐藏着衰败，大的波浪容易卷进泥沙。一个高潮的兴起，往往是另一个低潮的开始，一个高速的发展，留下的是沉重的历史包袱。现在存在这样一个发展周期，我们必须改变这个周期，跳出这个怪圈。现在看，贷款五级分类，今年我们分的结果怎么样，不良率提高了多少个点，我认为不重要。重要的是真实性。我看最重要的是看住新发放的贷款不出现风险，这是重点。现在如果不良率高了一点，有几个办法可以解决：一是贷款规模扩大稀释一部分。贷款规模在高速扩张过程中，不良率肯定降低。二是不良贷款可以收回来一部分。最重要的是弄明白存量贷款，新发放的贷款不出现新的风险，这就是高手。这次我在北京清华大学学习，讲人民币创新，讲期货，我们10年都谈不到。我们就是要研究贷款的事。

一是处理好加快发展与防范风险的关系。……

二是要区别不可抗力损失与违规经营造成损失的关系。……

三是要明确两个不行。……

如果我们经过全员的努力，三年内达到合作银行的标准，我们就跻身于大银行的行列，否则我们就会被淘汰出局。可能到2009年，我们有的县联社，由于没干明白被别人控股、并购或重组，被销号。我也不希望县级联社的主任们三年后，因为你的政绩不行被销号。我当过公社书记，经历过人民公社被取消的过程，希望每个县联社努力工作，真正达到合作银行的标准，把你的信用社保住了，你保住了信用社，你就保住了员工的饭碗。假设重新组合，两个县组合到一起，人家来兼并，你的员工是二等公民，你的上级也不会满意你，作为你自己来讲，也扪心有愧。省联社党委非常清楚，三年达到这个标准，任务很重，难度非常大，不是采取一般的办法，一般的手段就能达到，希望大家正确理解，认识到位，经过三年努力，××省农村信用社达到合行的标准，跻身于全国大银行的行列。

[简析]

这是一份在农村信用社工作会议上的主题报告，首先提出会议的目的、任务，之后提出要求及任务的紧迫性。语言表述直观、简练，将信息高效地传递给与会人员。

四、领导人讲话稿

（一）领导人讲话稿的含义

从广义上说，在各种会议上宣讲的形成文字的发言稿都可称为讲话稿。即指有的领导人到会祝贺作指示，或阐述自己对某些问题的观点、见解，或研讨某些经济理论问题等，包括报告类、致辞类的讲话稿。讲话稿的内容，都是有关工作方面的事情，与抒情言志式的演讲稿有很大的不同。当然有的重要讲话稿也可以跟讲演稿一样公开在广播、电视、报纸及内部简报上发表。领导人讲话稿与会议报告一样，对工作具有很强的指导意义。

（二）领导人讲话稿的特点

在领导人的讲话稿中，有些是代表上级机关或本单位某组织部门，阐明会议主题或对今后工作作布置、提要求；有些是只代表讲话者个人的观点，对会议起到了补充意见、深化主题的作用。因此，其特点主要有：

1. 个性化。领导人讲话稿与工作报告不同，没有太固定的格式，有些领导人讲话稿只需写成提纲式，讲话人会根据会议现场的气氛适当地即兴发挥；有些领导人则习惯按照固定的文稿发言。因此领导人讲话稿的内容、形式都可因领导人的气质、风格、修养的不同而异，语言可长可短，可庄重可幽默，见仁见智。

2. 生动性。领导人讲话一般针对听者的工作范围、文化水平、实际情况，有的放矢，以生动、形象的叙述、议论帮助听众弄清工作的原则性、思想性，以达到思想上的共鸣。所选取的典型材料，也是富有感染力和启发性的。

（三）领导人讲话稿的写法

领导人讲话稿可以由领导个人亲自起草，也可由秘书代理起草，其篇幅的长短影响开会时间的长短。因此，要根据会议的性质、需要来定。

领导人讲话稿由标题、正文两部分组成。

1. 标题。领导人讲话稿标题的写法同会议报告类写法相似，见相关章节的内容。

2. 正文。领导人讲话稿正文包括开头、主体、结尾三部分。

（1）开头。开头称谓的写法与会议报告中称谓的写法相同，有的用同一种称呼，如："同志们"、"各位代表"；有的用多种称呼，如"女士们、先生们、来宾们"。要注意称谓的恰当，口气尽量体现亲切、平易近人。在一些较长的讲话中，可以根据需要适时、适当地重复称谓，告诉或提醒听众讲话的内容已转入新的层次。在讲话中间重复称谓的，一般是换行后空两格写称谓，点逗号，紧接着写讲话内容。当然不能认为凡转入新层次的地方均要使用称谓，也不是称谓出现的地方一定是新层次的开始。讲话稿可以根据内容的多少、篇幅的长短灵活掌握运用，讲话人还可以根据会议的节奏、现场的气氛及时调节。

为了更好地吸引听众，缩短与听众的距离，开头可以用简明概括的语言，不拘一格，独出心裁。开头有多种表达方式：

第一种用背景、问候、感谢语开始，自然地过渡到下文。如纪念某银行建行××周年的讲话，可先介绍建行××年来的情况，然后亲切问候与感谢银行所有的职员。这样，迎合了隆重的纪念氛围。

第二种是开门见山，提出问题。如："这次行长会议，主要讨论信贷资产质量的问题。"开宗明义，把要讨论解决的问题亮出来。

第三种是作出评价，揭示主题。这样的讲话目的非常明确，容易引起听众的关注。

另外，还有些讲话稿，或由题目谈起，或从某件事谈起，或从所见所闻谈起等，但需要引起注意的是，不管运用何种开头的方式，都要符合会议的内容和讲话者的身份，符合听众的需要，不能游离于主题之外。

（2）主体。这是揭示讲话稿主旨的重要部分，要围绕主题层层铺开。其结构主要有以下几种方式：

第一种是并列式。把讲话内容分成几大板块，每一板块相对表达一个完整独立的意思，并以小标题标出。每一部分的问题按逻辑阐述清楚。

第二种是一气呵成式。把讲话自然分成几个段落，中间没有小标题。如某银行省分行行长新春联谊会的讲话，可以主要谈该省该行改革与发展的近况以及今年的主要工作。主体部分以介绍情况为主，以便请来参加联谊会的省级机关有关主管部门领导了解情况，沟通信息，加强合作，共同发展。

当然在主体的撰写中，还可以用其他结构，如递进式、总分式。

（3）结尾。讲话稿的结尾可以灵活多样，如：

第一种是总结全文，点明主题。如某银行××分行×××副行长在全省×行系统防范化解信贷风险、全面提高资产质量工作会议上的讲话，结尾可以是："同志们，防范化解信贷风险、全面提高资产质量的号角已经吹响，如期实现三年奋斗目标是全省×行系统干部、职工的光荣而艰巨的任务。我们一定要以对国家信贷资金高度负责的态度、积极振奋的精神，扎实工作，为实现我们的既定目标而努力。"这个结尾为全篇讲话做了结论性意见，再次强调了主题。

第二种是提出希望，明确要求。如×××同志在××省"金融界与部分民营企业座谈会"上的发言，其结尾可以是："最后，借此机会，我代表金融界对民营企业也提几点希望与大家共勉：第一希望民营企业抓住当前的良好机遇，不断扩大经营规模、提高产品档次和水平，取得良好的经济效益，以争取金融部门的支持；第二希望民营企业树立良好的形象；第三希望互相之间增进了解、沟通与联系，为全省经济的发展作出新的贡献。"在讲话的末尾处对今后的工作提出了简明扼要的要求。

第三种是提出商讨，征求意见。对有些问题或个人见解需要得到理解时，可以在末尾时讲一句："以上意见是否妥当，提出的办法是否可行，还请同志们予以指正。"

其他结尾方式还有：明确形势、发出号召，或祝贺成功、表示感谢，或以名言警句结束以展望未来、鼓舞斗志，或用反语，耐人寻味、留有余地。讲话稿可以根据实际情况，选择使用适合的结尾方式。

（四）领导人讲话稿的写作要求

1. 要充分考虑讲话的场合和对象。充分理解讲话的意图，顾及现场的气氛和听众的要求，这是写讲话稿前的必要准备。然后认真确定讲话的主题、结构、典型材料、语言，真正做到有的放矢。

2. 突出领导个性，发挥领导水平。在一般情况下，除领导人自己准备讲话稿外，其他人代理起草稿件时要力求讲话稿的风格与领导者个性相统一，以争取最佳的讲话效果。要熟悉领导者的类型，如中年型、老年型、知识型或经验型等，了解领导人的气质、认识水平和讲话习惯等情况。领导人的工作年限、性格脾气、政策水平、逻辑思维等都决定了讲话稿内容的深浅程度，语言节奏的快慢程度；所以一份好的讲话稿应言如其人，充分表现领导人的才华。

3. 注意运用多种写作手法，使讲话稿风格多变。在讲话中一般要用精当的叙述来说明工作中遇到的问题和情况，客观地再现事物的本来面目；要学会抓住主线，避免流水账、絮絮叨叨；要善于利用细节使讲话生色，适当运用白描手法保持描写的真实性，褒贬合宜；在讲述真善美、假恶丑的同时，也可以表现出热情讴歌和愤怒鞭笞的情感，但抒情时不可夸张。还要注意议论的通俗化。可采用演绎、归纳、类比、对比、比喻、反证等论证方法分析事理、开掘主题、形成结论。

五、会议简报

（一）会议简报的含义

会议简报是会议期间编发的、反映会议进行情况的文字材料，属于简报的一种。它主要用来反映会议概况、会议进展情况和各种动态、讨论情况、领导人重要发言或讲话、与会者的意见与建议以及会议决定的事项等。会议简报为上级领导和单位员工了解会议精神，为会议代表交流思想以及为会议总结积累资料提供了参考和依据，并对会议精神的贯彻落实起到一定的指导作用。

会议简报是一种临时性的公文形式。会议办不办简报，一要看会议是否重要、重大，二要由领导人确定。要贯彻少而精的原则，不要办得过多，会议结束则停办。

会议简报还具有及时性，一般要赶在会议期间发出。因此，会议期间秘书人员往往要加夜班赶写、采编稿件。不管是关于大型会议的连续报道，每天一报或一天几报，还是小型重要会议的一次性集中报道，都要又快又准地编发出来。

会议简报按内容分，有综合性和专题性简报两种。但以简报的特点而言，以专题性简报为主，即就会议讨论的某一方面的情况进行单独反映。

（二）会议简报的特点

会议简报是会议期间编发的、对会议情况进行及时交流和指导的公文，因而它具有“快、新、短、实”的基本特点。

1. 快。会议简报“快”的特点是由会议的时限所决定的，也是其最基本的特点。会议简报是会议进行期间编发的公文，其目的是为了让与会者在第一时间得到会议的有关信息。因此，会议简报通常是当天情况当天编发。在有些重要的会议上，有时还会围绕会议主旨，一天编发数期会议简报，及时将会议的有关情况反馈给与会者，以便对会议主题和会议效果起到一定的引导作用。

2. 新。传递最新的会议信息是会议简报的重要功能，充分体现了会议简报的交流性和指导性。会议简报传递给与会者的应该是新问题、新经验、新情况、新动向、新举措、新方法、新观点等。如果会议简报上的内容是人所共知、老生常谈、毫无新意的，那么就失去了编发会议简报的意义。“新”的特点在会议简报中最直观的体现就是标题的新颖、别致、醒目而引起人们的关注。

3. 短。短是会议简报的显著特点。简报就是简短的报道，其重点就在于一个“简”字。一般以篇幅简短，观点简明，内容简要，语言简洁为特征。要尽可能一事一议，如果内容太多，可以分为几篇或几期，少做综合报道。有些会议简报开辟了“一句话信息”、“标题新闻”等栏目，以最简练的语言传递最新的信息，这不失为一个扩大简报信息容量的方法，值得借鉴。

4. 实。实就是要真实，这是一切公文的基本要求。作为应用文的会议简报，它所反映的内容要真实，观点要真实，所引用的人物、时间、地点要真实，即会议简报中所反映的一切情况都是真实准确、经过核实的，没有虚构、想象和夸张的成分。会议简报中有些重要的、事关大局的领导讲话或会议发言，要尽可能请本人过目，否则应注明。

（三）会议简报的格式

会议简报的格式由报头、报文、报尾三部分构成。

1. 报头。会议简报的报头一般设在会议简报首页的上方，约占全页1/3的位置。在报头和报文之间画一间隔横线，表示两者间的分隔。

（1）简报名称：位于报头上端居中位置，用醒目大号字体标注，一般为套红字体。如"××会议简报"。

（2）期号：简报的期号标于简报名称的正下方，用圆括号括上，如"（第×期）"。

（3）编发机关：在期号的左下方，间隔线上要写明编发机关。一般要写全称，如"上海市人民政府办公厅"。

（4）印发日期：与编发机关同一行的右侧，在期号的右下方的间隔线上注明印发日期。

（5）保密要求：在报头的左上方，空出一行，顶格注明"绝密"、"机密"、"秘密"等秘密等级或"内部刊物，注意保存"等字样。

（6）编号：在简报名称的右侧上方可注明编号。标出保密简报发出的份数，以便保存或查找。如果不属于保密简报，则可以省略编号。

2. 报文。报文是会议简报的主要部分，一般有五个项目。

（1）目录：一期简报如果有多篇报文时，应该在报文的首部标明目录或要目，包括每篇简报的标题和页码。

（2）标题：每一篇报文都应该有标题。会议简报标题的基本要求是要准确概括会议简报的内容，简洁而醒目。有些会议简报全文刊登工作报告、会议纪要或会议决定等会议文件，标题则应随之变化。为使会议简报的标题更为醒目迅速的传达信息，除用单标题外，还可以采用主标题加副标题的标题形式。但在使用时要注意，会议简报的标题较之新闻标题更为平实质朴。

（3）按语：按语又叫编者按，是编者对所编发的材料有所说明、评论、提示及要求的文字。一般由编辑撰写；也可由领导人亲自撰写，字数不多，但要画龙点睛，能直接地发表意见或体现领导意图。

（4）正文：这是每篇简报的主要内容所在，也是会议简报写作的重点，下面将详细介绍。

（5）署名：每一篇内容的右下方应标明作者，可以是单位，也可以是个人。如果作者是编发机关，则不需要署名。

3. 报尾。在会议简报的最后一页下方，用一条横线把它与正文隔开，有两个项目：写明会议简报发送范围和印制份数。

（1）发送范围：发送上级机关称"报"，平级或不相隶属的机关称"送"，下级机关称"发"。如果发送机关太多，可用同类机关的统称。发送范围下面用一横线与印制份数分隔。

（2）印制份数：在发送范围的横线下面的右侧标明本期会议简报共印制的份数。

（四）会议简报的按语和正文的写法

1. 按语的写法。

（1）按语的类型。

说明性按语：说明编发材料的背景、依据和现实意义，常用“供参考”、“供研究”等习惯用语。

提示性按语：摘取材料的要点，将篇幅较长、内容重要的材料提纲挈领地介绍给读者。

指示性按语：可由领导亲自起草。对具有指导性的典型材料给予评价，并提出希望和要求。

（2）按语标注的位置。按语标注的位置要视简报内容而定。如果按语是针对通期简报而加，那么一般空两格标注在目录之下、标题的上方；如果是针对该期简报中的某一篇内容而加，那么应该在该篇的标题之下、正文之上标注。

2. 正文的写法。会议简报的正文一般由开头、主体和结尾三部分组成。

（1）开头：简报的开头与新闻的导语相类似，在一般情况下，应交代会议的时间地点、会议的起因或主题目的、会议的主办部门和出席的人员情况、会议的结果（决定、决议或有关的会议文件）。总体要求是开门见山，简洁明了。

（2）主体部分：正文的开头之后就进入了主体部分，主体部分要展开叙述会议的基本情况和具体内容，为会议内外的人们提供完整、确切的信息，这是会议简报写作的重点部分，将直接关系到简报的质量高低，会议简报的编发者一定要花大力气写好，使其真正体现会议简报“快、新、短、实”的特点。如何在简短的篇幅内，将非常具体繁多的主体内容、会议材料条理分明、不遗不漏地叙述出来，达到“文约事丰”的要求，这是简报编写者要认真仔细思考的问题。关键是要根据所要表达内容的具体情况，选择合适的叙述方式，做到叙述方式为简报内容服务。一般常用的叙述方式主要有：

顺叙式：按照会议召开的议程或时间的先后顺序安排叙述结构。这种结构方式自然、连贯，适合于会议内容较为单一的专题性会议简报。

纵横式：把要反映的会议情况综合归纳为若干类别，然后分门别类地加以介绍，还可以给每一类内容标列小标题，以突出重点。这些类别的内容可以是上下纵向递进的，也可以是左右横向并列的。这种结构方式适用于会议内容比较复杂的综合性会议简报。

因果式：先写会议结果、会议结论，后写形成结果和结论的过程。

新闻报道式：按新闻写作的要求来展开主体，纵横自由。

转发式：将有关会议文件转登在简报上，可加按语。

摘要式：重点选择一个或几个人的发言，摘要选取有价值的部分，可加按语，强调内容的指导意义和参考价值。

（3）结尾：会议简报的正文结束后，是否要有结尾，应随会议简报的主体内容而定，以简洁明了为好。常用的结尾有归纳全文，得出结论；或提出问题，作出评价；或作出预报，表明希望。但是要注意的是，会议简报不同于会议纪要，它不是代表某一机关立言，它只是如实反映、交流会议的有关信息。因此，会议简报的结尾不宜发出号召或提出指令性的执行要求。

（五）会议简报的写作要求

会议简报要紧紧扣住会议主题进行采写、编辑，所以写作时应注意以下几点：

1. 材料准备要充分精练。丰富的材料是编写会议简报的基础，否则会议简报就如无本之木、无源之水。因此，会议材料的收集务必充分、齐全。但是会议材料过多，尤其是大型会议的分组讨论发言很多，篇幅简短的会议简报不可能容纳所有的发言材料。因此，在材料的取舍上要做到精练，尽量注意把与会者对会议重要文书的修改意见，对会议主题的反映，对工作的批评与建议用精练的语言精确地概括出来。

2. 编写制发要及时到位。会议简报的编写、印制、发送要充分体现“快、新、短、实”的特点，编写要及时，概括要到位；印制要及时、发送要到位；送审要及时，程序要到位。一般重要的会议简报，要经过领导审定才能发稿。未经授权，编写者不得自作主张。

3. 篇幅文字要简短简洁。会议简报的篇幅一般在千字以内为宜，最多不超过两千字，不写空话、大话，要直接反映会议的内容，语言精练、朴实，以体现简报的本色。

4. 简报内容要真实可靠。会议简报所采用的材料要送本人核实；对意见有分歧的材料要如实反映。选择真实的材料可以为会议修改文件、改进工作起到参考作用，以便更好地提高会议质量。

（六）例文简析

[例文五]

内部刊物　　　　　　　　　　　　　　　　编号：
注意保存

××银行×××省分行
会议简报

（第×期）

××银行××省分行办公室　　　　　　　　××××年×月×日

××××年××银行×××省分行行务会议纪要

××××年×月××日下午，×××行长召开行务会，传达当前金融工作面临的形势及党中央、国务院领导同志对金融工作的重要指示精神，并结合我行实际，对认真贯彻中央、国务院领导同志的指示精神做了全面部署。

一、×××行长向大家介绍当前的金融形势

××××年党中央国务院关于加强宏观调控的政策措施，保证了国民经济持续、健康、快速发展。去年，金融宏观调控也取得了明显成效，货币供应量得到较好控制，贷款适度增加；调整信贷结构，积极增加有效供给；改进宏观调控方式、加强金融监管；为顺利实施货币政策创造了良好环境。总之，去年对银根控制总体上是适度的。有些地区和企业反映资金紧张，对此应该认真分析，因为有些地区和企业的困难，不是松动银根就能解决的。而是要从体制、机制等多方面研究办法才能解决。当前，必须引起高度重视的是：由于资金大量流向投资领域和金融支持实体经济力度不足，潜伏在金融业中的风险越来越大。信贷资产质量有下降的风险。

要全面分析形势，肯定成绩，分析问题，找出办法。今年的中央经济工作会议为货币政策指明了方向——实施稳健的货币政策，要注意把握好度，增强操作的灵活性。要适当扩大社会融资总规模，保持贷款适度增加，保持人民币汇率基本稳定，切实降低实体经济发展的融资成本。同时，要不断加大小微企业和“三农”贷款。

二、×××行长向大家传达中央经济工作会议

一年一度的中央经济工作会议是判断当前经济形势和定调第二年宏观经济政策最权威的风向标，2012 年中央经济工作会议于 2012 年 12 月 15 日至 16 日在北京召开。会议明确了明年经济工作的总基调——稳中求进，同时提出六大任务：

必须加快调整经济结构、转变经济发展方式，使经济持续健康发展建立在扩大内需的基础上。

必须毫不放松抓好“三农”工作，推动城乡一体化发展。

必须坚持实施科教兴国战略，增强经济社会发展核心支撑能力。

必须坚持把人民利益放在第一位，进一步做好保障和改善民生工作，使发展成果更多、更公平惠及全体人民。

必须全面深化改革，坚决破除一切妨碍科学发展的思想观念和体制机制障碍。

必须实施更加积极主动的开放战略，创建新的竞争优势，全面提升开放型经济水平。

会议在经济金融方面提出：

要加强和改善宏观调控，促进经济持续健康发展。必须坚持发展是硬道理的战略思想，决不能有丝毫动摇。党的十八大强调要推动经济持续健康发展，要求的是尊重经济规律、有质量、有效益、可持续的速度，要求的是在不断转变经济发展方式、不断优化经济结构中实现增长。要牢牢把握扩大内需这一战略基点，培育一批拉动力强的消费增长点，增强消费对经济增长的基础作用，发挥好投资对经济增长的关键作用。要增加并引导好民间投资，同时在打基础、利长远、惠民生又不会造成重复建设的基础设施领域加大公共投资力度。要继续实施积极的财政政策和稳健的货币政策，充分发挥逆周期调节和推动结构调整的作用。实施积极的财政政策，要结合税制改革完善结构性减税政策。各级政府要厉行节约，严格控制一般性支出，把钱用在刀刃上。实施稳健的货币政策，要注意把握好度，增强操作的灵活性。要适当扩大社会融资总规模，保持贷款适度增加，保持人民币汇率基本稳定，切实降低实体经济发展的融资成本。要继续坚持房地产市场调控政策不动摇。要高度重视财政金融领域存在的风险隐患，坚决守住不发生系统性和区域性金融风险的底线。

三、×××行长针对我行工作提出具体要求

总行认为，中央领导同志对经济工作的重要指示和人民银行对当前金融形势的分析非常符合我行的实际情况，对我行的工作很有指导意义。总行要求各部门从自身抓起，扎扎实实地贯彻执行中央、国务院和人民银行的重要指示，要落实好分行行长会议精神，切实加强经营管理和思想政治工作。我行目前出现的问题，有外部的客观原因，但是总行疏于管理、执行纪律不够严格，乃至于缺少必要的处罚，也是不可忽视的因素。只有总行自身的工作做好了，才能把全系统带好。×××行长强调指出，领导干部要讲政治，要提高政治素质，善于从政治的高度看问题、分析问题、处理问题。要做到在商言商、在商明政。结合我行的工作，要坚持和服从中央对金融的宏观调控，局部的业务工作要服从全局，各项业务和管理制度要有利于宏观调控的实施。要自觉遵守政治纪律，不折不扣地贯彻中央、国务院、人民银行和总行的决策，维护中央、国务院的权威，维护总行的集中统一领导，反对各种形式的自由主义。要加强思想政治工作，倡导敬业和奉献精神，反对极端个人主义和拜金主义。要重点加强稽核工作，要防范金融风险、防范和查处重大经济案件和事故，作为稳定全局的一项重要任务加以落实。要加强领导班子和员工队伍建设，各级领导干部要在各方面发挥表率作用。各部门要同心协力，齐抓共管，力求使我行各项工作提高到一个新水平。

发送：××××部门　　　　　　　　　　　　　（共印××份）

[简析]

这篇会议简报主要辑录了××银行××省分行××××年一次重要的行务会议，层次清楚、内容切实，报头、报尾的格式也很规范。纪要的开头简明扼要，主体中分列小标题概括总结了行长的传达报告，对本年度的工作安排有较强的针对性。本篇会议纪要无结尾，也显得干净利落、眉目清晰。

[思考与练习]

1. 什么是会议文书？包括哪些种类？

2. 开幕词和讲话稿的主要区别是什么？讲话稿与会议报告的主要区别是什么？

3. 某公司准备召开全国高新技术推广会议，会址选在上海国际交流中心，会期五天，其中半天报到、半天开幕式、半天闭幕式、半天专家对高新技术的介绍、一天有关高新技术的专家咨询、一天专项合作项目洽谈、一天游览上海市容；第一天晚上举行招待酒会，结束时举行招待告别宴会。请根据会议预案的写作要求，草拟一份会议议程和会议期间的日程安排表。要求：开幕式的时间、地点、内容自拟，整个会议期间的日程安排要合理、具体。

4. 根据所给的提纲代理×××行长写一篇在中国人民银行××分行处以上干部银行

业务培训班开学典礼上的讲话稿。

（1）中央银行对职能转变后工作有了新要求，中央银行干部不仅要懂业务，而且要懂法律、会管理，要全面提高政治和业务素质。

（2）会计是经济工作的基础，中央银行的干部要懂会计。

（3）培训班脱产五天时间，希望大家安排好工作与学习。

5. 结合本单位或学校最近召开的某次大型会议情况，编写一份会议简报，起草一份闭幕词或讲话稿。

第五章

诉讼文书

SUSONG WENSHU

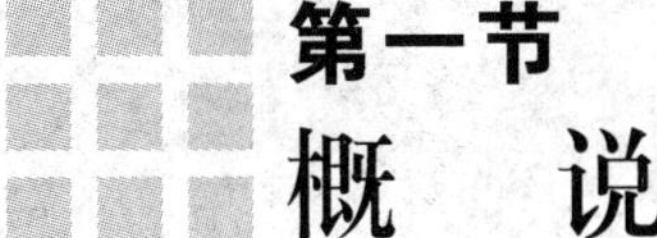

第一节 概 说

一、诉讼文书的含义

诉讼，俗称“打官司”，指国家司法机关在当事人和其他诉讼参与人的参加下，为解决案件依一定程序而进行的活动。提起诉讼的称为“原告”，其对立一方则称为“被告”。一般包括起诉、审判、执行三个基本阶段。诉讼又分民事诉讼、刑事诉讼、行政诉讼三大范畴。诉讼文书是指诉讼当事人（自然人、法人）为维护自身的合法权益，依法向人民法院提出某种诉讼请求或答辩时书写的法律文书。又称“状子”、“状纸”或“诉状”。

二、诉讼文书的特点

诉讼文书属于民用的规范性的法律文书，它的制作从内容到形式都必须符合国家法律的规定。其特点是十分明显的：

1. 合法性。诉讼文书的制作必须符合法律的规定，并履行一定的法律手续，即在内容和形式上要符合法定格式及实体的要求，在提出的时间和办理手续上要严格依照程序法的规定。比如，《中华人民共和国民事诉讼法》第一百零九条规定：“起诉应当向人民法院递交起诉状，并按照被告人数提出副本。书写起诉状确有困难的，可以口头起诉，由人民法院记入笔录，并告知对方当事人。”

2. 规范性。诉讼文书是一种格式化的文书，这既便于制作，也便于法院的审理。文书中的特定事项，如当事人的身份情况，包括姓名、工作单位、职务、住址等，要书写详细、清楚。对诉讼请求事实和理由的写作必须真实有据、明确无误、逻辑严明。

三、诉讼文书的作用

1. 维护正常的经济秩序。随着社会经济活动方式的丰富多样，金融部门越来越需要和注重运用各种法律手段调节经济活动，维护自身的合法权益，治理好经济环境。制作规范的诉讼文书，为各种经济纠纷案件的解决提供了必要的条件。

2. 有利于人民法院对案件的审理。写作合体的起诉状是人民法院对案件进行审理、调解、执行的主要依据和基础；也有利于人民法院维护法律的严肃性，全面了解纠纷情况和诉讼当事人的意见和要求，作出公正、合法的处理。

第二节 诉讼文书的种类

根据《中华人民共和国民事诉讼法》的规定，整个诉讼活动中，诉讼当事人及其他诉讼参与人所能涉及的诉讼文书有三大类二十一种。

书状类：起诉状、答辩状、上诉状、申诉状、反诉状等。

演说词：一审二审法定程序中的代理词（主要指原告方、被告方的代理词，上诉方和被上诉方的代理词）。

申请书：财产保全和先予执行申请书、复议申请书、宣告失踪、死亡案件申请书、认定公民无民事行为或限制民事行为能力申请书、认定财产无主申请书、再审申请书、支付令申请书、公示催告申请书、企业破产申请书、申请执行书等。

其中书状类又根据诉讼制度的规定分为民事诉状、刑事诉状、行政诉状。民事诉状如民事起诉状、民事上诉状等。经济纠纷、金融纠纷、劳动纠纷和海事、海商等案件的诉状都属于民事诉状。刑事诉状又可分为公诉和自诉两种，由检察机关提起的刑事诉讼称为公诉，由公民个人提起的刑事诉讼称为自诉。检察机关的公诉案件的起诉书，是以国家执法机关的名义制作的，不属于民事诉状的范围，而刑事自诉案件的起诉状，则又被称为“刑事自诉状”。

第三节 几种常用诉讼文书的写法

一、起诉状

（一）起诉状的含义

起诉状是各种案件或纠纷的原告人和其法定代理人（包括法人代表）在自己的民事权益受到侵害或者与他人发生争议时，为维护自身的合法权益，依照事实和法律，向人民法院直接提出诉讼，请求依法追究被告人的刑事、民事、行政责任所写的书状。

我国对刑事案件多采用检察院公诉的形式，刑事自诉状则可适用于银行职工个人，而民事起诉状和行政起诉状对银行法人和自然人都可适用。当然，所有诉讼的提出都要符合法定的条件。

（二）起诉状的写法

根据司法部的规定以及最高人民法院于1992年6月制定的《法院诉讼文书样式（试行）》、1993年1月起试行的诉状格式，起诉状应由标题、首部、正文、尾部几部分组成。

1. 标题。在上部正中写明文书名称。如“民事起诉状”或其他名称。

2. 首部。写明当事人身份事项，包括原告、被告及第三人的基本情况。依次写明姓名、性别、年龄、民族、籍贯、工作单位、职业、住址、邮政编码。如果原告或被告是法人或其他组织，应写明其单位全称、企业性质、工商登记核准号、经营范围和方式、开户银行和账号、住所、邮政编码。法定代表人姓名、职务、电话。如法定代表人委托代理人的，则写明代理人的姓名和身份事项。原告或被告是未成年人的应在原告或被告下写明法定代理人的姓名、性别、同原被告的关系。如一案中有数个原告，应逐个说明，当事人的身份事项也可在首部简写，但要得到法院的许可。

3. 正文。包括请求事项、事实与理由等。

（1）诉讼请求。主要写明请求人民法院依法解决的有关权益争议的具体事项。如请求法院解决债务清偿、履行合同、损害赔偿等。

（2）事实与理由。这是诉讼的核心部分。应围绕诉讼目的，写明当事人之间纠纷的由来、发生、发展的全过程，分析双方争执的焦点，被告侵权造成的后果、应承担的法律责任。可适当引用有关的法律条文，阐明起诉的理由和根据。

在叙述事实时应随之列写证据，包括书证、物证和证人情况，以便证明所诉事实的真实性、可靠性，并附证据原件或复印件。在写作证据时也可以单独写成一段文字，叙写证据、证据来源、证人姓名和住所等。

正文结束时可以总结全文。例如：综上所述，……（分析纠纷的性质、过错和危害结果）根据××××法第×条第×项的规定……（说明被告应负的法律责任）。请求人民法院依法处理，以实现诉讼请求。

4. 尾部。包括以下一些内容：

（1）致送法院名称。分两行写“此致”、“×××人民法院”。人民法院受理起诉是依照法律所规定的管辖权限来确定的。

（2）起诉人签名盖章，位于右下方。

（3）起诉时间，位于签名之下。年月日要写全，“××××年××月××日”。

（4）附项。应写明“附：1. 本状副本×份；2. 物证××（名称）×件;3. 书证××（名称）×件；4. 证人姓名、住所”。

（5）如果是代书，应在起诉时间下一行写明代书人姓名、工作单位和职务。

（三）写作要求

1. 内容表达要如实、准确。要全面阐述案情事实的前因后果，抓住关键事实，但也不要像写流水账一样，不分主次，一一罗列。所举证据必须确实可靠，对照事实，分条叙述。阐明理由，有根有据，合情合法。诉讼请求要有可行性，不能脱离实际，要求过高。

2. 格式书写，要规范、整洁。结构安排要有条理，段落分明，文书书写应当用钢笔或毛笔，做到清楚、工整，以便人民法院审阅归档。一般使用 16 开纸，或使用法院印制好的统一格式纸。

（四）例文简析

[例文一]

民事诉状

原告：中国××银行××市××支行

法定地址：××市××区××路××号

法定代表：×××　　职务：行长

被告：×××食品有限公司

法定地址：××市××区××路××号

法定代表：×××　　职务：经理

被告：××市××××百货商店

法定地址：××市××区××路××号

法定代表：×××　　职务：经理

诉讼请求：

1. 请求法院依法判令两被告立即归还拖欠原告的贷款本金人民币 60 万元，利息人民币 109 213.20 元（截至2006 年6 月20 日），共计本息 709 213.20 元。

2. 承担本案的诉讼费用，赔偿原告的损失。

事实和理由：

2004 年 12 月 15 日，原告与被告×××食品有限公司订立借款协议书一份（见附件一），该协议书规定：被告×××食品有限公司向原告借款人民币 60 万元，期限是 2004 年 12 月 27 日至 2005 年 10 月 15 日，利率为月息 10.98%，此笔贷款由被告××市×××百货商店担保（见附件二），协议书订立后，原告如约将 60 万元人民币借给被告×××食品有限公司（见附件三），但借款到期后，被告未按约还款，原告虽采取各种措施催收，仍未奏效，至今欠息已达人民币 109 213.20 元。

为维护原告合法权益不受侵犯，根据《中华人民共和国民事诉讼法》第二十四条的规定，依法向你院提出诉讼，祈求作出公正判决。

此致

××××市××区人民法院

起诉人：（公章）

二〇〇六年八月一日

例文一附录：

起诉状

（法人或其他组织提起民事、行政诉讼用）

原告名称：
所在地址：
法定代表人：
企业性质：
经营范围和方式：
开户银行：
被告名称：
所在地址：
法定代表人（或代表人） 姓名： 职务： 电话：
企业性质： 工商登记核准号：
经营范围和方式：
开户银行： 账号：
诉 讼 请 求
事 实 与 理 由
证据和证据来源，证人姓名和住址
此致
人民法院
附：本诉状副本 份
起诉人：
年 月 日

注：1. 本诉讼状供公民提起民事、行政诉讼用，用钢笔或毛笔书写。

2. “原告”、“被告”栏，均应写明姓名、性别、出生年月日（对民事被告的出生年月日确定不知的，可写其年龄）、民族、籍贯、职业或工作单位和职务、住址。被告是法人、组织或行政机关的，应写明其名称和所在地址。

3. “事实与理由”部分的空格不够用时，可加页。

4. 起诉状副本份数应按被告的人数提交。

[简析]

这是一篇民事起诉状，是某银行信贷部起诉一个借款单位拖欠贷款本息的一篇状子。此类金融纠纷案，在银行工作中较为常见和典型。

这篇状子写得合乎格式，结构严谨。首部写明当事人的基本情况，接着提出两点诉讼请求。然后写明事实与理由，祈求法院作出公正的判决。叙事清楚，理由充足，语言简洁流畅。

这篇起诉状不足之处，在于首部写得过简，附项又没写内容。

二、上诉状

(一) 上诉状的含义

上诉状是民事诉讼、行政诉讼、刑事诉讼当事人或者其法定代理人不服人民法院一审判决或裁定，依照法定程序和上诉期限，向上一级人民法院提起上诉，要求撤销或变更原审裁判而提出的书面请求。

民事判决的上诉期为15天，民事裁定和行政裁定的上诉期为10天。刑事上诉期为10天，裁定为5天。

(二) 上诉状的写法

上诉状由标题、首部、案由、正文、尾部几部分组成。

1. 标题。由案件性质和文种构成。如“民事上诉状”、“刑事附带民事上诉状”、“行政附带民事上诉状”等。位置居于状纸第一行正中。

2. 首部。写明上诉人（原审×告）和被上诉人（原审×告）的基本情况。写法同起诉状。

上诉当事人必须是原一审中的当事人，或有独立诉讼请求的第三人，原一审中的原告或被告，只要不服一审判决或裁定，都有权提起上诉。提起上诉的一方当事人称为上诉人，另一方当事人称为被上诉人。

3. 案由。写明因何案件，上诉人不服××法院第×号刑事、民事或行政判决的裁定而提出上诉。例如：“上诉人因……一案，不服××人民法院（19××）经判字第×号民事判决书现提出上诉。”

4. 正文。包括上诉请求、上诉理由两部分。

（1）上诉请求。这是针对一审判决或裁定的不当而提出的，不是针对当事人。要先写出原审判决书的名号，并说明在哪个方面有错误（认定事实不清？证据不确凿？适用法律不当？诉讼程序不合法?）；然后写出诉讼请求，是要求撤销原审裁判，全部改变原审的处理结果，还是要求对原审裁判做部分变更。

这一部分也可以和案由部分结合起来写，先写案由后紧接着写上诉请求，如例文二所示。

（2）上诉理由。这是上诉状最重要的部分。要针对原审裁判，依照事实和法律进行论证和辩驳。一般有以下几方面的情况需写明：第一，认为原审认定事实有误，提出纠正或否定的事实和证据；第二，认为原审确定性质不当，重新确定案由；第三，认为原审适用实体法不当，提出应引用的法律条款；第四，原审适用程序法不当，提出纠正的法律根据。值得注意的是，如果仅仅是违反程序法的规定，而处理结果并无不当，不应作为上诉的唯一理由。

上诉理由的结束语往往可写为："为此，特向你院上诉，请依法撤销原判决（或原裁定）、应予改判"或"重新审理"。

5. 尾部。其内容与写法同起诉状。将"起诉人"或"具状人"改为"上诉人"即可。

（三）写作要求

1. 据理力争，逐条辩驳。上诉状不要简单复述案情而应针对上诉人对原裁判的不服之处，有的放矢，要有针对性地引录认为有错误的某段原文，逐一驳论。不能仅凭怀疑或猜测就提出审判人员是"官官相护"并把它作为上诉理由，也不能谩骂或讽刺控告对方当事人。可以指出刑事犯罪性质以及量刑方面的错误，并防止冤假错案的发生。

2. 注意上诉期限，提供必要的副本诉状。上诉人必须在法定期限内上诉，才能引起二审程序的发生，如超过上诉期限，则只能按审判监督程序提出申诉。上诉状的副本数，可按照对方当事人的人数制作，公诉案件则要增加一份副本给人民检察院。

（四）例文简析

[例文二]

民事上诉状

上诉人（一审被告）：魏某某，女，1964年3月17日出生，汉族，个体，住滨州市××区××办事处××村63号

被上诉人（一审原告）：李某某，女，1978年5月29日出生，汉族，住××市××区渤海五路622号

被上诉人（一审被告）：高某某，男，1973年4月7日出生，汉族，个体，住××市××区新华街建行宿舍

上诉人因房屋租赁合同纠纷一案，不服××区人民法院2008年7月4日作出的（2008）×民二初字第422号民事判决，现提起上诉。

上诉请求

1. 一审判决认定事实不清，证据不足，适用法律错误，程序违法，请求二审法院撤销一审判决，依法改判或将本案发回重审。

2. 一二审诉讼费用全部由被上诉人承担。

上诉理由：

一、一审判决认定事实不清，证据不足，适用法律错误，故意偏袒被上诉人一方

1. 2007年7月9日，被上诉人李某某与上诉人魏某某签订房屋出租合同，约定由上

诉人魏某某出租渤海国际广场 A1—C59 房屋给被上诉人李某某使用，租赁期限为 2007 年 7 月 10 日起至 2008 年 7 月 9 日止。自双方签订合同后，该房屋一直由被上诉人李某某使用，并且一审法院也认定根据合同的相对性原则，李某某应当在房租租赁期限届满后将该房屋返还给上诉人魏某某，但自从双方签订合同之后，被上诉人李某某一直使用该房屋，并未将该房屋返还给上诉人魏某某，截至一审法院判决作出的 2008 年 7 月 4 日，至双方签订合同的约定期限还差 5 天，该合同已经履行完毕，在被上诉人李某某使用房屋的一年时间里，该房屋的使用受益权都在李某某手里，李某某也一直在正常经营，并且根据《合同法》第五十八条的规定，合同无效或被撤销后，因该合同取得的财产，应当予以返还。但被上诉人李某某一直未将该房屋返还给上诉人魏某某，其一直在使用收益。并且根据法律的规定，法律最基本的原则是公平原则，而一审判决上诉人返还被上诉人李某某 155 000 元显然违背了法律的公平原则，在我国无论是侵权法里的侵权责任还是合同法里的违约责任都始终贯穿着法律的一条基本原则，那就是损害填补原则。法律的目的在于弥补因法律所保护的法益受到侵害而遭受的损失，使法益恢复到未被侵害之前的状态。而法律严格禁止当事人因此而获得法外利益，具体到本案中，被上诉人李某某一直享有该房屋的占有使用收益权利，并且直到现在也未向上诉人魏某某返还该房屋，一年的房屋租赁合同已经履行完毕，房屋租赁费已经支付了相应的对价，而一审判决却对此事实予以不顾，作出错误的判决，严重损害了上诉人的合法权益，上诉人不服该判决。

2. 一审判决曲解法律，在适用法律上存在错误。司法的目的之一就是使不确定的法律关系明确化，法律的目的在于定纷止争，并且根据法律的公平原则要兼顾各方当事人的合法权益，尽最大努力实现社会的公平、正义。在本案中，被上诉人高某某与上诉人魏某某之间的房屋租赁合同关系与魏某某与李某某之间的房屋租赁合同关系是基于同一事实而发生的连贯的、不可分割的法律关系，根源还在于被上诉人高某某的无权转租行为，一审判决不能把基于同一事实而发生的不可分割的法律关系人为拆解，假使一审判决正确，它也应当在判令上诉人魏某某返还租赁费的同时判令被上诉人高某某向上诉人魏某某返还租赁费，这才是公平公正的判决。因为被上诉人高某某并非不是本案的当事人，其也是一审的被告，而一审判决却回避了这个问题，将原本不可分割的法律关系人为拆解，明显是在故意偏袒被上诉人一方。结合×××法院（2007）×民二初字第 364 号民事判决书的内容，其并未判决被告高某某承担任何责任，可见一审法院偏袒高某某的行为更加明显，不能叫人心服。

二、一审判决违反法定程序，因程序违法导致实体判决不公

根据《民事诉讼法》第一百四十六条的规定，人民法院适用简易程序审理的案件，应当在立案之日起三个月内审结，也就是说简易程序的审理期限是三个月，本案一审的立案时间是在 2007 年的年 8 月，而作出判决的时间是在 2008 年 7 月 4 日，审理期限长达近一年，并且根据《民事诉讼法》第一百三十四条的规定，当庭宣判的，应当在十日内发送判决书，定期宣判的，宣判后立即发给判决书。而一审判决在 2008 年 7 月 4 日作出后，直到 2009 年 2 月 20 日才送达给上诉人，整整拖了长达 7 个月的时间，程序的严重违法，导致判决的公正性和权威性在上诉人的心目当中荡然无存。根据《民事诉讼法》第一百五十三条第四款的规定，原判决违反法定程序，影响了案件的正确判决，二审法院应当裁定撤销原判决，发回原审人民法院重审。一审判决严重的程序违法，导致实体判决不公，法律丧失公信力，希望二审法院对此予以高度重视

综上，一审法院认定事实不清，证据不足，适用法律错误，违法法定程序，请求二审法院依法查明事实，维护上诉人的合法权益。

此致

××市中级人民法院

上诉人：魏某某

二〇〇九年二月二十五日

[简析]

这篇民事上诉状是魏某某在人民法院一审后不服法院判决而提出的上诉状子。首部写明了上诉人和被上诉人的情况，其后将上诉案由和上诉请求合起来写，简明扼要。接着用“上诉理由”过渡到正文。正文部分重点突出地对认为一审起诉中的事实错误和有关适用法律、法规不当之处予以辩驳。条理较清楚。最后，总结全文，再次提出上诉请求。

三、答辩状

（一）答辩状的含义

答辩状是在诉讼活动中，被告人或者被上诉人针对原告人或者上诉人的起诉状或上诉状的内容进行答复和辩护的一种书状。

答辩状是与诉状、上诉状相对应的文书。一审程序上的答辩状是被告针对原告诉状提出的；二审程序上的答辩状是被上诉人针对上诉人的上诉状而提出的。

在民事诉讼和刑事自诉活动中，被告或被上诉人接到诉讼副本后，应在15天内向人民法院提交答辩状。属于追索赡养费、扶养费、抚育费、抚恤金和劳动报酬案件的，应在7天内向人民法院提出答辩状。而行政诉讼案件被告或被上诉人接到诉讼副本后应在10天以内向人民法院提交答辩状。

（二）答辩状的写法

答辩状的内容和结构由标题、首部、案由、正文、尾部几部分组成。

1. 标题。由案件性质和文种构成，如“民事答辩状”、“民事上诉答辩状”、“民事答辩兼反诉状”、“行政答辩状”等。

2. 首部。写明答辩人的基本情况。答辩人为自然人的，要写明姓名、性别、年龄、民族、籍贯、工作单位、职业、住址。答辩人是单位或组织的要写明单位或组织的名称、地址、法定代表人姓名、职务。

3. 答辩的案由。写明为何人上告的何案提出答辩。一般可写为：“答辩人于×××年×月×日收到你院转来原告（或上诉人）×××提起的×××上诉一案的起诉状（或上诉状）副本，现提出如下答辩。”也可直接写明原告和原上诉人的案名，并就此提

出答辩。

4. 正文。包括答辩的理由和答辩意见，有的还有反诉请求。

（1）答辩理由。这部分内容是答辩的关键，要有针对性地对起诉状或上诉状的指控进行辩驳，明确表示答辩人的主张和态度。可以从几个方面来考虑：第一，全部承认起诉状或上诉状提出的诉讼请求、事实和理由。这种情况很少见。第二，部分承认起诉状或上诉状提出的诉讼请求、事实和理由。针对诉状中违背事实和无理的问题给予逐条驳斥。第三，根本否定起诉状和上诉状提出的诉讼请求、事实和理由。在第二种和第三种中都要运用新的事实和证据以及适用的法律条文。答辩状究竟采用哪一种，可以根据实际情况来定。

（2）答辩意见。正文最后一段应总结归纳前文的答辩理由，说明自己某些行为的合理、合法性，指出对方的不实之处，提出自己的主张，请求人民法院依法公正裁判。

（3）反诉请求。民事被告为改变自己的诉讼地位，在答辩中还可以对原告提相反的独立诉讼请求，这就是反诉。但反诉必须具备三个条件：①反诉的当事人必须是原诉的当事人。②反诉必须以原诉为前提，能够与原诉合并审理。③反诉的诉讼请求或者诉讼理由，必须基于原诉的同一事实或同一法律关系。反诉是民事被告的一种诉讼权利，提出的时间是在人民法院受理案件之后，在法庭作出判决之前。可以单独书写“民事反诉状”，也可与答辩状结合起来写成“民事答辩兼反诉状”。其目的是为了与原诉共同审理，以达到抵消、并吞原告的权利，或使原告的权利部分或全部丧失，甚至超出原告主张的权利范围。反诉是诉讼程序中的独立上诉，要另向法院交纳诉讼费。向法院提交答辩状则不需交纳费用。

如果没有反诉的问题，答辩状则可省去这一部分内容。

5. 尾部。包括答辩状呈送的人民法院名称、答辩人的姓名、日期、盖章等。

（三）写作要求

1. 充分辩驳，针锋相对。答辩状是针对起诉状、上诉状提出的，辩驳性很强。在写作前必须研究诉状，冷静地分析一些问题，如对方告什么？对方所述事实与原貌有无出入？提出的请求是否合理？提出的法律依据是否适用？自己应承认什么？否认什么？能提供哪些新的事实材料、新的证据、新的法律依据？这样在写作时可以言之有理、持之有据、论辩透彻、切中要害。

2. 不要无理狡辩。在答辩时有破有立、边破边立，但须尊重客观事实，不要武断猜测、挖苦嘲讽，甚至胡乱狡辩。要摆事实，讲道理，抓住主要问题，而不要纠缠无关轻重的枝节问题。叙明案情、辩明原委，最忌空泛议论、言之无物，片面追求华丽的言辞。

（四）例文简析

[例文三]

民事答辩状

答辩人：××××单位

法定代表人：×××，部长。

被答辩人：××××有限公司

法定代表人：×××，经理。

答辩人就××××有限公司诉××××单位买卖合同纠纷一案，现提出答辩意见如下：

一、被答辩人所诉与事实不符

1. 我单位从未派人到被答辩人处赊购商品，接到诉状后，经详细调阅财务档案，从来都没有被答辩人所诉的财务档案或欠款记录。几任单位领导更换进行财务交接时也从来都没有被答辩人所诉债务的交接手续。

2. 我单位作为国家机关，遵循单位严格的财务制度和报销流程，不可能指派工作人员到没有签订挂账协议的商店随意挂账。我单位与被答辩人没有采购合同，没有授权工作人员到被答辩人处采购商品。

二、被答辩人提供的证据有重大瑕疵，不能采信

1. 关于被答辩人所诉××××元的欠条。有以下证据瑕疵：(1) 我单位印章的全称应为："××××单位"，而被答辩人提供的欠条证据中的印章为："××××单位"。此印章不属我单位印章。(2) 该欠条仅加盖了公章，没有任何经办人员或财务人员或单位领导的签字，被答辩人没有提供购物明细。经查，我单位既没有该笔欠款的财务记录，也没有相关物资的入账资料。(3) 欠条下半部分所谓的还款记录，仅有部分个人签字，没有加盖我单位公章。

因此，被答辩人提供的该证据与我单位没有关联性，我单位不应承担责任。

2. 关于被答辩人提供的有个人签字的××张"销货清单"。我单位从未授权任何人到被答辩人处赊购商品，也没有收到销货清单上的任何商品。根据《中华人民共和国民法通则》第六十六条的规定："没有代理权、超越代理权或者代理权终止后的行为，只有经过被代理人的追认，被代理人才承担民事责任。未经追认的行为，由行为人承担民事责任。"所以该赊购行为的民事责任不应由我单位承担。

三、被答辩人提供的××张"销货清单"，其记载日期均为2006年和2007年，根据《合同法》第一百六十一条之规定："买受人应当按照约定的时间支付价款。对支付时间没有约定或者约定不明确，依照本法第六十一条的规定仍不能确定的，买受人应当在收到标的物或者标的物单证的同时支付。"上述销货清单的诉讼时效起算时间应以销货清单上记载的时间为准，到今早已超过2年的诉讼时效。即使买卖事实成立，被答辩人也早已丧失胜诉权，人民法院应驳回其诉讼请求。

综上，被答辩人所诉无事实依据，证据有重大瑕疵，与待证事实毫无关联，不能证明其主张。被答辩人的各项诉讼请求均应予以驳回。

此致

××县人民法院

答辩人：××××单位
二〇一一年××月××日

[简析]

这是一篇民事答辩状。状子在首部写明答辩人的基本情况后，就针对上诉状提出答辩案由，逐一辩驳，非常简明。

在答辩过程中，代理人用小标题分条列点地驳斥了上诉人所阐述的无理之词：一是用事实说明被上诉人无任何欺诈行为；二是就被答辩人提供的证据一一予以驳斥；三是引用相关法规条文，说明在适用的法律、法规上无不当之处。

四、申诉状

（一）申诉状的含义

申诉状是刑事案件的当事人、被害人及其家属或者其他公民、民事、行政案件的当事人及其法定代理人，对已经发生法律效力的判决、裁定，认为有错误时，依照审判监督程序的规定，向人民法院要求重新审理案件的书面请求，也叫申诉书。

申诉的提出在法律上有一定要求：刑事案件的申诉人可以是当事人、被害人及其家属，也可以是其他公民，即任何具有正常行为能力的公民，认为人民法院已经发生法律效力的判决、裁定有错误，都可直接提出申诉，其再审的申请没有时间限制；而民事案件的申诉人只能是当事人及其法定代理人，并且其再审的申请应当在判决、裁定或者调解书发生法律效力后两年内提出。当然，有错必纠是审判的最高法律准则。但为了维护法律尊严和提高办案质量，有两点必须注意：一是申诉的提出不一定引起审判监督程序的发生，但可以作为是否提起再审的重要参考；二是申诉的提出，不影响已经发生法律效力的判决、裁定的执行，除非引起再审后作出改判，才能依法撤销、变更原判决、裁定或调解。申请无理被依法书面通知驳回后，申请人无新的事实和理由又提出申诉的，人民法院应告知申诉人不再处理。

（二）申诉状的写法

申诉状的格式与写法和上诉状基本相同，其结构包括标题、首部、案由、正文、尾部几部分。

1. 标题。根据案件性质写明“民事申诉状”、“刑事申诉状”等。

2. 首部。写清申诉人、被申诉人的基本情况，如果在刑事案件中不是由被告人本人提出申诉而是由其他公民申诉的，还要将被告人的身份情况一起写明；在民事案件中如果是由当事人的法定代理人申诉的，也应当写明与当事人的关系。

3. 正文由案由、申诉请求和理由三项内容组成。

（1）案由。写明申诉人何案不服原判决或裁定的缘由。一般另起一行写：“申诉人××××××一案，不服××××人民法院(20××）×法初字第×刑（民）事判决(裁定)，现提出申诉。”接着可用“申诉的请求和理由如下”过渡到下文。

（2）申诉请求。申诉人要明确向人民法院提出撤销、变更原裁判或重新审理的请求。

（3）申诉理由。要写明不服裁判的理由。这是申诉状的重要部分。主要就原判认定的事实、证据、定罪量刑、适用法律、诉讼程序等方面的不当，提出应否定或纠正的事实，提供新的证据，阐明应适用的法律条款，说明应正确执行的诉讼程序的做法和规定。

4. 尾部。写明“此致”和送达人民法院的全称。申诉人签名盖章，或代书人单位和姓名，具状时间，附项（说明一、二审判决副本数；申诉状副本份数；物证、书证的名称、件数、存放场地；证人姓名、住址等）。

（三）写作要求

申诉状的写作应注意以下几个方面：

1. 要具备申诉的前提条件。申诉状中要举出新的事实、证据或有新的请求和理由，才可能为人民法院受理，从而被提起再审。申诉理由要证据确凿，不可强词夺理。

2. 申诉状应按案件管辖范围向主管机关递交。按照诉讼法的规定，对已经发生法律效力的判决、裁定或调解书，当事人认为有错误的，可以向原审人民法院或者上一级人民法院申请再审。而法院对申请案件的受理则应依据法律规定进行。

（四）申诉状与上诉状的区别

申诉状与上诉状有一些相同之处，也有很大区别，须注意在使用时加以辨别：

1. 主体不同。提出申诉的主体可以是当事人，也可以是诉讼代理人，还可以是案件的利害关系人，包括有独立请求权或无独立请求权的第三人，范围较广；而上诉人只限于当事人或受权上诉的代理人和有独立请求权的第三人。

2. 客体不同。可以提起申诉的案件，不论是一审案件、二审案件，还是正在执行的或已经执行完毕的案件，只要认为它的判决、裁定确有错误，对此均可提出申诉。而上诉状只限于没有发生法律效力的一审判决或裁定。

3. 条件不同。申诉人提起申诉后，可以引起审判监督程序，也可以不引起审判监督程序，前提条件必须是案件的判决或裁定已经发生法律效力，并且确有错误。但上诉案件是无条件的，只要在法定的期限内依法上诉，不论其理由正确与否，均应受理，从而引起二审程序。

4. 审理程序不同。申诉案件如果原来为一审案件，就可依照一审程序进行再审，如不服，则可以上诉；如原为二审案件，则依照二审程序进行再审，所作出的裁判是终审裁判，不得上诉。而上诉案件的裁判是终审裁判。

5. 期限不同。申诉不受时间和法律效力的限制；而上诉只许在法定时间内；在未发生法律效力前上诉才有效。

（五）例文简析

[例文四]

民事申诉状

申诉人：（一审被告；二审上诉人）董刚，男，1951年4月26日出生，汉族，无业，因唯一居住的房子被法院拍卖，现居无定所。联系电话137064×××××。

被申诉人：（一审原告；二审被上诉人）张顺英，女，1941年1月16日出生，汉族，济南市保温瓶厂退休职工，住济南市花园小区1号楼3单元401室。

董刚因与张顺英遗嘱继承纠纷一案，不服济南市历下区法院（2005）历民初字2009号民事判决书；济南市中级人民法院于2007年9月4日作出的（2007）济民五终字第722号民事判决和山东高级人民法院（2008）鲁民申字第334号民事裁定书，特向贵院申诉。

一、申诉请求

撤销济南市历下区人民法院（2005）历民初字第2009号及中级法院的（2007）济民五终字第722号民事判决和山东高级人民法院（2008）鲁民申字第334好民事裁定书，依法重审。

二、具体事实与理由

我父亲董观龙1991年离休前曾任《大众日报》副总编辑、纪委书记等职。2000年12月11日通过婚姻介绍所与被申请人张顺英相识并办理了结婚登记。

2004年11月因胃癌开始住院，治疗无效于2005年5月27日去世。我父亲住院期间，被申请人张顺英拒绝到医院陪护；却趁我们在医院里日夜陪护父亲的机会，把我父母名下上百万元的动产非法转移占为己有后逃之夭夭，连追悼会也未敢露面。继而，又起诉要求分割我父母留下的房产。结果是：济南市历下区法院（2005）历民初字2009号判决书在使用证据时有误，造成应当属于申诉人的继承权利丧失。在上诉、申请再审无果的其情况下，现依法提出申诉，请最高法院依法受理此案，以维护申诉人的合法继承权利。申诉理由如下：

再审理由一：原判决、裁定认定的基本事实缺乏证据证明。

原审判决的依据是原告提供的所谓我父亲的代书遗嘱、见证书以及司法笔迹鉴定。但是，这三个判决依据不具备证明力，理由如下：

1. 代书遗嘱只有一个代书人，而没有见证人，不符合《继承法》“代书遗嘱应当有两个以上见证人在场见证”的规定。因没有对被继承人身份进行验证，且舍近求远的事实令人怀疑；有找律师事务所的熟人和利用替身制作假代书遗嘱的嫌疑，不具备真实性。

2. 见证书不但没有当事人的签字属于无效见证，而且所见证的12月30日的遗嘱根本就不存在！与本案认定的遗嘱日期没有关联性、真实性。有拉见证人凑数的嫌疑。针对以上两个疑点，在我们的口头和书面法庭发言中都有“我很想询问一下张顺英手里那份律师见证医嘱中的那两位律师的问题是：去做见证遗嘱的当事人是否符合我父亲的体貌特征?”的要求，但是，没有被法庭许可。

3. 司法笔迹鉴定采用的“样本”来源渠道非法：即原告提供的所谓我父亲写给我大姐董毅的一封私人书信。而“检材”也是原告提供的只有一个代书人的代书遗嘱——这种鉴定结果只能证明是同一个人的签名，却不能证明是我父亲的签名。这就类似我只要以张三的名义和签名给张三的父亲写一封信，再以张三的名义写一张欠我一百万元的欠条，在司法笔迹鉴定肯定是同一个人签名的情况下，法庭就可以以此判决张三确实欠我一百万元一样荒唐——对此鉴定结果，本申请人根据《最高人民法院关于民事诉讼证据的若干规定》第二十七条和第六十八条提出了异议，但原审法庭并不理会。

4. 在原告提供的所谓我父亲的自书遗嘱中，既有手印也有签名。对此，在我的书面法庭发言中提出了四点质疑。于是，原审法庭就不对这份伪造嫌疑很大的自书遗嘱进行司法鉴定，而对上述只有一个代书人的代书遗嘱仅作签名的笔迹鉴定并以此判决。

再审理由二：原判决、裁定适用法律确有错误。

适用法律错误一：在听说房产的继承过户比赠与过户多交过户费用后，我父亲生前与我们签订了两份房产赠与合同并有济南市历下区公证处的询问笔录为佐证。临终前一个月还给我们留下了符合法律规定的代书遗嘱。根据《最高人民法院关于民事诉讼证据的若干规定》第七十条："一方当事人提出的下列证据，对方当事人提出异议但没有足以反驳的相反证据的，人民法院应当确认其证明力：（一）书证原件或者与书证原件核对无误的复印件、照片、副本、节录本。"的规定，原审法庭应该对我们提供的以上书证予以确认。但是，原审法庭却以各种理由，甚至以不传唤见证人出庭作证等于没有见证人的办法，在判决书中写下了"对于被告提供的2005年4月24日由罗炳南代书的遗嘱，因代书人罗炳南及见证人徐伟和均未出庭作证"的理由不予确认。

适用法律错误二：30年前，我父母就腾出一套房子，作为给弟弟董强的结婚用房。房改时，由董强缴清了购房款。父亲生前也与董强签订了房产赠与合同。按照最高人民法院《关于贯彻执行〈民法通则〉若干问题的意见（试行）》第128条："赠与房屋，如果根据书面赠与合同办理了过户手续的，应当认定赠与成立；未办理过户手续，但赠与人根据书面赠与合同已将产权证书交与受赠人，受赠人根据赠与合同已占有、使用该房产的，可以认定赠与有效，但应令其补办过户手续"的规定，且不说董强已经占有使用了该房产近30年，即便只占有使用一天，按照以上法律规定，也只存在一个"可以认定赠与有效，但应令其补办过户手续"的问题！但是，原审判决书却把法律"令其补办过户手续"的规定，说成是"济南市历下区历山路143号3号楼3单元302室住房的房产证由被告董强'保管'并分割给原告一份！"

适用法律错误三：我们的委托代理人李吁泉和济南市历下区人民法院（2005）历民初字第2009－1号民事裁定书都能证明我大姐董毅是被告。但是，原审判决书却为了其他目的而把我大姐董毅说成是原告了。

适用法律错误四：对于同一事实，出现了两种相反的证据，法庭可以按证据证明力大小作出确认。但是，在本案中出现被继承人先后两次立遗嘱即两个事实的情况下，原审判决仍然按证明力大小只确认一个事实而否定另一个事实的发生显然违背了《继承法》的有关规定。

再审理由三：对审理案件需要的证据，当事人因客观原因不能自行收集，书面申请人民法院调查收集，人民法院未调查收集。

因为银行不许任何自然人查其他私人存款的客观原因，我们向法庭提交了书面的证据保全申请，但法庭没有依法调查，致使我们无法按反诉数额缴纳反诉费用。于是，原审判决书仅仅对被继承人的房产进行了分割，而我亲生父母辛劳一生积累的上百万元的动产至今下落不明。

综上所诉，一、二审和高级法院认定事实确有错误，在没有查清被继承人立遗嘱的事实和动产数额的情况下，仅仅对被继承人的房产进行分割。致使申诉人在无业和生活极度困苦情况下，承担着“被神经病”的风险过着到处上访的生活……

现依法申诉，望贵院在查明本案全部事实的基础上，依法支持申诉人的申诉请求。

此致

最高人民法院

申诉人：董刚

二〇一〇年×月×日

[简析]

这篇申诉状因董刚不服济南市历下区人民法院、中级法院和山东高级人民法院关于某父亲遗产继承案件判决。整篇申诉状条理清晰，分条叙述，理由确确实实，正中要害，申诉有理有据。

五、申请书

(一) 申请书的含义

申请书是指诉讼当事人依法向人民法院申请撤诉、财产保全、复议、强制执行以及申请支付令和破产还债等事项时使用的文书。申请强制执行、申请支付令和申请破产还债的对方当事人一般可称为“被申请人”，其他的则可称为“对方当事人”。

(二) 申请书的写法

申请书的结构由标题、首部、正文和尾部几部分组成。

1. 标题。写明申请书的名称，如“诉讼保全申请书”、“申请执行书”等。

2. 首部。写清申请人、对方当事人或被申请人的基本情况。写法同一般的诉状。

3. 正文。包括请求事项、事实与理由两方面内容。

(1) 请求事项。简要说明具体请求，相当于案由，如“申请破产还债”、“冻结被申请人的有关财产”等。

(2) 事实与理由。要根据申请的具体事项，叙明事实，也可引用法律依据，指出当事人的责任所在，或者以此说明申请的理由。主旨不同，阐述理由的角度和用语分寸也稍有不同。如：申请执行时，要写明已发生法律效力的判决书或裁定书、所认定的被申请执行人应履行的义务，以及被申请执行人至今未见其自动履行的情况等，请求法院依法强制执行。

4. 尾部。包括送达用语、签署和附项。

(1) 送达用语。分两行写明：“此致”和“××人民法院”。

(2) 签署。于正文右下方由申请人签名或盖章，下写年、月、日。

(3) 附项。写明附件的名称、份数。如“附：(1) 申请书一份；(2) ××人民法院（××××）×法民初字第×号民事判决书复印件。”

（三）写作要求

1. 应认清申请书在写作上与起诉书的不同之处。因为申请的依据是生效的法律文书，不需要在叙述案件事实上多费笔墨，而要把重点放在被执行人、被申请人对已生效的法律文书有履行的能力却没有履行，或者没有全部履行且又不主动履行的情况上。要向人民法院提供被申请人的财产状况、收入情况、资金活动情况，如果在申请执行前人民法院对被申请人的财产已保全的，要指出保全财产的品名、数额和可供执行的部分。在提出撤诉、复议、财产保全时也要提出确凿的理由以及具体的请求事项和所涉及的数额、金额。

2. 要注意申请执行的时效。《民事诉讼法》："申请执行的期间为二年。"这一规定的意义在于促使权利人及早行使自己的权利，彻底解决纠纷，否则过了执行期限，将会使前期的诉讼变得毫无意义，而且丧失了同一法律纠纷再行诉讼的权利。银行的资金损失也将得不到法律的保护。

（四）例文简析

[例文五]

申请执行书

申请执行人	被执行人
姓名、性别、年龄、民族、籍贯、职业、住址 （如系法人，应写单位名称、地址、电话号码、银行账号、本地邮政编码、法人代表姓名，职务、住址） ××银行××分行 地址：×××路××号 邮编：×××××× 法定代表人：××× 电话：××××××× 职务：行长	姓名、性别、年龄、民族、籍贯、职业、住址 （如系法人，应写单位名称、地址、电话号码、银行账号、本地邮政编码、法人代表姓名、职务、住址） ×××工贸公司 地址：×××路××号 银行账号：×××××× 法定代表人：××× 邮编：×××××× 职务：经理 电话：××××××× ××市建筑工程局材料供应处 地址：×××路××号 银行账号：×××××× 法定代表人：××× 邮编：×××××× 职务：经理 电话：×××××××

申请执行根据：(2006) ×经初字第137号民事判决书。

申请执行事项：将两被告财产在160万元范围内予以冻结并划拨。

申请执行理由：我行诉×××工贸公司、××市建筑工程局材料供应处借款合同纠纷一案，经××市中级人民法院审理并下达(2006) ×经初字第137号民事判决书，判决书规定："×××公司在判决生效后10日内，偿还××银行××分行贷款本金120万元及利息，加息322 656元；建工局材料处对×××公司还款承担连带清偿责任。"判决生效后，两被告均未履行。为维护我行的合法权益，根据《中华人民共和国民事诉讼法》第二百一十六条之规定向法院申请执行，请法院将两被告财产在160万元范围内予以冻结。

此致

××市中级人民法院

附：(2006) ×初字第137号民事判决书一份。

申请人：

××银行（公章）

二〇××年×月×日

[简析]

这篇申请书是××银行在遇到对方当事人拒绝履行已生效的法律判决后及时向法院提出的申请执行文书。由于所述事实清楚，理由充分，提出请求合理，因此为法院强制执行提供了必要的依据，使法律真正显示出巨大的威力。

由于申请书是针对对方被告没有履行法院的判决书而写的，因此在叙述事实和理由时就不需要复杂地阐述和论证，这一点要区别于其他诉状，应引起初学者的注意。

[思考与练习]

一、简答题

1. 上诉状与申诉状的主要区别是什么？

2. 法律申请书的书写与诉状的起草有哪些不同之处？

二、写作题

1. 根据下述材料为××银行××储蓄所起草一份民事起诉状，同时可为储户赵玉兰(×甲路)起草一份民事答辩状。

要求：①写清理由；②事实清楚；③有理有据；④格式完整；⑤语言流畅。

2012年12月4日，家住××市××区×甲路的储户赵玉兰，发现自己在2012年9月12日存入本市××银行××储蓄所的1.5万元（一年存期）存单遗失，遂赶到储蓄所办理挂失手续。该储蓄所当班人员施某查核后，确认这笔存款未被人冒领。随后，赵玉兰即填写了“挂失申请书”，并在上面加盖了本单位的公章。

10 天后，赵玉兰又来到××储蓄所，补领了存单，并将该存款仍存在这家储蓄所。直到2011 年9 月12 日，赵玉兰从到期的这笔存款中提出1 万元，其余5 000 元连同利息计6 000 元又继续存入储蓄所。事有巧合，就在2012 年9 月12 日那天，家住该市×乙路的另一个赵玉兰也在××储蓄所存入1.5 万元，存期为一年。而×甲路的赵玉兰于2012 年12 月14 日办理挂失手续时，当时银行人员施某没有仔细核对存款人的地址，便按照×乙路的赵玉兰的那1.5 万元的存款底单，将有关手续办给了×甲路的赵玉兰。这样，麻烦就出现了。据悉，×甲路的赵玉兰40 多岁，而×乙路的赵玉兰60 多岁，两人素不相识。

2012 年9 月14 日，×乙路的赵玉兰手持2012 年9 月12 日存入的1.5 万元一年期存单在储蓄所取款时，银行才惊呼其中有错，此时，该存单上的1.5 万元已不知去向。

银行认定×甲路的赵玉兰以虚假挂失手段，冒领了×乙路赵玉兰的款项，后来，××市××银行××支行又到法院状告×甲路储户赵玉兰。银行的起诉状说，被告利用银行工作人员的疏忽，以虚假挂失和冒领手段，取得不当利益，造成他人损失，要求法院判令其返还冒领款项。被告则反驳道，她出于对银行的信任才将辛苦积蓄下来的钱存入储蓄所，当存单遗失后，又通过正常的挂失程序，办妥了挂失手续。由于银行内部管理混乱，以致造成差错，其后果应由其自负。她要求法院驳回银行的诉讼请求，并恢复其名誉，赔偿损失。

2. 根据下列材料，为储户王某写一份上诉状。

储户王某因失窃的两张定期存单被提前支取而状告银行赔偿一案，近日经××市人民法院审理结案，储户、原告王某被判败诉。

该市个体修车工王某于2011 年12 月、2012 年3 月两次在建行某分理处共存入人民币8 000 元，存期为3 年。2013 年1 月20 日晚6 时左右，王某发现家中失窃，即去当地派出所报案并到银行挂失。但王某的存款已被人取走，王某认为银行未按《储蓄管理条例》的有关规定执行。于2013 年3 月向法院起诉，要求银行赔偿本金和利息。××市法院审理后认为：银行在王某挂失前支付这两笔定期存款是符合规定的。王某要求银行赔偿的证据不足，理由不充分，遂驳回王某的诉讼请求。宣判后，王某不服，已提出上诉。

3. 根据××市中级人民法院审理并下达的（2012）×经初字第216 号民事判决书的内容表明：被告××丝织厂因购原料需要向原告××银行××分行申请流动资金外汇贷款×万美元，担保单位为××外贸公司（当属第二被告），贷款到期未还。法院判定两被告必须如数偿还所借资金的全部本金、利息和违约罚金。但判决书生效后，两被告迟迟不履行责任。无奈，原告向法院提出了申请强制执行的要求。请代原告写一份格式完整的申请执行书。

第六章

调查报告

DIAOCHA BAOGAO

第一节 概　说

一、调查报告的含义

调查报告是反映调查研究成果、多用于以点带面指导工作的一种应用文书。

所谓调查研究，是根据特定的目的，运用辩证唯物主义的观点、方法对调查对象进行全面深入、系统的了解，分析调查对象的本质，揭示其规律得到调查结论的一种认识活动或工作方法。调查报告是依据这种认识进行写作的应用文体，它经常发表在报刊上，也是一种新闻体裁。

调查报告有时也叫“调查”、“调查记”、“考察报告”。

二、调查报告的作用

1. 为领导决策提供依据。领导机关通过调查报告，可以了解情况，明辨问题性质，作出正确决策，从而有针对性地解决问题，以推动整个工作的开展。

2. 传递信息，交流经验，推动工作。调查报告具有新闻性，它在报刊发表，可以及时传递信息，介绍、推广经验，起着以点指导面的作用，使全局工作沿着正确轨道前进。

三、调查报告的特点

1. 选题的针对性。选题的针对性，是调查报告的作用决定的。一份调查报告价值的大小，主要看它的选题是否抓住了当前迫切需要解决的问题。所以，写作调查报告必须从现实的需要出发，根据党和国家的方针、政策，选择针对性强的课题进行调查。针对性越强作用就越大。

2. 内容的真实性。内容真实是调查报告的生命。无论是反映新情况、研究新问题、总结新经验，还是揭露某事实的真相，调查报告都必须着重客观事实，实事求是，用事实说话。如果调查不真实或欠准确，那么，在此基础上进行研究，得出的结论也肯定会错误，因而失去写作调查报告的意义。

3. 表现手法为叙议结合。调查报告对调查得来的事实、情况、经验、问题要采用直陈式的概述手法，并在此基础上进行恰当分析，找出规律，得出结论，因而需要进行适当议论。夹叙夹议、叙议结合是它的又一特点。

四、调查报告的种类

1. 调查报告按范围可分为综合调查报告与专题调查报告。

综合调查报告。这是对调查对象的全面情况进行调查研究以后所写的具有综合内容提要的调查报告。它涉及的领域很广，如2008年11月13日发表的《东莞奇迹是如何创造的》，《人民日报》2009年5月7日刊载的《国有企业党建工作的有益探索》，等等。

专题调查报告。这是对某一方面的情况进行调查之后所写的具有专题性质的调查报告。它涉及的问题比较单一，是某一现象、问题或经验的专门反映。如《光明日报》2013年5月14日刊载的《把人生理想融入国家和民族的事业中——关于当前知识分子对主流文化认同情况的调研报告》，《中国金融》2007年第18期刊载的《山西省农户金融需求与供给的调查报告》，等等。

2. 调查报告按功能可分为反映情况的调查报告、典型经验的调查报告与揭示问题的调查报告。

反映情况的调查报告。这类调查报告侧重于反映情况，常从材料的选取及叙述方式上表现其分析与结论。如《人民日报》2012年12月5日刊载的《一家纺织企业的账本——江苏鼎盛丝绸经营生态调研报告》，《金融博览・财富》2012年第1期刊载的《当下国人投资理财方式调查》，等等。

典型经验的调查报告。这类调查报告是通过对典型经验的调查分析，从中找出规律性的东西，进行推广以指导全局。这类典型经验往往与新生事物相联系，常常体现在好人好事之中。如《光明日报》2006年6月24日刊载的《城乡一体文明建设的探索和实践——来自江苏省张家港市的报告》，这些经验具有很重要的经济意义和社会意义。又如《求是》杂志2012年第10期发表的《"百年长安"的艰难蜕变之路》从改革创新精神、自主创新体系、以人为本的自主创新长效机制等方面，分析了长安汽车坚持自主创新；实现企业快速发展的历史过程与经验成果。

揭示问题的调查报告。这类调查报告主要是揭露一些问题和弊端，问题或是政策缺陷、制度不配套、职能未转变等客观原因造成，或是工作失误、不正之风等主观原因造成。揭示问题的目的在于引起注意，从而达到调整政策、解决问题的目的。如《人民日报》2011 年 10 月 24 日刊载的《课改十周年　不足三成教师对新课改成效满意》，《21 世纪经济报道》2013 年 5 月 22 日刊载的《滇池治理调查：一个高原湖泊的持久战》，等等。

第二节 调查报告的写法与写作要求

一、写作前的准备

（一）选好调查课题

选好调查课题是写作调查报告的前提，所选课题应该是对全局起作用的比较重大的项目。这往往是经过一段踏勘发现得到的有深入调查研究价值的问题。选择调查课题的途径：（1）根据本部门工作的需要确定。金融部门的调查报告多从银行的货币收支活动这个角度考虑调查课题，如调查货币流通的情况、资金市场中的问题、银行信贷管理的问题、储蓄状况，等等。（2）深入实际发现问题。常常是，在深入实际的调查中发现了更有价值、更为重大的情况和问题，于是被写作者选来作为调查课题。

（二）认真调查

1. 做好调查前的准备工作。调查前应了解调查对象的一般情况，了解有关的方针政策与知识，并拟制好调查提纲。调查提纲一般包括调查课题、调查目的、调查对象与范围、调查方法、调查步骤等项目，还要列出具体的调查问题或者所用表格。

2. 深入调查，掌握第一手材料。这是写作调查报告的基础。调查中，要克服种种片面性，端正调查态度。调查时，可根据调查对象的不同情况灵活运用不同的调查方式方法，如开座谈会、个别访问、实地考察、与调查对象一起工作、面上普查、典型调查、抽样调查、追踪调查，等等。调查可以为写作调查报告提供扎实的材料。写作经济方面的调查报告常常需要进行统计调查，这也就要求调查的方式、方法有所发展。1991 年中国人民银行在全国建立 5 000 户工业企业景气调查制度，这标志着中央银行对宏观经济的调查和统计分析功能进一步得到强化，中央银行的调查统计工作步入了一个新阶段。与此相应，各种经济调查报告的写作，也都在用统计调查收集材料。

经济工作的统计调查往往需要运用问卷调查方法。问卷是以设问方法收集材料，对调查对象的有关变量，特别是某些主要变量进行度量的一种现代调查方法。主要形式为结构型问卷，提供参考性答案和符号指示受测试者回答。一份问卷，其内容应包括：(1) 受测试者基本情况；(2) 受测试者行为；(3) 受测试者态度。如人民银行征信中心为掌握公众对征信知识的了解程度，加强面向百姓的金融服务工作，检验2008年“全国征信知识宣传月”的活动效果，于宣传月过后进行问卷调查。其问卷如下：

中国人民银行征信知识调查问卷

为掌握社会公众对征信知识的了解程度，加强面向百姓的金融服务工作，检验2008年全国征信知识宣传月的活动效果，中国人民银行________行特开展此次征信知识调查问卷活动。请您在阅读题目后，在题后的括号中填上答案，未注明“可多选”的题项一律是单选题。此问卷调查采用无记名方式，所有问题的回答都不会涉及您的个人隐私。

感谢您参与答题以及对征信体系建设的支持。

您的基本情况：性别：A. 男　B. 女

年龄：A. 18岁以下　B. 18~28岁　C. 28~50岁　D. 50岁以上

学历：A. 高中　B. 专科　C. 本科　D. 研究生　E. 其他

职业：A. 公务员及事业单位　B. 公司职员　C. 律师　D. 学生　E. 医生　F. 其他

1. 您了解征信吗？(　　)

A. 没有说过　B. 听说过，但不了解　C. 了解

2. 我国负责信贷征信管理的部门是(　　)。

A. 中国人民银行　B. 国家商务部

C. 中国银行业监督管理委员会　D. 国家发展改革委

3. 目前，中国人民银行已经建立了两大征信数据库，它们分别是(　　)

A. 银行信贷登记咨询数据库和外汇信息数据库

B. 企业信用信息基础数据库和个人信用信息基础数据库

C. 企业信用信息基础数据库和外汇信息数据库

4. 个人信用报告是由(　　)出具的。

A. 商业银行信贷部门

B. 中国人民银行征信中心

C. 税务部门对外服务窗口

5. 金融机构在受理您的信贷申请后是否会查询您的个人信用报告(　　)。

A. 一定会　B. 不会　C. 有时会

6. 加入人民银行个人征信系统（建立您的个人信用记录）需要申请吗？(　　)

A. 需要向人民银行申请加入

B. 不需要，办理信贷业务后您的信息会通过金融机构自动上报

C. 不清楚

7. 在什么地方可以查询自己的个人信用报告？(　　)

A. 中国人民银行征信中心或中国人民银行各地分支机构

B. 咨询公司　　　　　　　　　　C. 不清楚

8. 在外地能查询个人信用报告吗？(　　)

A. 能　　　　　　　　　　　　　B. 不能

9. 能随便查询他人的个人信用报告吗？(　　)

A. 能　　　　　　　　　　　　　B. 不能

10. 您查询过自己的信用报告吗？(　　)

A. 有　　　　　　　　　　　　　B. 没有

11. 您对查询个人信用报告的看法是（　　）

A. 我现在既不想贷款，也不想申请信用卡，不需要查询个人信用报告

B. 等将来与银行发生新的信贷关系时，再考虑查询

C. 我想去查询一下信用报告，看看自己的信用状况如何

12. 您主要是通过何种渠道了解征信知识？(可多选)(　　)

A. 网络　　B. 报纸　　C. 电视　　D. 广播　　E. 其他

13. 您现在最需要了解的关于征信方面的知识是（可多选）(　　)。

A. 我的信用报告中都记了哪些内容

B. 哪些行为会影响我的信用记录

C. 如何更好地维护我的信用记录

D. 我国征信体系建设的基本情况及发展前景

14. 您是从什么渠道了解到此次“征信知识宣传月”活动的？(可多选)

A. 商业银行　　B. 网络　　C. 报纸杂志　　D. 电视　　E. 其他

15. 您认为此次“征信知识宣传月”活动对您了解征信有帮助吗？(　　)

A. 有很大帮助　　B. 有帮助　　C. 没有帮助

16. 您觉得是否有必要每年举办全国“征信知识宣传月”活动？(　　)

A. 有必要　　B. 无所谓　　C. 没必要

（三）仔细分析，找出规律性的东西

一般地说，一边在调查一边也在作研究，调查和研究是同时并进的。但在调查工作告一段落后，还要集中对所得到的材料仔细进行分析研究：（1）要去伪存真、去粗取精；（2）把材料归类，并和对调查课题加以条分缕析结合起来；（3）从全部材料中找出规律性的东西，以形成全文的基本观点，即调查报告的主题。

二、调查报告的结构

调查报告一般由标题、前言、主体、结语等部分构成。

（一）标题

调查报告的标题有单标题和双标题两种。

1. 单标题。它的写法多种多样，常用“关于……调查”的形式。介词有的用

“对”，也有不用介词的。如，《关于××市工业企业流动资金使用情况的调查报告》、《国有工业企业问题问卷调查报告》、《对湖北省典当行的调查》、《黄陂县乡镇企业调查》，等等。这类标题的修饰成分点明调查的对象、内容、地点。有的调查报告标题写成一般文章标题形式，直接写出调查报告的主题，如《决策决定着企业命运》、《规范房地产投资行为　培育新的经济增长点》。

2. 双标题。分为正题、副题。正题揭示调查报告的主题，副题说明调查的范围或对象、时间、地点。如《天津证券业有待进一步发展——天津证券交易营业部现状调查》、《在转轨中寻求机遇——湖北省部分外贸企业资金营运情况的调查》，等等。双标题在调查报告中运用较广。

（二）前言

前言即正文开头，也叫引言或导语。前言是在展开调查报告内容前作些交代，它有不同的表达方式，根据需要去选用。

1. 说明式。前言点明调查的目的、时间、地点、对象、范围、方式等。如：

“为推动天津证券市场的发展，进一步做好对会员单位的服务工作，天津证券业协会和天津证券交易中心于1996年10月联合开展了一项‘天津证券交易营业部问卷调查’活动，共发出问卷调查表70余份，收回有效答卷54份，取得有效数据1 500多个。”（《金融与市场》1997年第1期）

2. 叙述式。前言概括介绍调查对象的基本情况。如：

“武汉商场股份有限公司（集团）是一家以武汉商场为主体，集商业资本、工业资本、金融资本、个人资本于一体的经营实体。它创立于1986年，是我市首批股份制改革试点企业之一，也是国内第一家实行股份制的国有大型零售商场。

公司创办6年来，坚持推进改革，企业面貌发生了深刻变化，经营规模不断扩大，经济效益成倍增长。去年，完成销售额4.7亿元，利润2 350万元，均比1985年增长4倍。职工收入也大幅度提高，股东每年从公司获取的红利稳定上升。经过几年的改革、建设和积累，公司已由过去的单一经营型，开始向‘多元化、多样化、综合化’的现代大商场方向迈进。”（《长江日报》1992年4月9日《武汉商场试行股份制的调查》）

3. 提问式。用设问方式提出与调查课题密切相关的问题，引起读者注意。如：

“当前，农村互助保险发展状况如何？还存在什么突出问题？今后的农险之路该如何走？带着这些问题，我们对河南省内乡县农村互助保险情况进行了调查研究。”

4. 点题式。前言摆出作者在调查报告中所要阐明的观点。如：

“企业经营面对的是具有不定性的未来和环境。创造辉煌业绩的企业经营者，往往是敢冒风险、肯动脑筋，勇于通过主观努力和艰苦奋斗迎接挑战的成功之士。黑龙江省聚兴股份有限公司走过的路，再一次证实了这一朴素的道理。”（《经济日报》1997年8月11日《决策决定着企业命运》）

（三）主体

主体是调查报告的主要部分。这部分要用典型的事例和确凿数据，介绍调查对象的情况、经验，说明其存在的主要问题，以及产生问题的原因和解决的对策。为把这个部分写得条理分明、结构严整，应斟酌它的结构方式。调查报告主体的结构类型有：

1. 纵式结构。有的调查报告的主体按照调查对象发展变化过程的时序来安排内容，有的按调查的先后顺序展开。按照时间的顺序结构主体时，应注意阶段性，不同的时段，其情况、经验、问题可能有所不同。

2. 横式结构。有的按照事物性质分类，把主体内容分为几个“板块”（如几个方面的情况、几个方面的经验、几个方面的问题），彼此相对独立，由于有内在逻辑联系又成为有机整体。排列“板块”顺序时，有时还得考虑各部分的重要程度。有的根据作者的逻辑思路来安排，常见的有并列式、总分式、递进式、因果式、正反对照式等。

3. 纵横式结构。主体在总体上是横式或纵式，但展开时又是纵横交叉的框架。如，有的调查报告，主体平列几个“板块”，某些“板块”又是按事物发展变化过程的纵线安排的。

（四）结语

调查报告的结语没有固定的方式。有的自然收束，有的根据上文作些延伸：或总结全文，深化主旨；或展望前景，表示希望；或结合体会，提出建议。如：“对目前困扰企业主要问题的调查结果表明：目前，企业经营中存在的主要问题依次是：资金问题、机制问题、历史债务包袱、产品销路不畅、社会负担、原材料供应不足、机器设备老化，运输条件差等。其中，资金紧张、机制转换慢、历史债务负担重是目前困扰企业的三大主要问题。”这是《国有工业企业问题问卷调查报告》的结尾，起着总结全文、深化主旨的作用。又如：“必须充分发挥政府在生产和分配方面的宏观调控作用，弥补市场机制的缺陷，不能对分配不公问题放任不管，不能失去信心，不能束手无策。”这是《对山西省共同富裕情况的调查》的结尾，表示了希望，提出了要求。

三、调查报告的写作要求

1. 要做到观点与材料的完美统一。

写好一篇调查报告，不仅要有丰富的材料，而且要有鲜明的观点。写作中要做到观点统率材料、材料说明观点，才能增强报告的说服力。如果只有材料的堆砌，没有形成观点，就失去报告的意义；如果只有观点的罗列，缺乏事实根据，则没有说服力，如果观点不是从材料中很自然地得出，报告就缺乏逻辑性，自然也就缺乏说服力。

要做到材料和观点的统一，首先，必须在深入调查研究的过程中，注意发现和收集最能反映事物本质和规律、最有说服力的材料。其次，是要深刻地分析、研究、认识材料，准确地把握事物内在的联系，才能正确地形成观点。在这里，作者能准确地把握事物的内在联系，就能使观点和材料有机地结合。

2. 语言要平实、生动。

调查报告要为领导决策提供依据，因此，要求对事件的叙述、经验的介绍、具体做法的陈述，语言要平实、简洁，忌讳堆砌辞藻，华而不实。调查报告具有新闻性，常发表在报刊上，笔调要求生动活泼一些，可增强对读者的吸引力。

附录：

贷前调查报告的写作

一、概说

信贷是银行的主要资产业务，也是银行现阶段获取利润的主要来源。贷款质量的优劣对银行应对激烈的行业竞争具有十分重要的意义。而贷款“三查”（指银行信贷人员对企业发放贷款时所做的贷前调查、贷时审查、贷后检查）是银行授信工作的一个重要组成部分。这其中，贷前调查是贷款发放的第一道关口，贷前调查的质量优劣直接关系到贷款决策的正确与否，对银行有效地从源头上防范信贷风险起着非常重要的作用。

所谓贷前调查，指的是银行收到借款单位的借款申请后，派调查员对借款单位的有关情况进行实事求是的调查和分析，并根据有关政策和银行自身的状况对贷与不贷、贷多贷少和贷款方式、期限、利率等提出自己的意见或建议。把这种材料写成书面材料向业务主管部门报告，就是所说的贷前调查报告。

二、贷前调查的主要内容

贷前调查报告包括的内容比较多，不同的银行也有不同的处理。总的说来，一般包括如下内容：

1. 基本情况。主要是借款人的贷款主体资格、借款人及其关联企业的历史沿革、地理位置（包括注册地）、产权构成、组织形式、职工人数和构成、土地使用权取得的方式、主导产品及在产品及在行业和区域经济发展中的地位和作用。

2. 经营状况。主要是近几年生产、销售、效益情况和前景预测。

3. 财务状况。主要是近几年资产负债、资金结构、资金周转、现金流量、销售归行及存款的较大变动及现状。

4. 信誉状况。主要是借款人有无拖欠本行或其他金融机构贷款本息的记录，及其他信誉状况。

5. 经营者素质。主要是法定代表人和其他领导层成员的学识、经历、业绩、品德和经营管理能力等。

6. 贷款用途是否合规、合法。

7. 担保情况。主要是抵（质）押物的权属、价值和变现难易程度，保证人的保证资格和能力。

8. 客户对银行的潜在收益和风险。

9. 需了解的其他内容。

三、贷前调查报告的结构和写法

贷前调查报告一般有文字式和表格式两种处理方式。目前，很多银行采取表格式处理方法，先按照贷前调查报告的主要内容的先后和详略设计好表格。写作时，只需把相应内容填好即可。不管哪种方式，一般都包括如下内容：

（一）标题

一般采用公文式标题的写法。一般处理是：××银行关于××公司申请××万元××的贷前调查报告。

（二）正文

1. 前言：简要介绍贷前调查的写作缘起。一般写明贷款对象、时间和数额以及调查单位和调查方式等。

2. 主体：贷前调查的主要内容所在，主要写调查贷款单位的实际情况。一般包括以上所提及的九个方面内容。有些视实际情况增删部分内容。

3. 结尾：根据调查所得情况和现行的贷款政策，具体提出贷与不贷、贷多贷少的意见或建议。一般而言，若不贷，应说明理由；若贷，应写明贷多少，何时发放，利率多少，何时还贷等内容。

（三）落款

一般要求写清楚调查者姓名、调查日期等内容，置于正文的右下角。

四、写作要求

（一）面向借款单位，深入调查

贷前调查报告必须面向借款单位，做深入细致的调查。调查中，既要收集死材料，又要了解活情况；既要了解借款单位的过去和现状，又要准确预测其发展趋势；既要了解借款单位的实际情况，又要掌握整个行业及同类企业的相关状况。没有深入的调查，就难以有中肯的分析，也就不会有到位的贷前调查报告。

（二）立足调查实际，具体分析

掌握情况是前提，具体作分析是关键。分析时要注意做到以下几方面的结合：

1. 定性定量相结合。既要运用数学方法对所收集的有关数据、统计资料进行“量”的分析，又要运用经验和思维能力展开判断、推理而作的“质”的分析。

2. 静态动态相结合。调查者既要看到一时一地的静态量，又要看到彼时彼地的动态量；既要看到企业发展的内在原因，又要考虑其外在因素。一句话，要将调查对象放在运动、变化的过程中进行分析研究。

3. 可行性风险性相结合。调查者既要论证项目、方案已经具备了实施的现实条件，又要充分估计到实施过程中可能遇到的种种意外，尽可能将各种不确定性因素考虑得充分而周全。

[例文一]

××煤业股份有限公司贷前调查报告

山东××煤业股份有限公司向我行提出×亿元人民币的商业承兑汇票保贴额度的申请，据此，我行对其进行了详细的授信调查，报告如下：

一、申请企业基本情况

1. 企业背景。

××煤业股份有限公司是2007年9月25日由×矿集团有限公司独家发起的境内外上市公司。

该公司于2008年4月1日在香港联合交易所，于2008年3月31日在纽约股票交易所，分别通过综合发售H股及美国存托股上市。2008年7月1日，该公司的A股在上海证券交易所上市。

2009年，该公司被《亚洲周刊》评为2008年亚洲最佳新上市公司；被香港《资本杂志》第四期评为十大优质国企、统筹股之一；被上海证券交易所主办的《上市公司》杂志第四期评为［《上市公司》50强］的第三名；2010年1月，被《亚洲货币》杂志评为“中国最佳管理公司”第四名。

2. 企业素质。

该公司主要领导人均具有较为长期的行业经验，董事长赵××系教授级高级工程师，是一位专家学者型企业家的典型代表。著有《市场经济与现代企业管理》、《建筑物下煤炭资源可持续开采战略》、《煤与非煤并重论纲》、《原煤层现代开采体系的探索与实践》等书。获得“国家科技进步特等奖”、“五一劳动奖章”等奖项近十个，并被授予“中国市场经济功勋人物”、“全国优秀企业家”、“全国企业技术经济大师”等称号，享受国务院的特殊津贴。

该公司具有大专及以上文化程度的人员6 475人，有各类专业技术人员11 231人。

该公司的科技水平在市场竞争中也起了重要作用，该公司根据矿区的特点，研究出了先进的“综采放顶煤技术”，科技贡献率达到65%，使综合机械化采煤能力由每年100万吨提高到350万吨以上，且自行研制的综放设备成本，只有引进国际一流设备的29%，但生产能力却与之相同，大大降低了生产成本。多项产品获得国家专利，2008年“××矿化煤炭综合生产技术研究与开发”获得“煤炭工业科技进步特等奖”、“国家级科技进步一等奖”。另外该公司及其辖下5个煤矿全部通过了ISO 9000质量认证。

二、企业财务状况分析

1. 规模实力。

该公司总资产2009年年末达到××亿元，其中固定资产为××亿元，占总资产的比例近67%。净资产××亿元。负债率不到20%。

2. 偿债能力。

该公司流动比例为××%，营运资金××亿元，说明申请人支付短期债务的能力良好，另外，从该公司提供的报表看，该公司2009年在还贷后仍有近2.3亿元的现金净流量。

3. 盈利能力。

该公司保持有较为稳定的销售收入及盈利。2009年在比2008年销售收入有所下降的情况下，利润反而有所上升。

销售收入的下降主要是煤价下跌所致，该公司2009年比2008年煤炭销量增加了××%，但煤炭价格下降了××%，最终结果使销售收入下降了×%。

该公司2009年比2008年利润增加了×%，是由于该公司有效地降低了产品成本，并因于年初已全部归还了贷款而使财务费用出现负数所致。

4. 财务异常分析。

该公司在销售收入有所下降的情况下，2009年的应收账款比2008年大幅增加了×亿元，增幅达××%，主要原因是2009年为扩大销量，不断寻求新的客户，为争取市场，较以前放宽了对购货方的信用，且多采用赊销方式，收款时间延长所致，但该公司的应收账款账龄××%在一年以内。

财务费用由2008年的××××万元下降为2009年的××××万元，是因该公司提前还清于2017年到期的建行长期借款。

该公司销售下降利润增加的原因在上述“盈利能力”中已述及。

三、非财务状况分析

1. 行业状况分析。

煤炭行业有人称之为“夕阳产业”，我国煤炭行业目前遇到的问题主要有：

(1) 总量过剩的局面没有根本缓解，市场仍呈供大于求的局面，价格仍在下跌中。

(2) 经营秩序仍然混乱，货款拖欠问题仍然严重，煤炭企业普遍资金紧张。

(3) 煤炭行业在未来的产业结构调整中处于不利地位等。

以上问题也是××煤业公司面对的问题。但在调查中我们发现，该公司对面临的问题有清醒的认识，并在努力改善，如在价格下跌的同时，依靠科技进步有效地降低吨煤成本，价格下跌××%，成本下降17.7%。

2. 发展战略问题。

由于自身的特点，煤炭行业要普遍面对资源枯竭、清洁与可再生能源的冲击和环保等问题。而且煤炭企业在退出本行业，转营其他行业时，遇到的巨额固定资产处置、职工安置，进入新行业的技术、资金、人才等问题尤为突出。

××煤业公司及其母公司对此也有所认识。虽然×煤探明及推定的储量为××亿吨，以目前的开采水平，约可开采80年，但该公司已着手调整战略。为此，专门成立了发展战略研究院，重点研究战略问题；另外，该公司董事长赵××提出了"战略改组"、"煤与非煤"并重等观点，《煤炭经济研究》为此专门组织专家研讨会进行研究。有关内容刊登在《煤炭经济研究》2010年第5期上。

四、财务预测

根据预测成本、费用、价格、产销及可能的变化推断出该公司在目标年限2011年的经营成果和产生现金的能力。

单位：亿元

	2009年	2011年
总资产	78	110
净资产	63	90
销售收入	41	50
销售成本	17	20
利润总额	11	13
净利润	7.8	9
净现金流量	2.3	4

以上预测主要依据的因素是：

1. 随着我国连续几年的关井压产、控制总量工作的开展，2009年比2008年减少煤炭产量2亿吨，预计今年仍将减产2亿吨，煤炭总产量控制在8.7亿吨以内，而今年国内煤炭总需求量约10亿吨，预计供需矛盾将得到缓解，价格下跌趋势将得到控制。

2. 根据德国能源公司最近发表的一份研究报告估计，预计未来几年里，世界煤炭贸易将以年均1 500万吨的规模增长，价格趋势也将比较乐观。未来一段时间，世界发电用煤市场的增长将主要在东亚地区。而××煤业股份公司的出口额占其总销售额的1/3，其主要贸易伙伴也是东亚的日本、韩国及我国台湾地区。

3. 该公司国内的主要客户集中在较富裕的沿海，特别是华东及华南地区，且已呈上升趋势。

4. 该公司预计今年年底或明年年初将以扩股的形式购买现属其母公司的济宁三号煤

矿。该矿设计年产量500万吨，预计今年年底投入生产，目前已试产。

5. 该公司通过依靠科技进步，有效控制成本及银行负债的方式降低了财务费用，使成本费用得到控制。

五、主要优势及问题分析

（一）该公司的主要优势

1. 煤炭质量好。××煤矿区各煤田主要煤种牌号为气煤，具有低硫、低灰、低磷、高发热量的特点，是优质的炼焦配煤。

2. 运输成本低。××有直通日照市的×石铁路，日照市是我国少数的煤炭出口专用港之一，方便的运输条件，大大节省了运输成本。

（二）该公司面临的主要问题

1. 开采成本高。××各煤田埋藏比较深，平均在地层500米以下，因此相对于山西等地的露天开采煤矿，成本大大增加。

2. 董事长赵××年龄已届63岁。在我们的调查过程中，其无可替代的地位对企业及企业文化的影响是深刻而广泛的，因此其退休后留下的空白可能会造成一定的负面影响。

3. 申请及担保公司均为异地企业，不利于我行监管，且申请企业与担保企业为母子公司关系，一毁俱毁、一荣俱荣。

（三）或有问题

1. 该公司与母公司之间联系紧密，××煤业是由×矿集团独家发起，从集团的7个矿井中拨出5个组成，其业务范围、生产联系、领导决策、资源共享等方面都有千丝万缕的联系，这里既存在机会但也存在风险。

2. 该公司联合山东科技大学、煤炭科学院、中国煤炭信息院，投资1亿元设立科技公司，发展电子商务，并拟在今后5年左右的时间内投入约5亿元。此项风险投资对公司发展的影响是正面的或是负面的，需假以时日才能证明。

六、担保人情况

担保企业×矿集团公司的前身是××矿务局，已有24年的发展历史，经历了2006年公司制改造、2008年组建上市公司、2009年集团公司成立三次重大变革，2006年经济规模和效益跃居同行业首位并保持至今，2008年，在全国国有重点煤炭企业亏损面达80%的情况下，×矿实现利润占国有重点盈利企业盈利总额的××%，2009年实现销售收入××亿元，利润总额×亿元，总资产达到××亿元。

该公司根据自身实际，制定了“煤与非煤并重”的发展战略，2004—2008年，新建、扩建非煤项目42个，形成了建材、发电、电器制造、橡胶等一批新的经济增长点，非煤产业销售收入已占集团收入的1/3，有××个单位的非煤产值超亿元。

企业先后获得“全国优秀企业”、“全国企业管理现代化成果一等奖”、“中国企业管理杰出贡献奖”等。被大公国际资信评估为AAA级企业；今年又被国务院列入全国14家优秀企业和单位。具备为此次×亿元商业承兑汇票保贴额度的担保能力。

根据以上分析，本人认为申请企业整体实力较强，盈利能力及获取现金流入的能力较强，同意给予××煤业股份有限公司商业承兑汇票保贴额度×亿元人民币，期限1年，由××矿业（集团）有限责任公司提供担保。

当否，呈领导审批。

调查员：×××

二〇一〇年七月二十一日

[例文二]

山西省农户金融需求与供给的调查报告

为深入了解农村家庭和农村金融机构的资金借贷行为，进一步掌握山西省农户金融需求与供给的实际状况，笔者在山西省吕梁市柳林、文水、交城、兴县、方山、交口等六县和晋中市平遥县抽样选取150户农户进行了问卷调查，并进行了实地走访，切实感受到了广大农户对金融扶持的强烈愿望，也发现了金融机构在支农方面的种种局限。

一、农户金融需求的特征

从样本农户的基本情况看：一是家庭成员人数分布在3~11人，其中，4~6人的占到92.6%；二是80%的样本农户收入来源于粮食生产、家庭养殖业和外出打工；三是家庭年收入分布在5 000元至10万元，其中，73.3%的农户家庭年收入在20 000元以下，23.3%的家庭年收入在2万~5万元。从调查的情况看，农户金融需求的特征主要表现在以下几个方面：

资金需求意愿强烈，借贷行为普遍存在。样本农户中有91户表示在未来两年内有借款的打算，占到样本总户数的60.6%；有56户近三年有过借钱给别人的经历，占到样本总户数的37.3%；有123户近三年有过向外借款且获得资金的经历，占到样本总户数的82%。

借贷资金运用较为分散，且受地域差距的影响明显。问卷调查结果表明，63%的农户将借款用于消费性支出，其中，住房支出占15%，教育支出占19%，婚丧嫁娶支出占18%，看病支出占11%；31%的农户将资金用于非农业生产，仅有6%的农户将资金用于农业生产。在经济较为发达的柳林县，近三年借贷资金用于消费性支出的有5户，用于非农业生产投资的有4户，用于农业生产的只有1户。在经济较为落后的兴县，则有6户将借贷资金用于消费性支出，只有1户用于投资。由此可见，在经济欠发达地区，满足日常生活所需的消费性借贷需求占主导地位；而在经济较发达地区，借贷资金需求的生产性显著增强。同时，在生产性借贷需求中，非农业生产需求上升而农业生产需求下降。总体上看，随着收入水平的提高，农户消费性资金需求的占比逐渐降低，而非农业生产资金需求占比则呈上升趋势。

二、影响农户金融需求与供给的因素

农户自身经济基础薄弱，可供支配的剩余金融资源较少，对借贷资金的依赖性较强。从家庭收支结构看，在吕梁六县抽取的60户样本农户中，有14户收不抵支，占被调查农户的23.3%。这些农户除了日常的生活支出外，必须依靠对外借贷来满足农业再生产的资金需要。在所有样本农户中，结余资金在1万元以下的农户占到了有结余资金农户总数的76%。由此可以看出，欠发达地区的农户可供支配的剩余金融资源是较少的，农户完全依靠自我积累来拓展生产空间存在较大的困难。

金融机构在农村领域的重新布局，削弱了农村正规金融的作用，民间借贷成为满足农户金融需求的主要渠道。在回答“未来的资金需求将通过什么途径解决”时，选择农村信用社、商业银行等正规金融机构借贷的占到43%，通过亲戚朋友借贷的占到27%，通过私人或者其他民间组织借贷的占到30%，说明农户希望从正规金融机构获得资金的愿望较为强烈。但现实情况是，从2000年以来，山西省县域国有商业银行营业网点累计减少1 010个，减幅达48%，其功能在不断萎缩。而且农村信用社也存在贷款申请批准难、贷款额度不能满足实际资金需求等问题，如吕梁市被调查的18个农户向农村信用社申请贷款总计62次，最终仅有12户共获得贷款20次；18个农户中有8户贷款期望额度在3万元以上，8户期望额度在1万~3万元，2户期望额度在5 000元，但实际上仅有1户农户的贷款需求得到了完全满足。为满足生产、生活的需要，农户只得通过民间借贷渠道筹措资金。因此，在回答“近三年来，通过什么渠道获得款项”时，34%的农户选择农村信用社，50%的农户选择亲戚朋友，15%的农户选择私人借贷者或者是民间借贷组织，从商业银行获得贷款的仅占样本农户的1%，民间借贷成为农户实际借入资金的主要渠道。

当地金融机构新增存款投放当地的比例较小，资金外流严重。2002—2006年，山西省县域金融机构新增存款年均增长23.51%，而同期新增贷款的年均增幅仅为13.2%。五年间新增存款的平均转贷率为40.26%，总体呈下降趋势，由2002年的53.68%下降为2006年的37.92%，下降了15.76个百分点。大量的资金通过农业银行以及其他国有商业银行的存贷差、农村信用社的存贷差和邮政储蓄三个渠道流出。人行太原中心支行开展的典型调查显示，山西省国有商业银行县域分支机构的存差由2002年的459.27亿元上升到了2006年年底的1 554.39亿元。

信贷供给主体和需求主体缺乏有效对接的渠道和产品。多年来，农村金融机构大多沿用上级行规定的金融服务产品，墨守成规，沿用老框框、旧套套，对符合农户金融需求特点的，短期、小额、零散、无抵押担保条件的金融产品开发力度不够，缺乏符合农户经济发展特点的业务品种，因此缺少与农户需求有效对接的金融产品。农村政策性金融机构中，农业发展银行仅承担粮、棉、油储备和收购等贷款业务，不与农民直接发生信贷业务关系。农业银行承担的山、水、林、电等农业综合开发和扶贫等专项贷款，以及粮棉企业加工和附营业务贷款也在商业化的过程中逐渐萎缩。基层农户的金融需求被一些正规金融机构的忽视，使得农村金融供求失衡的矛盾更加突出。

三、完善农户金融供给机制的政策建议

在农村领域鼓励竞争，探索发展新的金融组织。开放农村金融市场，鼓励多种形式的金融组织出现，形成良好的竞争环境。这些金融组织包括小额信贷组织、村镇银行、贷款互助机构、社区银行等，最终由市场决定能够在当地生存和发展的金融组织形式。现有的金融机构要拓展服务功能，创新金融工具、服务方式和经营手段，满足不同层次经济状况的社员和农户对金融服务的需求。

制定社区再投资法，尽快确定新增存款用于当地贷款投放的比例。可借鉴国外经验，制定我国的社区再投资法或条例，尽快明确县域内金融机构新增存款用于当地贷款投放的比例。确定投放比例时应坚持因地制宜的原则，既要体现对“三农”的资金支持，又要有利于农村金融机构的可持续发展。

实现农村领域的利率市场化，完善农村资金回流机制。目前，农村信贷市场呈分散化、成本高、风险高、利率低的特点，需要足够的利差来弥补信贷的风险和成本。一方面，利率市场化有助于农村金融组织从收益覆盖成本的角度出发，根据自身的经营目标和财务状况，参照中央银行基准利率确定合理的贷款利率，补偿农村信贷的管理费用、资金成本和贷款损失；另一方面，也有助于在农村领域形成资金洼地，吸引更多的资金进入农村，逐步形成竞争性的农村金融市场。人民银行应继续加强对农村金融市场利率的监测，采取有效措施，遏制高利贷在县域和农村的滋生和蔓延。

营造农村信用社可持续发展的外部环境。新一轮农村信用社改革以来，国家各项优惠扶持政策取得了积极成效，但真正实现“花钱买机制”的改革目标，还需要采取进一步的措施，继续增强农村信用社自我发展的能力。比如，延长农村信用社免征企业所得税的期限，尽快建立电子结算网络等；将减免税与贷款投向挂钩，引导资金留在县域或流向农村；对其他金融机构存放农村信用社并用于支持当地经济发展的大额协议存款，可给予适当贴息优惠。

政府创造条件，增加外来资金对农村的投入。政府应加大对农村地区基础设施的投入，包括交通、通信、水利、教育、卫生等方面的投入；完善农村社会保障制度，为农村金融机构从事商业性经营创造条件，也为农户进行再生产提供有力支撑；开展信用宣传，建立健全社会信用维护机制，为金融机构营造良好的信用环境，改善区域金融生态环境。

根据不同的农户金融需求主体，提供相应的金融服务。目前，农村金融需求主体分为四个层次：一是缺乏劳动力的极端贫困户。这部分农民应该通过国家政策性资金或社会捐赠来解决其基本生活需要。二是中等收入水平以下的贫困农户。这部分农户有一定的劳动力和生产经营能力，但是缺乏抵押、担保，可以从小额信贷组织申请资金支持，通过发展生产增加收入。三是有一定经济基础的农户。这部分农户有一定的资产或信用度，它们的资金需求主要是为了扩大再生产，可以通过农村信用社解决。四是有相当规模的资产和较强经济基础的富裕农户、专业户和微小型企业主。这部分农户的资金需求通常是为了扩大再生产或者提供流动资金，它们的资金需求可以通过农村信用社或国有商业银行发放数额较大的担保抵押贷款来解决。

（本文摘自《中国金融》2008 年 18 期，作者：毛金明，工作单位：中国人民银行太原中心支行）

［简析］

作者通过问卷调查、走访等形式深入了解农村家庭和农村金融机构的资金借贷行为，发现问题，进而提出建议。文章按“情况——因素分析——建议”的结构顺序，运用典型的事例和数据，简明扼要地说明了山西省农户金融需求的特征、影响供给与需求的因素，并结合作者的工作性质——人民银行太原中心支行工作人员从供给的角度提出建议。调查报告有理有据，具有较强的现实意义。

［例文三］

京城出租车调价调查：别冤枉“份子钱”

还有8天，北京市发展改革委公布的两份出租车价格调整方案将在听证会上过堂。作为此次听证会的消费者代表之一，《购物导报》副总编辑张谨也在紧张地调查走访，她希望在听证会之前，完成至少对100名消费者和100名出租车司机的意见征询。

“我已经关注北京出租车行业近20年了。”5月10日，电话那头的张谨声音略显疲惫，她刚刚在北京西单完成一天的走访任务，“多数消费者赞成方案1，而出租车司机普遍选择方案2，并希望价格能够调得再高一些，但对两套方案实施后的效果，无论是消费者还是出租车司机都没有抱太大希望”。

5月7日，北京市发展改革委公布了北京出租车价格调整方案，两套方案中起步价均由现行的10元/3公里调整为13元/3公里，燃油附加费由3公里以上加收3元调整为加收1元。不同的是，方案1将计程标准由2元/公里调整为2.3元/公里，方案2则将现行的计程标准调整为2.6元/公里。

事实上，由于两套方案中没有涉及份子钱，一些网友在通过微博质疑这种“乘客买单司机的工资涨幅改革是否合理”，而不少出租车司机也向记者表示，担心出租车公司会变相涨价，司机最终不能改善工资状况。

那么，如果取消份子钱，北京打车难的现象会缓解吗？

争议“份子钱”

份子钱，就是出租车司机上缴给出租车公司的承包费用。在我国，由于绝大多数出租车营运执照都是管理部门分配，于是那些能够拿到执照的出租车公司剩下来要做的，主要是收取份子钱。所以份子钱既是出租车司机的主要运营成本，又是出租车公司的主要收入来源。

目前北京共有6.6万辆出租车，由双班车和单班车组成。其中单班车每月的份子钱为5 175元，双班车为8 280元。按照单、双班车6:4的比例，全市出租车每月上缴的份子钱为4亿余元。这笔巨款常被用来指责为北京打车难的罪魁祸首。

张师傅曾给记者算过这样一笔账：他所在出租车公司所有司机平均每月计价器收入为11 485元，减去5 175元的份子钱，剩6 310元；以百公里8升油计算，司机平均每月油钱花费3 689元，每月保养付出约90元，这样剩2 531元；然后，司机可以获得政府油料补助905元，公司发放的油料补助520元，再加上企业给司机的固定岗位工资

545 元，再扣除个税和其他险金大约 200 元之后，平均每个出租车司机月底拿到手的钱大约在 4 300 元左右。

“10 年前，开出租每个月能挣七八千，当时买一份煎饼才 1 块钱；现在每月拼死拼活才挣三四千，而一份的煎饼的价格已经涨到 5 块钱。”在张师傅眼中，出租车司机生活成本上涨，每月收入不升反降，份子钱也没有丝毫减轻的趋势，这一系列因素使得开出租的人越来越少，司机拒载挑活儿的现象也越来越普遍。

张师傅的说法目前在舆论中颇为主流。从 1994 年开始关注北京出租车行业的张谨也曾一度认为，份子钱是导致出租车司机干活积极性不高的主要原因。只是在多年的走访中，她发现上海的出租车份子钱远高于北京，但当地出租车的拒载现象却没有北京这么普遍。

“上海出租车的份子钱按天计算，以大众公司为例，每天的份子钱是 330 元，每月将近 1 万块，比北京双班 8 280 元的份子钱多交约 1 000 块，但上海出租车司机的幸福指数却远高于北京。”张谨说，这一结论让她开始怀疑破解北京打车难问题并不是单纯降低份子钱这么简单。

被忽视的“高铁效应”

“你知道高铁的主要客流是谁么?”作为一名媒体从业者，经常出差的张谨发现，目前高铁的主要盈利点在短途客运上。“对此，我曾私下问过原铁道部的一名官员，他很认真地告诉我，高铁的实际作用是衔接城际之间，而不是与长途的飞机客运抢生意。这一解释，让我突然想到，北京的出租车不就相当于承载短途运输的高铁吗?”

在调查中张谨发现，北京出租车承担的往往是最后三公里职能。“事实上，在北京打车的人往往不是有钱人，有钱人都选择开车。我曾经做过统计，一天之中，北京出租车司机大约有三分之一的活儿是在三公里范围内。这些地点往往集中在繁华商业区，交通拥堵严重。而按照规定，三公里内北京出租车是不会向打车人收取燃油附加费的，这间接拉低了出租车司机的月收入。”

张谨曾做过测算，如果单单是拉三公里以内的活儿，北京出租车司机一天平均拉 20 个活儿，扣除份子钱和油钱等付出款项，一个活儿平均才赚两块钱，这极大挫伤了开车人的干活积极性，也使拒载现象屡禁不止。

但由于北京市相关部门规定，北京出租车不得在北京之外的地区拉活儿，所以出租车司机也被限定在京城之中，长期与堵点儿打“游击战”。而在上海，由于出租车司机被允许出沪，所以一趟从上海到长三角附近城市的“大活儿”就能让司机赚 200 元左右。

培养出租车文化

事实上，除北京之外国内一些城市已经在探索解决打车难问题的另一种途径。1999 年，温州市率先将出租车经营权由公司转向个体享有，完成了全市 3 287 辆出租车的经营权个体化改制。份子钱的消失，使温州出租车司机的收入大幅增加。

而广州白云集团也在今年 5 月 1 日开始启用司机“聘任制”，其具体实施方法是：公司将给予司机每月 1 800 元的底薪，还另外给司机购买社保和公积金。公司负责每班 27 升的气耗费用和每月 500 元车辆维修费。而出租车司机将分两班经营，每班向公司缴交 370 元定额费用。超出 370 元部分，被视为奖金归司机个人所有。司机每月工作 26

天，在规定的4个休息日中，可以自主选择休息或营运。

对于这种让份子钱消失的做法，目前也存在争议。出租车实行公司化运营，对打车人在安全和服务质量上都更有保障，出现问题可以找公司投诉。如果以个体经营为主，市场秩序难以保障。

以温州为例，在取消份子钱近14年后，这里虽不存在打车难现象，但拼车、不打表、随意拒载的情况仍时有发生。“即便打车人权益受到侵害也无处投诉。”温州当地人邵女士对记者说，现在一些有出租车运营牌照的温州司机会把牌照租给外地人使用，然后每月收取“份子钱”，所以现在在温州开出租的也多是外地人。

“我认为，缓解打车难的根本不是调价，也不是份子钱的调整，而是要从管理细节下工夫，培养公民的汽车社会文化。”张谨对记者说，“我们的汽车数量发展太快，许多基础建设和管理措施都相对滞后，这也使北京打车难现象日益突出。”

据公开数据显示，北京汽车保有量从200辆到500万辆只有了9年时间，而在发达城市，它们的汽车社会形成时间相对较为充裕。

“汽车销量快速增长带来的问题是，越来越多的出租车划线停车位被私家车占领，随之而来的无缝隙交通管理摄像头，令出租车司机不敢停车；交通堵点的增加，使‘最后三公里’的区域成为出租车招手不停的禁区；而出租车司机如厕难、吃饭难等问题的出现，也在增加着这一群体干活的怨气。这一系列的问题难道仅仅是一个份子钱的调整就能解决吗?”

张谨认为，对份子钱的简单质疑已经掩盖了出租车行业多年来粗放式管理的种种弊端，而这些问题并不能单靠几次调价方案就能彻底根除。呼吁汽车文化的培养与建立将是张谨8天之后，在听证会上的主要发言内容。

（本文摘自《21世纪经济报道》，记者：范文清、苏益，2013年5月14日）

[简析]

这是一篇揭示问题的调查报告。文章按照“提出问题——分析问题——建议”的结构顺序来写。标题直接指出此次调查分析的对象及目的，作为一篇报刊文章，更加鲜明，也更能够吸引读者的注意力。开头介绍调查的背景和情况，之后结合调查情况引出作者观点。文章的逻辑是运用因果式：先说“出租车司机赚不到钱，拒载现象频发”这个果，再逐层分析原因。分析见解独到。这篇文章说明，经济类的调查报告的课题可以比较小，但只要与现实贴近，挖掘出其对经济发展可能有的启示意义，仍有其价值。

[例文四]

低通胀条件下的居民储蓄心态

——浙江省丽水地区第四次储蓄问卷综述

一、调查方式及内容

本次调查采用直接问卷方式，由各县（市）选择有代表性的储蓄网点，并由储蓄临柜员向储户当场发卷，当场填写，当场收回。全区共发出调查问卷3 500户，收回有效问卷3 000户。有效问卷中，城乡比例为7:3，存取款比例为5:5（即各1 500户）。样本在各行业间的分布为：国家机关占11.2%，商业服务业17.1%，文科卫行业6.9%，公交建筑业8.6%，经营性公司9.9%，学校5.3%，一般农户8.9%，种粮棉专业户2.5%，种果菜专业户4.1%，工商运个体户13%，退休人员3.9%，金融机构7.9%，现役军人0.8%。

本次调查，共向储户提出15个问题，归纳起来有五大类：(1) 居民对实际收入的判断及收入预测；(2) 居民的存取款及持现动机；(3) 居民对物价、利率变化的反应；(4) 居民月收入状况及存款、取款金额；(5) 居民的户籍、职业阶层及年龄分布。

二、当前居民的六种心态

(一) 储蓄政策调整，居民心态由“平静型”趋向“波动型”

1996年4月份开始，国家取消了保值储蓄，5月1日和8月23日又先后两次下调利率，从而对居民平静的储蓄心态产生了影响，“静中见动”的趋向相对明显。

1. 从调查结果看。(1) 当问及“在物价不变情况下，存钱还是买东西”时，有59%的人选择“买东西”，比前三次（指1995年5月，1995年11月，1996年5月，以下统称“前三次”）的64.5%、57.6%、58.4%呈上升的趋势。(2) 当问及“在利率不变情况下，存钱还是取钱购物”，比前三次的53.3%、61.7%、56.9%有明显的降势；有19.7%的人则选择“购买有价证券”，比前三次的13%、11.1%、15.1%有明显的升势。

上述情况表明，在现行物价与利率条件下，居民对取钱购物较为有兴趣。

2. 从金融统计结果看。1996年4月末全区储蓄存款余额51.18亿元，绝对额比年初增加5.31亿元，增长10.37%，四个月中，月均增储1.33亿元；而5月1日后的四个月(5、6、7、8月份)，月均增储为0.57亿元；8月23日利率再次下降的三个月，月均仅增储0.14亿元。上述结果表明储蓄利率的调整直接影响储蓄的增量，且第二次的降势明显高于第一次。

3. 从储蓄所临柜反映看。据各网点临柜人员反映，1996年第二次利率调整后取款人数增多，而存款人数相对减少，与第一次利率下调时居民存取款的平静情况形成较大的反差，如丽水市兴隆城市信用社，9月份取款频繁，1996年以来该社月均增储基本上在250万元左右，但9月份却罕见地出现了绝对额负增长状况。

(二) 趋利意识增强，持现动机由“生活型”趋向“效益型”

当前居民金融意识增强，在资金处置上也开始逐渐摆脱了过去那种传统的“生活型”，已趋向“多元化”发展，并过渡到“效益型”，居民的趋利动机较为突出。调查中，有34.4%的居民持现仍为日常生活所需，比前三次的55.5%、61.3%、63.9%有较大幅度的下降；有7%的居民持现是为了购买有价证券，分别比前三次的3.6%、2.8%、4.5%有明显提高，表明了当前居民在保障基本生活的前提下，对资金的趋利性尤为关注。

(三) 收入差距缩小，收入分布由“分化型”趋向“密集型”

随着国家宏观调控措施的逐步到位，微观经济中深层次矛盾日益突出，导致企业效益低下，尤其对个体、乡镇企业的冲击更大，从而使居民中高收入层占比明显下降，收入悬殊的态势有所缓和。

1. 从总体态势看。低收入层居民（即月收入在300元以下的）占12.8%，与前三次相比（17.2%，18%，12.4%）呈下降趋势；高收入层（即月收入在1 500元以上的）占5.8%，与前三次相比（8.3%，6.1%，6%）也呈下降态势，其降幅高于低收入层的降幅。

2. 从行业看。行业间及行业内部差距呈缩小态势：(1) 同一行业内，不同时期高层次收入比重呈明显的下降趋势，如个体工商业，从1995年5月的31.1%，一直降到1996年11月的15.7%，落差达15.4个百分点，说明同一行业内部，收入差距缩小。(2) 各行业同一时期最高与最低的落差呈下降趋势，从1995年5月的23.4个百分点下降到1996年11月的7.6个百分点，落差达15.8个百分点。另外，对低收入层前四名（一般农户、退休人员、现役军人、商业服务业）的调查中也同样显示了上述结果。

（四）通胀压力削弱，物价走势由“严峻型”趋向“乐观型”

1996年11月底，全区社会消费品零售总额36.44亿元，同比增长15.01%：社会商品零售价格总指数上升5%，同比下降5个百分点；居民消费品价格总指数上升6.8%，同比下降4.5个百分点，可见物价平稳，涨幅回落，通胀压力减弱。调查结果显示：有59.8%的居民认为当前物价“偏高，可以接受”，高于前三次（36.5%，41.2%，53.5%）；有12%的居民认为当前物价正常，也高于前三次（58%，53.2%，36.7%）。说明绝大多数人（有70%以上的居民）对当前物价认可。

在对物价走势的判断上，有83.3%的居民认为未来物价会“基本稳定或略有下降”，明显地高于前三次的调查结果（55%，62%，79.8%）；有16.7%的居民认为未来物价会迅速上升，明显低于前三次的结果（45%，37.6%，20.2%），说明居民明显感受到通胀压力的减弱，对其未来走势持乐观态度。

（五）现期收入不佳，未来预期由“平稳型”趋向“紧缩型”

在调查中，有20.4%的居民认为现期收入下降，高于前三次的结果（9.8%，12.3%，14.5%），占比分别增加了10.6个、8.1个、5.6个百分点；有22.1%的居民认为收入上升，比前三次（46.5%，41%，27.9%）分别下降24.4个、18.9个、5.7个百分点。上述结果表明居民普遍感到现期收入不佳，由此导致对未来收入信心不足。当问及对未来收入预期时，有17.6%的居民认为“收入将会减少”，比前三次的7.1%、7.2%、10.4%分别提高10.5个、10.4个、7.2个百分点；有24.7%的居民认为“收入将会增加”，比前三次的50.3%、43.3%、30.3%分别下降25.6个、18.6个、5.6个百分点。上述问卷显示，居民对未来收入忧虑较重，已由第一次调查的“平稳型”明显趋向“紧缩型”。

1996年以来，我区经济仍然处于低效益、低水平、低质量的困境；1996年1—11月国有及国有控股企业累计产值22.58亿元，同比只增产值6%，比1995年增幅下降10.1个百分点；全区乡及乡以上独立核算单位亏损企业204家，亏损面35.36%，比全省高出8.53个百分点；亏损额达到一个新的水平4 649万元，同比增长42.85%，除机械、轻工外，冶金、化工、煤炭、医药、建材、纺织六大行业均出现全行业亏损。全区81户预算内国有工业企业亏损51户，同比增亏15户，亏损面高达62.93%，同比增18.4个百分点；不仅工业如此，物资、供销商业情况更甚：1995年年末有180家企业亏损，亏损面达59.8%，亏损额5 200万元，到1996年上半年，亏损企业增加到226家，亏损面扩大为79.8%，半年亏损4 578.4万元，相当于1995年全年的亏损额。1996年下半年亏损更加严重，物资系统已全线瘫痪，濒临破产。在这样的经济环境下，居民现期收入明显下降。据统计，全区1996年年底，城市居民生活费收入5 586.6万元，同比增长7.71%，如扣除物价上涨因素几乎与去年持平。金融部门显示：1996年11月累计商品销售收入27.88亿元，同比下降6.2%，增幅比去年同期下降33个百分点；城镇工资及对个人支出11.41亿元，同比增长9.02%，增幅比去年同期下降24.74个百分点。这表明因居民收入不佳，导致了购买力下降。

（六）消费心态变动，储蓄结构由“长期型”趋向“短期型”

受储蓄政策及收入现状等的影响，居民的消费心态发生了明显变化，导致居民的储蓄结构发生变动，由中长期逐渐向中短期储蓄存款移动。

1. 从储种选择看，有34%的居民选择定期储蓄等长期储种；比前三次的33.5%、36.6%、34.3%呈下降态势；有47.6%的居民选择活期储蓄、活期工资卡、各类信用卡等短期资金，比前三次的46.1%、45.1%、39.2%呈上升态势，说明储种由“长”向“短”发展。

2. 从存款意图看，有17.5%的居民选择长期资金类（孩子教育费，防老、保息、买房）比前三次的0.9%、24.9%、19.9%呈下降趋势。有43.5%的居民选择短期资金卡（生活零用、生意周转、购农用资料）比前三次的38.8%、38.2%、43.1%呈增高趋势。有39%的居民选择中期资金类（买建房、买证券、买高档品、为结婚准备）比前三次的40.4%、36.9%、37%呈上升趋势，说明居民存款意图出现了由“长”向“短”移动趋势。

（《金融参考》1997年第二期，作者：人行丽水地区分行调统科，编入教材时有所删节）

[简析]

这是一篇反映情况的调查报告。文章以用问卷方式得来的统计数字分析了当时居民的储蓄心态。《金融参考》编者按指出：“问卷调查是一种很好的形式”，“建议基层同志从实际工作出发，扬长避短，多搞一些有分量的经济、金融热点与难点的调查报告实证分析，为决策部门和研究工作提供依据”。这份问卷内容全面，有针对性，在分析各种心态时又能与前三次问卷调查作对比分析，很有说服力。这份调查报告反映的虽是丽水地区的情况，但它具有规律性，广大的金融工作者可以据此掌握储户心态，搞好储蓄工作。文章运用小标题和段落提要，使内容纲目清晰。另外，对储蓄心态的研究也是一个新的课题，是将储蓄与心理研究结合起来的新尝试，它能使储蓄工作主动深入。

[思考与练习]

一、你认为写好调查报告要抓好哪些环节?

二、从学校或社会中选择一个调查课题，写一份调查提纲。提纲应具有以下内容：调查课题，调查目的，调查对象，调查范围，调查方法，调查步骤。如果用问卷方式，要设计适合的表格；如果走访或座谈，要写出发问提纲。并运用这个调查所得的材料(事实和数据)，认真加以分析，找出规律性的东西，写作一篇调查报告。

三、分析下面这篇调查报告在结构上的不当之处。

典当业的复苏与发展

——对×县典当金融服务部的调查与思考

随着社会主义初级阶段理论的提出和确立，一些适应现阶段经济特点，有利于生产力发展的古老行业在被改革的时代赋予新的内容后又重新推出。在继成都、邵阳、桂林等地相继出现典当业之后，河南省×县又出现了两家集典当、拍卖、存贷业务为一体的新型综合性金融典当机构。由于旧典当声誉不好，对于典当业在现阶段的复出，人们多持怀疑、担心态度。究竟现阶段典当业在我国能否存在，它对经济的发展是否有积极作用?最近，笔者就这些问题对×县典当金融服务部开业两月来的业务经营情况进行了调查。

新典当业的特点及其作用

×县有三家专业银行，数家信用社及上百个营业处、所，生存于这种环境的典当金融服务部其发展的艰难显而易见。它所以能在短短两个月的时间内得到迅速的发展，除了它具有同民间信用组织一样有拾遗补缺、支持经济发展、平抑民间高利贷的作用外，还有两个最重要的原因：

1. 与旧典当有着本质的区别。旧典当乘人之危，压低当物估价，对劳动人民进行高利盘剥。对当物不问来源，为窃贼销赃和赌徒取得赌资提供了便利条件。新典当以活跃经济、支持生产、服务群众生活为宗旨，进行公平交易。对典当物品者，要求出示原始发票及其有关证明，使窃贼和赌徒无空可钻，体现了社会主义条件下新型的融资互利关系。

2. 具有区别于银行和信用社的独特功能和特点。(1) 可以使死物变活钱，进入流通领域。通过典当业务的开展，把顾客无法投入流通领域的资产变为活的流动资金，用于生活改善或生产经营发展，以带来新的利益。(2) 典当资金的取得不受体制、区域、信誉程度等的限制，不要求有担保人和担保单位，只要有合适的物品作抵押，即可取得资金，手续比较简便。(3) 风险小，获利大，同时在典当资金之时就扣除了相应的手续费(典当利息)，一旦对方到期不能还贷，可拍卖当物抵偿。这样，只要物品在保管期中不发生意外变故，就无风险可言。同时，典当兼营寄卖，可以对不同层次的消费进行调节，有利于节约社会财富。现阶段人民生活水平虽然提高很多，但消费仍有不同层次的追求。通过典当和寄卖可以把进入较高消费居民层次欲弃之不用之物调剂到较低层次消费者中去，减少了消费者的支出，又减少了社会浪费，一举两得。

基本情况和经营状况

×县典当金融服务部是经人民银行批准、发有“经营金融业务许可证”并在工商部门登记注册的股份制集体经济组织，以搞活经济、活跃市场、互惠互利为经营宗旨，面向人民群众、集体、个体工商企业及国营企业。典当手续费根据期限长短在1.5%～3%（月息）之间浮动。为保护典当人的利益，充分体现社会主义条件下的融资互利关系，该部规定，当到期典当人不来赎回典押物品时，可以延期，但最长不超过10日。

开业两个月来，已累计典当资金85.53万元，并寄卖出商品总值21 526元。典当物品有汽车、房屋、药材、收录机、电视机、自行车、手表等。前来洽谈典当业务的顾客，大多数是经营过程中出现暂时性资金周转困难的小集体企业和个体工商户，也有因发生意外变故手头一时拮据的居民，但为数甚少。药材商王连海因投资于药材市场建房而发生经营资金短缺，听说典当金融服务部办理房产典当，就以新盖四间楼房作抵押，取得2万元资金进入药材经营，20天后即以盈利赎回房屋。许昌市魏都区新贸市场一个个体工商户，因去年积压一批吊扇，占用了3万元资金，影响购货，正值告借无门、求贷无路之际，适逢×县典当金融服务部开业，即来×县签订了218台吊扇的典当协议，取得10 000元资金，解决了周转困难，补充了货源，50天后即赎回吊扇，投入夏季销售中。×县十三帮饭店一青年职工，母亲突患急病，需住院治疗，而他一时囊中羞涩，即持居委会证明信，将自行车推到服务部典当，及时取得现金为母亲治病。事隔18日便将自行车赎回。

以典当物品取得所需资金，不用找担保，说好话，托人情，为发生资金困难求贷无门的企业、个体户以及居民解了燃眉之急，开业仅两个月，便深受广大客户的欢迎。

存在问题及建议

×县典当金融服务部两个月业务经营发展的实践证明，典当的积极作用是不可置疑的。但其本身也存在着不容忽视的问题，亟待解决和改进。

1. 资金有限。不能广为社会提供资金支持，客观上制约了典当业的发展。这两家典当业自有资金只有20万元，资金力量薄弱，使许多业务被拒之门外，既不能满足顾客的需要，又影响了本身的收入，以存养当，虽是发展典当的有益措施，但社会游资有限，储蓄竞争激烈，单靠走这条路亦不能满足资金需求。从目前看，扩股倒是筹资的一条有效途径。

2. 技术人员缺乏，影响业务的开展。这两家典当金融服务部都没有专职经营典当、寄卖的技术人员，现有从业人员，都是新手。接洽一笔业务，往往要外请技术人员进行鉴别、估价，严重影响了业务的开展。除应尽快物色和培养懂得家用电器、家具的鉴别、估价，熟悉市场行情的专门人才外，还要提高全体人员的业务技能。

3. 条件差，场面小，缺乏必要的设施。两家典当服务部都没有配备必要的防潮、防虫蛀、防鼠咬设施的仓库，仅有三间门面，营业人员占去1/2，其余地方摆放物品，地方有限，许多业务因场面小而不能接纳。开业两个月来，上门咨询、洽谈业务的不少，成交的却不多。因此，建议尽快扩大仓容，配备必要的设施，以免坐失良机。

4. 典当手续不严格，使经营带有一定风险。在调查中，发现一些需经公证部门进行鉴证的业务却未进行鉴证。如个别的典当，全部签约手续只有一份准建证和协议书。这些手续上的漏洞，将会给典当资金的收回和瞒当的处理带来困难和风险。今后，对每笔典当业务都应按照制度和规定严格办理手续，不留漏洞。

典当业存在的社会经济基础

从一千余年来我国典当发展的兴衰中可以看到，小生产、自耕农和小手工业是典当业存在和发展的社会经济基础，只要有小生产者的存在，就有典当存在和发展的条件。我国尚处在社会主义初级阶段，生产社会化程度较低，商品经济和国内市场很不发达，自然经济和半自然经济占相当比重，这就为典当的生存提供了经济基础。就×县的情况看，乡镇企业村办、联户办、个体办的企业比较庞大，小商品经济发展活跃，但资金底子相对薄弱，一旦发生资金周转困难，就四处告借。典当业的存在不但为小商品生产者和经营者提供了一条新的融资途径，同时减轻了银行和信用社的压力，有利于专业银行集中资金力量保重点。

四、请将调查报告与散文、小说等文体进行比较，与计划、公文等文件比较，深入理解调查报告的语言要求平实、生动的特点。

第七章

消　息

XIAOXI

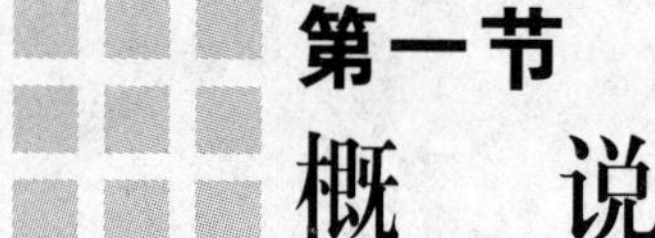

第一节 概　说

一、消息的含义

消息，有广义、狭义之分。前者泛指一切有关人、事的音信，无论巨细；后者则指新闻中一种使用得最为广泛的体裁。这里，主要研究狭义的新闻消息。

关于新闻（亦即消息）的定义，多年来众说纷纭，主要有：

商品说。"新闻是一种商品，由报纸分配，供给认识文字者消费，每日将新鲜的东西，送到市场上……以引起多数人士的注意。"（美国名记者李斯利·史蒂芬）

趣味说。"新闻是最近发生的、能引人兴味的事情。"（美国威斯康新闻学院教授白莱耶）

奇特说。"新闻是一种令人读了就会惊叫的事实。"（美国《太阳报》采访部主任查尔斯·戴奈）后从此说派生出"狗咬人不是新闻，人咬狗才是新闻"的说法。

典型意义说。"新闻是有共同兴趣、有典型意义的事实。"（前苏联《真理报》消息部主编哥捷夫）

目的说。“新闻是根据自己的使命对具有现实性的事实的报道和批判。”（日本新闻研究所所长小野秀雄）

另外还有邪恶说、写真说等。

在我国，新闻界、学术界对新闻的定义也有争议，主要有：

“新闻是新近发生的事实的报道。”（中共中央原宣传部部长陆定一）

“新闻是报纸、通讯社、广播电台、电视台等新闻机构对当前政治事件或社会事件所作的报道。”（《辞海》1979 年版）

“新闻是报道或评述最新的重要事实以影响舆论的特殊手段。”（人民大学教授甘惜分）

“新闻是新近变动的事实的传播。”（复旦大学教授王中）

以上四说各有独到之处。现在新闻界赞同第一种的人较多。但此说虽为大多数人士所首肯，如作进一步推敲，就会发现其内涵恰当，而外延则有不够确切之处。因为不是所有的“新近发生的事实的报道”都构成新闻，只有为大众所关心的、重要的事情，才能构成新闻。联系范长江对新闻的定义，“广大群众欲知、应知、而未知的重要事实”，再在陆定一同志的说法基础上作些补充，可能更完备些，即新闻是新近发生的、大众关心的、重要的事实的报道或传播。

二、消息的特点

消息是报纸上发表量最大、新闻特征最集中、时间性最强、拥有读者最多的一种体裁。在长期的实践中，形成了某些带有规律性的特点：

1. 用事实说话，真实为本。消息在传播信息时，写作者是决不用自己的观点来评论笔下的事件，而是客观地叙述事实，以此来反映生活，启发、感染、激励读者，起到扶正祛邪的作用。章末例文，全篇作者未用一字抨击官僚体制，可答案是明显的，“只有改革才是出路”，如果说文学靠形象塑造，哲学靠逻辑思辨，统计靠严谨的数字，那么，消息靠的是事实。

新闻必须真实，就是指事实要客观、准确，绝不能张冠李戴，更不能弄虚作假，无中生有。在新闻写作中，即使一个细节、一个数据，也要真实无误，不能搞“合理想象”，这是新闻的生命，也是新闻最重要的本质特点。

2. 迅速及时，讲究时效。新闻姓“新”，必须讲究时效。欧美新闻界所谓的“抢独家新闻”，就是指在新闻竞争中以时效取胜。新闻是“易碎品”，光明似箭，时效一过，新闻就不再成为新闻了。

3. 语言简明，饶有趣味。简短明了是消息的另一个突出特点，它是一种“电讯文体”，要求新闻工作者、消息的写作者将可有可无的字、句、段删去，言简意明，并且要饶有趣味、生动活泼、引人入胜。

4. 使用导语，结构独特。消息的结构与一般文章不同。它采用“倒金字塔”式的写法。把最主要的新闻事实放在第一段，这就是导语。然后是主体，交代事实的来龙去脉。这种写法，在各种文体中是极为独特的。

三、消息的作用

消息，作为色彩缤纷、日新月异的社会现实的最新反映，其意义和作用是广泛的和多方面的。主要是能够宣传党的方针政策和弘扬先进、兴利除弊并沟通情况、传播信息。

目前，欧美国家的舆论界，已将新闻看做与立法、行政、司法这三权相并立的第四权，即舆论监督权。可以断言，随着我国的改革开放不断地向纵深发展，各方面与国际接轨，新闻的作用必然会不断地显现。

四、新闻要素与新闻价值

传统的新闻观认为，一条完整、清晰的消息，必须具备五个要素，即何时、何地、何人、何事、何故。由于英语中，此五词（When、Where、Who、What、Why）第一个字母恰好都是“W”，故简称为“五 W”。如果时效允许，或事情发生的同时已有结果，则还要加上“何如”（How），所以这五 W—H 被称为消息的五大要素或六大要素。

至于新闻价值，是指消息的质量，指新闻工作者选择和衡量新闻的标准。一般说来，有这样几条构成了新闻价值的高低：人物的显赫、事情的奇特、事件的重要、地点的远近等。前两条，曾有一美国名记者做了异常生动的说明：“美国总统削苹果割破了手指就是新闻，而你从楼上掉下来摔断了腿却不是新闻。”但是，“如果你从五层楼上掉下来而只摔断一条腿，就是新闻了”。后两条则是指事件发生的程度。同样是地震，七级比五级更具新闻性；一样是龙卷风，当然风力越大其新闻价值越高。而这些事件，发生的地点离报社越近，就越要加以详细报道，反之则简。

第二节 消息的种类

现实生活是丰富多彩的，作为现实生活反映的消息，其体裁也是多样的。采用不同的划分标准，可有不同的种类。

根据篇幅，可分为长消息、短消息、简讯、标题新闻和一句话新闻等。

根据内容，可分为农业新闻、工业新闻、财经新闻、军事新闻、政治新闻、外事新闻、文教新闻、体育新闻、科技新闻、法制新闻和社会新闻等。

根据写作特点，又可以把新闻作如下分类：

一、动态消息

动态消息是指报道正在发生或新近发生的大大小小事件和人物活动的新闻。大可以是震惊世界的头等大事，小可以是在日常生活中涌现出的有意义的新鲜事物。反映面涉及各个领域，在数量上居于报纸的首位。

写作动态消息，一定要用事实说话，篇幅短小，简明扼要，要反映事物发展的动态节奏。例文二、例文三，均属动态消息。

二、综合消息

综合消息是把发生在不同地区或单位的，具有类似性质又各有特点的事件综合起来，从不同的侧面去阐明一个共同的主题，反映一个时期带有全局性的情况、成就、趋势、动向或问题。这种形式的消息总揽全局，声势较大。

如例文四，国际金融中心上海，不断应对挑战，奋起搏击国际金融危机。消息的作者将纷繁复杂的内容处理得层次分明、清晰充实。从上海经济一度被打入谷底到政府企业携手应对，终见曙光。时间上远近结合，由现状到措施，再到结果，情节险象环生，精彩纷呈，从而构成一篇有气势的报道。

综合消息，可以是对一个地区或部门做横断面的报道，也可以对一个时期内的某条战线做纵剖面的阐述，这就要求写作者要有较强的组织事实的能力。它在时效上的要求不如动态消息那么高。

三、经验消息

经验消息分为两类：一类是通过反映贯彻党的方针政策某一方面的典型成功经验，来指导面上工作的新闻报道。这种报道，要给人以启迪，使读者感到“隔行不隔理”，能从中汲取思想营养。例文五便是如此，把上海取得的引进项目建设史上新纪录的经验介绍给大家，这些经验对正在扩大开放的全国各地都有参考价值。人们读后，都会像报道中的领导一样感慨：“如果我们引进项目的速度都这样快就好了。”这是报道给人的鼓舞，使人生发的希望，也可以说是消息产生的积极宣传效果。另一类是人物消息，以消息的形式报道新闻人物，反映某个特定人物的思想和事迹，在报纸上运用也较为广泛。

四、述评消息

述评消息也称为新闻述评，是一种边述边评、夹叙夹议的新闻体裁。一方面报道国内外重大新闻事件或具有普遍意义的新闻事实；另一方面结合形势、动向，对事实进行分析和评论，揭示其本质意义，指明发展趋势，以指导现实斗争和工作实际。这是兼报道和评论两种作用的新闻形式。

写作述评消息，要注意议论应建立在充分叙述的基础上，必须紧扣新闻事实进行议论，叙事第一，议论第二，切忌颠倒两者的位置。而且，议论必须精当，不能空泛，最好还要有些理论色彩。

以上仅是大致分类。各类消息之间虽有区别，但并非相隔高墙，要是认为它们之间壁垒分明，未免失之机械。任何绝对化、模式化的做法都是有害的。

第三节 消息的结构和写法

一、标题

“题好文一半”，消息更是这样。标题是消息的眉目，是消息的精粹所在，是给读者的第一印象。第一印象的效果直接影响消息的传播。标题起得好，犹如画龙点睛，可以使新闻大为生色。往往有这种情况，消息的具体内容可能被遗忘，但其标题，却长久地留在人们心头。

（一）标题的作用

一份报纸少则四版，多则数百版，一般读者不可能从头看到尾，这就需要找个“向导”作介绍。标题则承担这一任务，它用极精练的文字提示消息中最主要或最值得注意的内容。常有因标题未拟好，致使稿件未能发挥作用之事产生。最典型的事例当是北京市委为天安门广场的“四五”事件平反的报道。最初发布这消息的是北京的一家报纸，报道未在标题中作提示，致使其淹没在一般的会议报道中而未受读者重视，直到新华社为其单发了消息，并拟了醒目的标题，才在全国引起了强烈反响。

此外，标题对新闻事件作不同的角度取舍，是对事件作不露痕迹的评论。比如，受灾后的收成报道，“损失了70%”和“夺回了30%”是一回事，都没有背离“用事实说话”的原则。但体现在标题上，则表示了作者不同的态度、观点和立场，也给读者以不同的感受。

此外，标题还可以起到活泼版面的作用。

（二）标题的结构及制作

消息的标题通常是一个完整的句子。与一般文章相比，具有多行性和层次性的特点。任何一张报纸上所刊载的消息，往往有不止一行的标题。各行标题所用的铅字的字体和字号也各不相同。其间，标在中间，字形最大的一行为“正题”（亦称“主题”），作用在于揭示消息的主要事实或主要意义。标在“正题”之上的题目称“引题”（亦称“眉题”或“肩题”），其作用是引出“正题”之意，主要在于渲染消息的精神实质、现实意义，提示消息的内容要点、新闻来源、行为主体，或是该条消息之所以能产生的原因、条件和背景等。排印在正题之下的标题叫“辅题”（或称“副题”、“子题”），是对正题的说明或补充：如果正题只标出主要事实，那么副题则补充次要事实；如果正题只标出正在发生什么事，那么副题则是补充说明事情的结果；如果正题表述的事实极为概括或只是一种观点，那么副题则用具体事实作注解或诠释。

引题与副题相比，前者务虚，对内容作有力渲染；后者务实，对内容作准确表述。

这三种标题的不同组合，可以产生三类四种不同的结构形式：

1. 单行标题。即只有正题。将全篇消息中最主要的事实作高度概括，是全文的精华之所在。要求简明具体，醒目易记。本章后列的例文二即属此类。

2. 双行标题。即由引题与正题或正题与副题组成的这样两种形式的标题。两行标题虚实结合，互为补充。引题对正题从事、情、理三方面作引导渲染；副题则对正题作补充、印证和注释。

3. 三行标题。即是由三种标题共同组成，这种形式的标题一般用于较为重大的新闻。三种标题各司其职，显得有声势，读过题目，便可了解全篇基本内容。

制作后两种形式的标题，要注意彼此间的逻辑关系，不能把无关的事硬凑入一个标题内。另外，有的单行标题是个长句，被分成两行出现在版面上，不要误认为是双行标题。

新闻标题的措辞要在紧扣消息内容的前提下，力求准确鲜明，新颖别致，文字精练而富有概括力。例如，同样是一则报道某地离休老干部积极参加植树造林活动的新闻，直陈其事地用《某地老干部积极参加植树造林活动受到人民群众热烈赞扬》之类的标题，显得平淡呆板。如用《革命长者不服老　竞放余热谱新篇》为题，又显得空泛一点，相比之下，以《白发长者，绿化祖国，造福后代——某地老干部积极参加植树造林活动》为题则显得既实在而又有文采。

撰写消息标题还可以充分使用文字修辞手法，诸如对偶、排比、顶真、回文等，使标题增加色彩，增强吸引力。

二、导语

导语是新闻特有的结构术语，是指以简练生动的文字表述新闻事件中最重要的内容并且能吸引读者注意力的开头部分。一般是消息的第一自然段或第一句话，是全文的精华。即古人所谓“立片言而居要，乃一篇之警策”之意。

在消息的写作中，导语处于特殊地位，它常常囊括了消息的新闻要素，并担负着吸引读者的重任。写导语，要严加提炼，既要短，又要生动，使读者能够一目了然，引起阅读的兴趣，这就给写作导语提出了很高的要求。导语最能显示消息写作者的才华。

（一）导语的种类

为了使导语精彩醒目，发挥引人入胜的作用，可以而且必须根据不同的稿件内容采取多种多样的写法。

从导语所能表达的内容及其体式来说，常见的有以下几种：

1. 叙述式。叙述式的特点是用概述的方法，简明扼要、开门见山地把消息中最重要、最新鲜的事实写在消息的最前面，给人以一个总的印象。

这种叙述可以把消息诸要素加以概括、归纳，浓缩成一两句话表示出来。如例文四。

也可以用凝练的语言摘取消息中的主要内容，通常是数据或有可对比性的事例。如例文二、例文三。

或者一开头就把某项科研生产的新成果，某些工作的突出成就或某个获得了圆满解决问题的情形，用三言两语“和盘托出”，使人耳目一新，从而引起人们追根溯源的欲望。

叙述式导语大致上可以分为上述三种。在多数情况下，消息采用叙述式。虽然它不一定生动，但使用方便，也适合初学者学习、掌握。

2. 议论式。有些新闻事实，其意义不是一眼可以看出的，写作者常常在导语中作些画龙点睛的议论，以突出新闻事实的意义，升华消息的主题思想，从而唤起读者的注意。

这种议论可以是提问，即修辞手法中的设问在导语写作中的运用，把读者心中存在的问题，用提问的方式写在开头，设置悬念，而后用事实加以说明，让读者跟着文章去追根寻源，如例文一。

也可先对报道的事实或问题作些评论或结论，然后在主体部分叙述，说明这一结论是如何得出的。评论或结论可由写作者作出，也可借文中人物或有关机构作出。写法上通常是在开头概述最重要的事实之后，立即对这一事实发表评论，作出判断，把新闻事实的意义表述得更为明确肯定。如：

今天，新中国颁布的第一部专利法正式生效了。从此，脑力劳动成果被无偿占用的历史在我国宣告结束。（新华社北京 1985 年 4 月 1 日电）

议论式导语有一定的选用范围，一般说来，报道方针政策贯彻执行的新情况、新经验、新问题和反映四化建设中各方面取得重要成就时，运用这种导语的机会要多些。评述性消息、经验性消息中这类导语亦不少。这种导语如果运用得当，所阐述的观点又比较新颖、精辟，就能带来好的效果，增加新闻的指导性；如果运用失当，往往会产生因喋喋饶舌、咄咄逼人而遭到厌弃。故一定要慎重使用，要注意场合，切勿过滥。

3. 描写式。对消息的主要事实或事实的某个有意义的侧面，在文首做简练而有特色的描写，为读者提供一个形象、一种情景，使读者一开始就感受到某种强烈的气氛，产生如临其境的现场感。如：

烛光飘摇，人影浮动。昨天下午二时许沪南地区停电，上海著名商业街淮海中路上百家大小商店，在潇潇春雨中齐齐点上了一支支蜡烛。烛影飘摇，这条向以店堂敞亮、商品丰富著称的商业街，顿时换了种少见的朦胧景象，街声亦低了下来。（原载 1990 年 2 月 22 日《新民晚报》）

上引的是现场描写，根据介绍对象的不同，还有人物描写和事物描写。一般说来，描写式导语在人物走访和现场目击式的报道中使用较多。而在经验性消息和会议消息中很少使用。总之要根据具体情况行事，不要生硬搬用，也不要滥用。只有在确实可以使新闻生色的情况下，才可采用，而且要简练，运用白描勾勒，一落笔就接触到被描写的事物，不宜运用太多的华丽辞藻。“有真意，去粉饰，少做作，勿卖弄”，同样是其原则。

（二）如何写好导语

精彩的导语，应该从消息的内容中去寻找。构思导语，可以沿着这样的思考途径对新闻素材进行再认识：什么事情是这条消息中最重要、最精彩的部分？核心是什么？什么人参与？干了什么，讲了什么？用何种手法最能有效地吸引读者？能把这几个问题想清楚，精彩的导语就有可能出现在笔下了。

由于导语制作不易，在写作中容易流于空泛冗长和公式化，要制作好导语，还需注意：

1. 提倡变化、翻新。前文将导语分类，对于初学者来说，是必要的。但实践证明，如在写作中硬套"××式"，头脑中先有框框，往往是失败之作。事实上，现在欧美报上的导语，别出心裁，独树一帜，已经打破了固有的形式格局，呈现了五彩缤纷的面貌。我国新闻界亦在从事这方面的尝试。如本章例文五的导语，就颇为新颖，不落俗套。

2. 要实在，忌空泛。导语内容空而不实，是致命伤。诸如"收到一定成效"、"蔚然成风"、"取得丰硕成果"、"获得人们好评"、"受到群众赞扬"的字眼，一直是导语的"座上客"，这样写尽管省心顺手，但内容空泛，很难影响读者。因为内容越空，就离具体事物越远，给人留下的印象也就越浅。所以一定要具体实在，言之有物，才有说服力。

3. 精练简洁。优秀的作品与简明易读是不能分开的，导语尤其如此。以往西方新闻界曾经要求一条导语最多不得超过 27 个词，最近甚至主张还要简短。写进导语的专门名词不能多，少附事实和细节，不要堆砌数字。总之，干净利落，要言不烦，最好能一口气念完。

三、主体

主体是消息的躯干、消息的展开部分。导语开宗明义之后，主体便进一步叙述。由于背景和结尾不是非有不可的，故在相当多的情况下，一则消息只是由标题、导语和主体组成。如果是简讯，一句话新闻，则可将其视做仅有导语。

一篇消息，总要陈述和阐明一个主题。通常，导语体现新闻主题的主要事实，而主体则用具体事实对主题进行阐明、表述。新闻主体，顾名思义是阐述新闻内容的主要部分，它对反映主题思想具有关键性的作用。用足够的、典型的、有说服力的具体事实，正确、深刻而又生动地表现新闻主题，是主体的任务。

主体部分对新闻主题的表述和发挥，实际上也就是对导语内容的展开与补充。导语的内容借助于一连串材料而获得具体的说明和注释，从而更加清晰，新闻的诸要素更为详尽，并可补充导语中未涉及的新闻内容，说明事件的来龙去脉，使消息更为充实饱满，更为生色。

（一）主体部分常见的结构形式

1. 按重要程度先后有序地组织材料。这就是通常所说的"倒金字塔"结构。金字塔下大而重，上小而轻，倒则反之，意即按照新闻事件内容的重要程度或读者关心程度先主后次地安排材料，叙述次序不受事件发生、发展顺序的束缚，是消息写作中最常见的手法。这种写法，符合现代化的阅读节奏，也便于编辑安排版面。

2. 按事件发展的时间顺序组织材料。按事情发生的先后顺序来组织材料，排列层次，也是消息主体部分常用的结构形式。在时间跨度小的消息中常被采用。有些报道突发性事件的消息，例如美国总统被刺的新闻，每段开头干脆标明时间，让读者一目了然地看到事件的发生、发展过程。这种形式，适用于内容复杂但线条单一的消息。

3. 按逻辑顺序组织材料。经验性消息较多根据事物的内在联系或问题的逻辑关系来组织材料，安排段落结构。每个段落或是因果关系，或是递进关系，或是主从关系，或是并列关系，等等。采用这种结构，有利于反映出事物内在发展规律，揭示出事物的本质特点和意义，因而有较强的说服力。但要注意防止把互不相干的事生拉硬扯在一起，而应力求按事实的逻辑来安排材料。

上述只是大致划分，重要的是灵活运用，不能拘泥成法。而且，要进一步突破模式，勇于创新，向散文化方向发展。

（二）主体部分的写作要求

1. 材料集中，观点突出。要围绕主题精选材料，不要庞杂堆砌。内容充实，材料具体，表现主题才能有力。当然所谓充实、具体，并非要求包罗万象，而是要求精粹、典型，能够集中地说明问题。围绕主题精选材料，使观点与材料统一起来，这正是消息能否写得鲜明有力的关键。例文一当是这方面的典范。

2. 层次分明，分段恰当。层次是文章展开的步骤。一篇消息围绕一个主题往往要阐明多层意思，每层意思就是一个层次。

在层次安排中，要避免意思纠缠、线索不明、叙事缺漏或前后重复等种种毛病，首先要在材料分析上下工夫。对材料所体现的思想意义认识得愈深刻，反映在结构层次上便愈清晰。其次，要使文章层次分明，在一定程度上还得借助于正确的分段。如果段落分得太粗，包含的意思太多，难免使人感到内容庞杂、层次不清、冗长平淡。如果把一长段文字分成三小段来叙述，使读者感到每读一段都得到一些东西，“重新开始”了三次，就会更容易读下去。段落短应该是新闻写作的一个特点。

3. 要有点波澜。“文似看山不喜平”，消息亦然。刘熙载在《艺概》中说的“长篇宜横铺，不然则力单；短篇则纡折，不然则味薄”，对于作为短文章的消息来说，颇具参考价值。

消息是纪实文体，要求客观地用事实说话，强调朴实简练，开门见山。通常不能像小说、戏剧那样曲折起伏，变化多端，但还是可以用些办法来“制造”波澜的。

办法之一是适当运用倒叙、插叙。灵活地用不同的叙述手法，有助于避免结构平淡，行文呆板。

办法之二是要有点转折起伏。内容安排上无论是欲扬先抑，还是欲抑先扬，都能使文章增加波澜，结构多姿。古人所言“一转一境，变化无穷”，“一转一深，一深一妙”即是此意。（见刘熙载《艺概》）

办法之三是多求变化。一篇消息，如果成为一堆事例的铺陈，段落模样彼此差不多，句型上下相仿，就显得刻板、沉闷、单调。所以要在文中力求跌宕，有长句，也有短句；有单句，也有复句；有陈述句、判断句，也有疑问句、对偶句、排比句等。句子的语法结构和具体格式也要有些变化，并借助于修辞手段使之更为活泼灵动。

文章要生动多姿，就得靠这些变化。例文四在这方面提供了不少值得借鉴、学习的地方。

四、结尾

在消息的布局中，结尾的地位并非举足轻重。多数消息是不用结尾的，因为新闻要求用事实说话，摆完事实通常也讲完了道理。因此一般不必点题作结。硬要点题，往往反而落个画蛇添足。另外，从新闻要短的要求来看，不写或少写结尾，有利于节奏明快、文体简约。如例文一、例文二均属此类。

当然，消息不必都有结尾，也并非不能有结尾。有些故事性强、情节复杂或人情味较浓的稿件，常常高潮在后，这就需要结尾了。故消息虽然大都不必有结尾，但当需要时却必须写好结尾，掌握好有关的技巧也是顺理成章之事。

消息的结尾自然也是多种多样的。除了应达到遒劲有力、含意不尽等对文章结尾的共同要求外，从一些优秀的新闻作品中，还可以总结出以下几点：

1. 紧扣事实不空泛。消息既然是报道事实，它的结尾自然也不能离开事实。这点看似容易，但往往被忽略。多年来，我们的报纸充塞着空话和套话，至今犹有痕迹。结尾中爱用比较原则的话，给人以空泛的感觉，缺乏说服力。只有立足于事实，才能克服这个毛病。

2. 增添信息不重复。在消息中，一个事实或一个观点，只能出现一次。再次出现时就要有新的信息和意境。所以消息的结尾不宜单纯地重复已述的事实和观点，而应成为事实报道的一个有机的组成部分，以增加新闻的信息量。如例文三。

3. 启发诱导不说教。新闻不能说教，要按新闻的规律办事——让事实说话，不要在结尾上把自己的观点硬“灌”给读者。不要强加于人，更不要教训人。如果有什么道理要讲，则要让读者感到平易近人，有亲切感。

五、背景

消息是报道新鲜事物的，而新的事物对人们来说往往是生疏的，这就需要有必要的说明和解释。新闻背景就是引用有关新闻事件的历史和环境的材料，来说明和解释新闻。背景也是一种事实，虽不属于新闻事实本身，却是可以用来衬托和说明新闻事实的，使消息呈现“立体形态”。在相当多的新闻稿内，通过背景的烘托、对比，可以不露痕迹地透露作者的观点、见解。

新闻中的背景材料按其性质可分以下三种：

1. 对比性材料。即对事物进行今昔、正反、左右的比较，从比较中突出事物的重要意义，深化消息主题。例如在宣告人类已消灭了天花的消息中，介绍以往天花猖獗、危害人类的记载。

2. 说明性材料。介绍新闻事实的政治背景、历史状况、地理环境、物质条件等材料，以说明事物出现的原因、条件、环境，帮助读者更好地理解消息内容。如一些军事新闻，在报道双方争夺战略要地时，顺便交代一下该要地的概况、历史沿革等。

3. 注释性材料。对新闻事件中不易为大多数读者理解的内容或概念，诸如人物身份、专用术语、历史典故、风俗人情等，加以适当的解释。如有一条报道埃及开始整修金字塔的消息。末了说："该工程耗费400万埃镑（约合190万美元），需一年时间才能完成。"其中将埃镑折合为美元，便是一种注释。由于美元具有更大的国际通用性，人们据此就能对该工程的造价获得更加明确的印象。

并非每则消息都有背景介绍。只有当背景材料有利于突出消息的主要事实、深化消息的主题时，才有运用的必要。而且，背景材料对于新闻事实来说，只能处于辅助地位，不能喧宾夺主。绝不允许因为渲染背景而淹没了作为主体的新闻事实。

消息中并无固定的"背景段落"位置。背景材料散见于标题、导语、主体和结尾之中，是融化在全篇内的。

第四节 消息写作要求

一、深入实际，留心观察，及时捕捉

新闻报道涉及的领域是极为广阔的，可以说是无所不包。故报道者必须深入实际，留心观察周围的事物，扩大知识面，才能胜任自己的工作。另外，一定要具备"新闻眼"、"新闻鼻"，一旦发现了具有新闻价值的消息，立即捕捉，予以报道。只有深入实际、经常留心观察的人，才能具备这样的素养。

消息的写作者不但要能够及时抓住生活的闪光点，还要练就"倚马可待"的写作本领，才能在新闻竞争中以时效取胜。

二、尊重事实，忠于事实

进行新闻写作，最基本、最高层的原则是真实。一切尊重事实，确认事实的权威。只有忠于事实，才能忠于真理。

消息不是文学作品，不允许有丝毫的虚构。不但整篇，就是细节，也不能"合理想象"，要做扎扎实实的调查，以事实为准绳，把握住新闻的生命线——真实。

三、语言简洁，在平实中求生动

新闻贵实，包括内容充实和语言朴实这两层含义。在此基础上，追求语言的活泼、新鲜、生动，才能更有意义。必须摒弃那种充满了陈言、浮言、套话、大话的新闻报

道，代之以群众喜闻乐见的形式、语言。如有篇报道铁路员工走向市场、改善服务态度的消息，写作者并没有袭用某些常见的套话，诸如“十分感动”、“交口称赞”、“纷纷来信表扬”之类，而是如实地引用了一句群众的口语：“‘铁老大’变成‘铁哥们’啦!”这就显得亲切生动了。

新闻语言要想新鲜活泼、简洁生动，离不开对新闻稿的反复推敲、修改。如能经常从以下几个方面去思考，当有所长进：意思说清楚没有？意到即止，文字能否再简洁些？一个字也不多要，表达能否再浅显些？不摆“新闻架势”吓人。

四、结构紧凑，言简意赅

文章长短以内容需要而做取舍，如量体裁衣。作为新闻体裁，应如体操运动员，宜穿紧身衣，方能体现肌体的健美。

消息要短小精练，这是新闻写作的又一基本要求。

短新闻有利于提供更多的信息，扩大报道领域，又能使报纸版面显得生动活泼。读者一般不爱看长新闻。

[例文一]

本市金融界有关人士建议
应当让国库券上市流通
第一步可先由银行开办委托代理国库券买卖业务

“国库券能不能上市流通?”这是人们普遍关心的问题。

日前，本市金融界有关人士对记者说，国库券上市买卖，国家无需拿出钱来就可以办好这件事，如果上海能在这方面先行改革，这将是一件利国利民的大好事。

近几年来，我国发行了国库券、债券和股票，其中最受市民欢迎的是股票和各类债券。今年9月8日，工商银行静安证券业务部代理发行上海飞乐股份有限公司60万元股票，出现了数千市民通宵排队争购“飞乐”股票的盛况。工商银行、建设银行、交通银行发行的各类债券，市民也踊跃争购。唯独国家每年发行的国库券，尽管发行期限从10年缩短到5年，年息从8%提高到9%和10%，但购买者往往兴趣不大。实际上，目前发行的5年期国库券是信誉最高、无风险的债券，到期稳拿本金和利息；国库券利率不算低，购买1986年、1987年100元面值的国库券，5年到期可得利息50元，比在工商银行存5年定期储蓄所得利息还要多。

据了解，国外发行的各类债券都能上市买卖，由于国库券不能上市流通，缺乏吸引力，市民认购后就是一笔“死钱”，以致出现了非法倒卖国库券的黑市市场。本市虬江路黑市市场大致是“六进七出”，即100元面值的国库券，票贩子用60元现金买进，再转手用70元或75元的价格卖出；一进一出，加上未兑现的利息，持有者至少损失一半，而票贩子可赚10~15元。

今年9月，本市的工商银行机构开办了国库券贴现业务。允许1985年国库券可以贴现，100元面值的国库券，银行9月份贴现价为81.25元，10月份为83.12元，11月份为85元。已经购买了两年国库券的市民，两年多利息损失不算，还要少拿10多元。因此，贴现者寥寥无几。

金融界有关行家建议让国库券上市流通。他们认为，这样做有五个好处：一可以重新树立国库券的威信，把它的价值充分体现出来，有利于今后国库券的发行工作；二将使国库券的黑市市场难以存在；三有利于改变目前证券柜台交易债券、股票“有行无市”的局面；四逐步为中央银行调剂货币流通创造一些基本条件；五通过代理国库券买卖，银行能收取转让手续费，为国家增加收入。

他们建议，本市银行可先开办委托代理国库券买卖业务。以目前国家规定可贴现的1985年国库券来说，银行以国库券的面值价或高于面值价作为上市挂牌价。以100元面值国库券为例，如上市价定为100元，转让者损失2年零4个月利息21元，而购买者只花了不到3年时间就可得5年利息，投资100元，获利45元，平均每年利息超过15%，比上海石化总厂发行的3年期债券利息等都要高；如按110元挂牌转让，转让者只损失11元，而购买者仍可得利息35元，平均年利息12%左右。这样转让者乐意，对购买者也有相当大的吸引力。

（1987年11月22日　原载上海《文汇报》）

[简析]

新闻报道最可贵的是反映出人民的心声。对记者的一大考验是：是否敢开“第一腔”。此文做到了这一点。读者中多数是国库券购买者，当读到这篇报道的时候，都会表示赞成并为之叫好；而在国库券已经实现上市流通的今天，再回头来看这篇报道，就更认识到此文的见识和气魄以及报道的难能可贵。

此文侧重在就事论理、论证“应当”两字。作者先提出一个发人深思的问题：国库券利率高、信誉好、无风险，但购买者“兴趣不大”，却对一些企业股票“排队争购”，其原因是因为国库券不能上市流通，成了“死钱”！而且，实际上国库券在黑市流通，使票贩赚大钱，群众吃了亏。然后再说专家的看法、建议，提出“上市流通”的第一步从哪里做起，怎样做。谁读完了，都会觉得确实“应当”，是个利国利民又切实可行的好建议。

一件群众心里有但口中无，希望加以改变但不知怎么来做的事，记者通过调查了解、采访专家、提出建议、公之于报端，其影响如何，是不言而喻的。

[例文二]

上海国库券交易市场开市大吉

上海最大的证券交易点——静安证券业务部，21日第一天国库券交易开市大吉。国库券交易活跃，价格看好，全天成交52笔26 200多元。这天，上海国库券交易在全市8

家证券业务点同时开市，共成交213笔，金额达6.3万元。

静安证券业务部9时开门营业，人们一拥而入出乎预料，要求购进人数大大超过售出的人数，于是国库券价格一升再升。开市不久，一位顾客1985年面值100元的国库券以104元成交，以后顾客委托卖出价节节上升，1985年100元面值国库券的委托价106元、108元……直至上午10时升到112元才开始成交。至收盘时，1985年100元面值国库券的最高成交价达108元，最高委托卖价112元。

此间金融界人士认为，国库券交易开市第二天，价格坚挺，交易活跃，说明国库券在一天之间就正了名，成为人们信得过的债券。

上海有关部门强调国库券买卖必须通过人民银行指定的中介机构进行，不得进行私下交易，但是，直至下午6点钟，静安证券业务部门外还聚集了几十人，有的在进行非法交易。金融界人士希望工商行政管理等部门配合，搞好有价证券的市场管理。

（原载1988年4月22日《经济日报》）

[例文三]

吞吐各地证券　迎送海外行家
上海形成全国证券交易中心
去年交易达8亿元，占全国交易总量一半

茅盾小说《子夜》中描写的热闹的证券交易场面，又在上海重新出现了。去年上海的证券交易量高达8亿元，占全国交易总量的50%。最近北京有关部门对各地证券市场做了调查考察，认为上海是名副其实的全国证券交易中心。

这是本月12日在市人民银行召开的上海海通、万国、静安等7家证券“巨头”座谈会上传出的消息。

上海的证券市场目前有30个证券交易机构，有国库券、企业债券、股票等26个证券品种，实力较强。交易价格采取随行就市的管理办法以后，交易人从时间差和地区差中得利增大，这就迅速吸引了全国各地的证券向上海“靠拢”。以上市的1985年、1986年国库券为例，上海市民个人认购总数仅4亿多元，而去年市场交易却高达7.6亿元。据最保守的估计，一年就“吞”进各地国库券3亿多元。

上海证券市场既可“吞”，又可“吐”。本市为筹集建设资金而发行各种企业债券时，全国有十多个省市派人来沪联系购买，上海的石化企业债券就向邻近的江浙两省和遥远的新疆“吐”出3 000万元。去年，北京也从上海证券市场买去300万元国库券，充实北京证券交易。在上海证券市场上，除了有专程赶到上海买证券的外地客人外，还有一些外籍华人。一位英籍华人一下子买进40万元人民币的企业债券。

去年，在市场普遍疲软的情况下，上海证券市场的交易却“大出风头”，交易量比1988年猛增1.63倍。其中，最高日成交量520万元，比1988年增4倍。国库券交易，不到两年已累计成交突破10亿元，创全国交易之最。今年新年伊始，上海各证券交易柜台前“长龙”不断，第一个交易日就创成交50万元的纪录。一些证券交易所里人群

拥挤，以致冬天开了吊扇通风，铁门也无法关上。

一位证券行家告诉记者说，他几乎成了“外交官”，来自美、英、日、苏、加拿大、挪威等30个国家的300多批，约千名银行家、学者、政府官员以及记者，陆续来上海证券市场观光。有100多家外国报刊、电台、电视台报道了上海交易证券的情况。日本大阪证券取引所还饶有兴趣地提出与上海合作的意向。美国的一位大证券商观看后笑着说：“除了营业柜上少了一个经纪人，和我们基本一样。”

（原载1990年1月14日《解放日报》，选用时略作删改）

[简析]

曾有专家认为，大学要设新闻专业，如无新闻系，最好将其放在历史系而不是中文系。因为历史是曾经发生的新闻，而新闻是正在发生的历史。

这两则消息虽非得奖作品，却恰是印证了这一点，是我国证券业从无到有、从小到大的历史见证。从其反映的内容，结合今天的现实，可以看出，刚开始交易时，日成交金额仅6.3万元，两年累计成交10亿元。如今，仅上海、深圳两地的股票交易量，日成交金额就达几十亿元、上百亿甚至数百亿元。通过这两则消息记载，说明我国证券业在十年内取得了何等迅猛的发展。

在写作上也颇具特色，都是三言两语就勾勒出事件的轮廓，交代了大量的信息。而二、三两例更是在不长的篇幅中设计了增添事实的结尾。值得初学消息习作者研究。

[例文四]

危机中，破浪前行——上海市奋力搏击国际金融危机纪实

上海人说，感谢中央正确决策，也“感谢”国际金融危机——它增强了上海的雄心、勇气和中国经济排头兵的使命感。狭路相逢勇者胜，上海不仅没被危机吓倒，反而愈战愈勇了。

长江、东海；江水浩荡、海浪滔天。怀揣长江入海口，经受江水、海浪双重洗礼的上海，造就了敢于和善于追风逐浪的经济品格。

当百年一遇的国际金融危机排山倒海般袭来，挺立在中国经济巨轮船头的上海，首当其冲，迎风逐浪，奋力搏击，取得了企稳回暖的新转机，收获了搏击金融海啸的新经验。

从“排头兵”到“殿后军”，上海经济一度被打入谷底

始于去年下半年，直至2009年第一季度，“下降”一词一直与上海经济如影随形。

即使到2009年年中，上海GDP增速5.6%，横比在全国殿后，纵比创1990年浦东开发开放以来的同期最低；13个主要工业行业中，5个增长8个负增长；进出口总额大降23.5%。从2008年1月到10月，上证综指下降3 800多点，约13万亿元的沪市市值蒸发……

从市域经济到微观企业，从制造业到金融业、航运业，上海都承受着强烈的冲击

波，形成了巨大的啸灾。更可怕的是“下降”原因的复杂性、啸灾后果的严重性。

不可讳言，在国内，上海的全球化程度相对最高，即使成为重灾区，也在情理之中。同时，上海经济界人士还在思考另一个具体而抽象的问题：如果没有金融海啸，“英特尔内迁现象”就不会发生吗?

2009年2月，世界最大芯片制造商美国英特尔公司宣布，将在12个月内关闭设在上海外高桥保税区的英特尔产品（上海）有限公司，它将向中西部搬迁。这一新闻引起了上海方方面面的深刻思考。

“这更明白地告诉我们，上海遇到的困难不仅仅来自于金融危机，还来自于自身经济结构到了转型升级的关键时期，再加上由此引发的一些社会矛盾也积累到了集中发生期。可以说是‘三碰头’原因造成了目前的困难。”上海市政府发展研究中心主任周振华这样分析。以英特尔为例，它在上海建厂已14年，加工贸易在一个地区的生存期一般为10到15年。诸如此类的外迁，短期内又必然给上海经济雪上加霜。

16年来，上海经济增长的速度一直是令人骄傲的“两位数”，上海也一直是企业家的乐园。“排头兵”的地位如何才能保持？在全国经济中的影响力和带动力如何才能体现？在全球化浪潮中的竞争力如何才能提升？民生条件如何才能继续改善？上海必须作出回答。

海啸夹着沙石一同袭来，中共中央政治局委员、上海市委书记俞正声频频走进社区，走进企业，走进媒体，以多种方式与市民沟通。面对啸灾，他常说三句话：一是“在预料之中”，不必惊慌；二是“要实事求是”，实事求是的情况、实事求是的态度，更要有实事求是的措施；三是“要分秒必争”，应对措施要快、准、稳、实。风疾练劲兵，啸狂显船坚。上海发出了不屈的声音。

正如上海市发展改革委副主任肖林所说，困难当然是巨大的！但最重要的是面对困难的态度、决策和作为。“要找到适合上海的战法，打出上海搏击战的气势。”他形象地比喻。“我也知道短期里外销上不去。但是，要我转内销，哪里来得及。我手机上的客户号码90%以上是欧美客户，内销伙伴少得很，没有渠道、没有信息，我怎么转内销？但是，机器还要转，工人工资还要发，我怎么办?”上海盛仪服装公司老板潘飙说。潘先生的困难具有代表性，他饱尝过全球化的甘甜，此刻，也尝到全球化的苦痛。

据了解，上海的外贸依存度最高达160%以上，30%的工业品直接面向海外市场，20%间接面向海外市场。海外市场萎缩、结构矛盾加剧、社会矛盾积聚——“三碰头”的困难，几乎交织在一起，如果日积月累，会形成负面的放大效应和融合效应，“如果掉进这样的陷阱，那才可怕!”上海交通大学上海高级金融学院费方域教授做了一番国际国内分析对比后如是说。

看来，“单打一”无法搏击金融海啸。

上海打的是一场攻防兼备、现代立体的金融海啸搏击战。

六大战场齐展开，立体攻防踏浪行

6月底，上海的一些重要经济指标发出了积极好转信号。比如，二产增加值、规模以上工业企业利润总额、地方财政收入、高新技术产品出口额等指标的跌幅都已明显收窄；又比如，6月份工业增加值增长2.4%，出现连续7个月下降后的首次增长；还有，上半年的外商直接投资实到资金、上证所股票成交额、金融业增加值、房地产业增加值、社会消费品零售总额等数据都同比增长明显；民生方面，6大保障性住房新开工面积达180万平方米，新增就业岗位32.3万个，上海市高校毕业生7月初就业率达到85%。

上海摆开的是六大战场，以结构调整作为主攻方向，立足社会、民生、经济的多重目的，吸收国际国内的多维视角，攻防兼备力踏狂啸，化危为机力争突破。筹办世博会、加快推进国际经济、金融、贸易、航运“四个中心”建设、大力推进高新技术产业化、东建大浦东新区、西建大虹桥商务区、推动迪斯尼项目落户于沪。随着金融危机的形势日益明朗，上海市委、市政府的政策更加集中，方向非常明确。

世博筹办，位列上海市“四保”（保增长、保民生、保稳定、保世博筹办有序进行）之中。300多天前，上海就开始了迎世博600天行动计划，其间金融海啸爆发，外部的参展工作、内部的场馆建设工作都面临严重的考验。但是，世博工作一刻也没落下，只加强不削弱，拆迁、新建、配套、宣传……一切有条不紊地向前推进。不久前，市委副书记、市长韩正宣布，600天计划“实现了时间过半，进度超半，效果明显”。上海牢记着胡锦涛总书记的嘱托：办好世博会，是实现科学发展的重要契机，也是今后一个时期发展的重要推动力。是的，世博筹办对上海而言简直是“雪中送炭”、“浪底送帆”，上海市“想方设法放大世博效应”。的确，这个战场简直成了高新技术产业化的理想摇篮。

当华尔街等世界各大金融中心深陷危机之时，上海建设国际金融中心、国际航运中心的序幕大张旗鼓地拉开。

2008年12月，上海市人社局、金融办联合组织27家金融机构，拿出170多个中高端职位，远赴纽约、芝加哥、伦敦等金融中心，逆势招聘海外高级金融人才，在全球开展了一场“反海啸行动”，4 432人前来参加面试，840人达成初步意向，仅带回的简历就有150多公斤。

国际金融中心建设的启动虽然只有几个月，但是，却取得了实质性的进展。7月6日，跨境贸易人民币结算试点启动，首单花落上海；8月1日，上海第一个涉及金融中心建设的法规《上海市推进国际金融中心建设条例》正式实施，国际金融中心的建设从政策层面转向了法制轨道。该条例第一次以法的形式，对上海国际金融中心的空间雏形进行了勾勒，即“一城、一带、一片、一面”的空间布局，“一城”即“陆家嘴金融城”，“一带”即“外滩金融聚集带”，“一片”即一些金融信息服务产业区和洋山保税港区等专业性金融聚集区；“一面”即分散于各区的金融聚集区，如南京西路金融机构聚集区域等。同时，对金融创新给予极大的鼓励。

上海的金融创新此起彼伏，接连不断。为了解决小企业融资难问题，上海先期推动了小额贷款公司的建设，8月，又推出了“网络融资”的新尝试，小企业无须抵押，仅凭信用就可以担保。为了降低银行的风险，上海市政府、中国建设银行、阿里巴巴三方每家出资2 000万元，建立了“风险池”，为小企业融资损失方给予补偿，以鼓励更多银行服务小企业。与此同时，第一个金融产业基金也在上海建立，募集总规模达200亿元，为金融企业进行并购等服务。国际金融中心所特有的先行先试风生水起。

从正式酝酿国际金融中心、国际航运中心，上海整整准备了20年。上海人说，感谢中央英明决策，也“感谢”金融海啸——它增强了上海的雄心、勇气和中国经济排头兵的使命感。狭路相逢勇者胜，上海不仅没被海啸吓倒，反而愈战愈勇了。

“浦东再出发”、“上海再出发”。2009年5月6日国务院批准原南汇区并入浦东新区。浦东由此扩大到1 210平方公里，占上海的近1/5。这块曾经带领上海经济步入了一个辉煌时代的热土，成了国际金融中心建设、国际航运中心建设、先进制造业、现代服务业的主战场，同时也是世博会的主场。浦东新区因此人气大涨。记者踏访了几家位于南汇的楼盘、中介公司，售楼处人头攒动、熙熙攘攘，受访者几乎众口一词：买房的人明显多了，多年不见这种情况了。

与此同时，新能源等9大领域的高新技术产业化如九骏奔发、大虹桥商务区建设似万船竞发，带动上海走向新天地。

海啸尚未退尽，共识露出端倪

冲过一波波狂啸骇浪之后，上海经济依然屹立于中国经济的船头。回首近一年的海啸搏击战，一些共识和现象也正在上海经济界渐渐形成。其中，也许能为中国其他区域的经济发展提供一个先行者的视角。

“景气时，政府往后靠，尽量让市场解决问题；不景气时，政府往前冲，确保经济正常运转。一波金融海啸使政府与市场的关系更加良性化。”作为经济问题专家的上海经济发展研究中心主任周振华这样言简意赅地总结了搏击金融海啸的一大收获。危机时刻，从单个项目资金的落实，到国务院关于上海建设四个中心的文件出台，上海从中央获得了巨大的支持，极大地鼓舞了上海人民战胜金融海啸的勇气。“金融海啸中，上海市委市政府出台的政策特别多、动作特别大，千人工作大会就开了好几个。”宝山区大华小区市民张菊英对记者说：“危机中最怕听不到政府的声音，最怕看不到政府的行动。”

经济起伏的走势，也让人们重新审视、打量着上海的结构调整。以前人们曾这样比喻上海的结构升级：“上海就像一个喜欢打扮的女子，每隔10年就要为自己换一次妆，她是中国历史长河中永远的女主角，每次登场都让人惊艳。”金融海啸，促使上海又换了一回妆，而且是艳丽的新妆。据6月底的统计，第三产业增加值占上海生产总值已近60%，服务业保持着近15%的增长速度。上海经济已经稳立在“三二一”的框架上，完全脱离了“二三一”的平台。尤其是高端服务业增长更快，总部经济发展势头良好。今年上半年，新增跨国公司地区总部、投资公司、外资研发中心31家；从上半年营业收入增长情况看，设计创意275%，咨询服务15.4%，软件服务15.8%，互联网服务30%……

开放的思维永远值得尊敬。大雪纷飞各扫门前积雪，海啸阵阵各关城门自保，这是很多国际经济体的选择。但无论是对境外还是对国内，上海在金融海啸面前保持了开放的思维。就在记者截稿前不久，由中共中央政治局委员、上海市委书记俞正声和市委副书记、市长韩正率领的党政代表团刚刚从湖北、四川、重庆、西藏等地取经归来。一路之上，上海与四地干部群众交流迎战金融海啸的经验与教训，寻找着合作共进的机会和对策，都受益匪浅。

金融海啸，百年一遇；生动教材，也是百年难得。代价没有白付，此时此刻，排头兵上海，正一面总结经验一面直面前方，期盼着中国经济巨轮完全降伏啸魔后的第一缕曙光。

（本文摘自《人民日报》，作者：宋光茂、徐 冲、谢卫群，2009 年 8 月 12 日）

［简析］

这是一篇反映上海在国际金融危机中不断面对挑战，以结构调整作为主攻方向，立足社会、民生、经济的多重目的，吸收国际国内的多维视角，攻防兼备力踏狂啸，化危为机力争突破的纪实消息。文章洋洋洒洒，一气呵成，将上海作为国际金融中心迎风逐浪、奋力搏击，最终克服重重阻碍，胜利渡过难关的情境呈现在读者面前。令人读后感到振奋！

上海国际金融中心建设是新时代背景下我国经济发展的重要组成部分，是历史赋予上海的崇高使命。2008 年金融海啸是百年一遇的挑战，在全球范围内掀起波澜，作为中国经济排头兵的上海也经受着严峻的考验。但是，上海并没有退缩，更没有被打倒，通过筹办世博会、加快推进国际经济、金融、贸易、航运“四个中心”建设、大力推进高新技术产业化、东建大浦东新区、西建大虹桥商务区、推动迪斯尼项目落户于沪等举措，政府与企业联手，不断结合实际总结经验，最终将金融海啸这只“魔怪”降服。

文章特色鲜明、基调高昂，用词生动，极具鼓舞力。是一篇不可多得的好文章。

［思考与练习］

1. 写消息首先要拟好标题。请从近期的《金融时报》、《经济日报》等报纸上选一些消息，为之拟题，然后与原题相比，互较优劣，从而更好地领会撰写标题的要领。

2. 寻找刊载同一事件的各家报纸，看看其如何撰写导语并自己动手也为该事件写一则导语。

3. 消息为何必须强调“真实”和“时效”？衡量一条消息“新闻价值”的主要依据是什么？

4. 从《毛泽东选集》寻找有关类似消息体裁的文章，如人民解放军攻占南阳、洛阳等报道，从中寻找导语、主体及背景材料。

5. 根据校内最近发生的新闻事实，给校报写两则消息报道，并自拟消息标题，力求做到恰当、醒目、别致。

第八章

经济预测报告

JINGJI YUCE BAOGAO

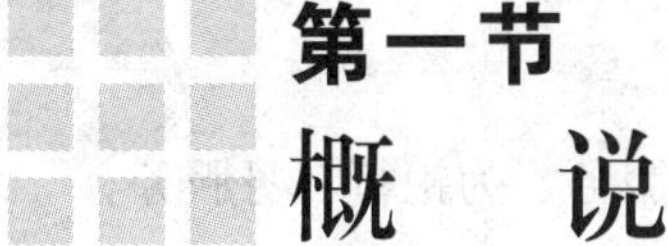

第一节 概说

一、经济预测报告的含义

经济预测，是根据预测对象的发展历史、现状资料，运用预测学中相应的知识与方法，对经济领域中某个问题进行分析，作出判断，探索其未来的发展趋势。经济预测报告，就是将经济领域中某项经济预测的分析研究过程及其成果，写成具有使用价值的书面报告。

经济预测报告是以经济活动分析为基础，以预测经济发展趋势为中心内容，以进行经济决策为目标的一种使用文体。

就以上概念可见：(1) 预测所依据的前提是已知状况。经济预测是凭经济调查提供的经济信息做基础，从已知推断未知，已知是经济预测的基础。(2) 经验、知识和方法是进行科学预测的手段。只有用精确的科学预测方法，才能对事物的未来作出准确的推断。在这方面，预测学正受到普遍重视，因为它是研究预测方法和预测活动规律的科学。(3) 预测结论，就是对预测对象在未来的某时点的状态所作的判断。

经济、金融预测报告，是金融业常用的文体之一。

二、经济预测报告的基本特征

1. 未来性。未来性是指预测的方向和状态。撰写预测报告时，回顾过去、分析现在，目的是预测未来。

2. 综合性。金融预测报告，牵涉面宽，综合性强。举例说，银行为了发挥经济杠杆作用，要对货币流通量进行宏观预测，而货币流通领域是一个多变量、多参数、多层次、多环节的复杂动态随机系统，它不仅与银行系统自身情况有关，也与国家财政政策有关，还与社会各方面，如工农业总产值、社会商品零售总额、城乡居民储蓄存款、职工工资等诸多因素有关。再以企业的单项产品预测为例，它既是生产、分配、交换、消费诸多因素的综合反映，也是经济学、市场学、社会学、人口学等多学科知识渗透的结果。

预测报告，篇幅虽短，却尺幅千里。咫尺之间，空间广阔。当代科学技术和高等教育发展的一个共同趋势，就是多学科的交叉渗透，就是在高度分化基础上的高度综合。

3. 实践性。撰写经济预测报告，目的是为了指导实践，而预测本身也正是应实践的要求而产生的。所以，预测与实践息息相关。具体些讲，经济预测源于现实经济，又经反馈服务于经济实践。它的出发点和归宿就是追求经济、金融效益。

4. 时效性。经济预测报告必须迅速反映经济活动中的新变化、新动态，并以最快的速度传递给决策部门和管理部门，保证预测内容和结果的时效性。

三、经济预测报告的作用

银行的经济预测报告，作用有三：为决策服务、为社会服务、为银行自身服务。

（一）为决策服务

"决策要准确，而准确及时的信息是正确决策的前提。"经济决策，无论是对社会全部或局部，还是行业、部门进行决策，都要事先了解、掌握现时的情况，再结合当前形势分析，作出决定。

金融部门尤其是银行，通过信贷、现金、货币流通等业务活动，对社会和行业的生产、销售、供应等诸方面的情况了解比较多，且能从多方面综合起来进行分析，写出预测报告，供领导和管理层进行决策提供依据。

市、计划单列城市和经济特区分行已全部实行电子联网。银行已步入电子信息传输时代，网络覆盖全国，它不仅能迅速处理全国异地资金划拨、联行往来业务，而且能使各级银行有条件获取、运用相关的信息，作出预测。同时，它能按期提供多种监测预测报告，为各级党政领导和经济管理部门了解经济金融形势、进行宏观调控提供决策依据。

（二）为社会服务

银行的经济、金融预测为社会服务，主要是为企业服务。

银行是国民经济中货币和资金的总枢纽，金融营运涉及整个国民经济，它像人体血管一样遍布整个社会，故最能触摸到经济市场活动的脉搏跳动。银行利用自身业务功能的优越条件，所提供的市场经济预测，灵敏快速、准确度高，能够帮助工商企业了解市场供求变化，把市场和消费连接起来，在产、供、销的自然衔接中，和谐协调，提高效益。

（三）为银行自身服务

它有助于银行发挥职能作用。

1. 有助于银行择优限劣。企业进入市场，优胜劣汰。银行作为经营货币的特殊企业，与之相适应，必须把信贷资金的安全和效益放到重要位置。银行实行贷款决策的科学化，扶优限劣，其中重要的一环，就是根据信息预测建立贷款项目库。比如，对企业新上项目，银行须加强和完善贷款项目评估工作，根据当地资源、市场状况、产业、产品政策等，经常筛选、论证项目，将那些预测前景好的项目建档立卡，利用计算机储存检索，辅助决策，一待信贷计划及资金落实，即可择优扶持。

2. 有助于提高银行服务水平。经济金融咨询服务业正在崛起，银行有责任利用自身优势开展经济、金融信息预测咨询服务。咨询业务可包括：对新办企业、新上项目、新增产品可行性的预测咨询；对引进专利、引进资金、进口设备等可行性的信息咨询；对销售合同、购货合同可靠性的信息咨询；对贷款回收困难原因的咨询；还有对企业的信誉状况、资金实力以及可否办理托收承付、可否保证按期付款等情况的咨询。这样，可使银行发挥信贷、结算、现金收付及经济、金融信息预测等多功能服务作用，把金融工作水平提到新的高度。

第二节 经济预测报告的类型

经济预测报告有多种分类法。其中，常见的有以下几种：

一、按预测对象的范围划分，可分为宏观经济预测报告和微观经济预测报告

宏观范围是指预测整个国民经济，或是预测一个地区、一个行业系统的经济发展前景。宏观经济预测报告，反映的是国民经济活动中各个总量及其变化，是就全国性的、综合性的、整体性的问题经过整理、分析作出前景判断后写出的书面材料。如例文一《2004 年价格总水平将保持小幅上升态势》。

微观范围是指预测一个企业或一种经济现象，或某一经济问题的前景。对局部、个别的经济问题所作的预测报告即属于微观经济预测报告。如例文三《“十五”期间二甲基亚砜市场预测报告》。

二、按预测内容的重心划分，可分为经济预测报告与经济动态报告

经济预测报告将重心放在分析材料，作出判断，推测前景上，它无一例外地探求按规律办事，提高效益。比如《全国小汽车需求量预测报告（2013）》，在对 2012 年全国小汽车需求状况进行预测后，提出了对 2013 年的预测和科学合理的建议。

至于经济动态报告，偏重反映社会公众最关心的生产、流通领域的新迹象、新情况、新问题，它虽然篇幅较短，却带有明显的示意性和倾向性。如下文：

3D 打印可能无孔不入

以 3D 打印技术为代表的数字化制造模式，曾被《经济学人》杂志认为是“第三次工业革命最具标志性的生产工具”，近年来在全球持续升温、热潮频袭。3D 打印与传统制造方式不同的特性，及其理论上“无孔不入”的打印可能，触动了科技界、产业界的敏感神经。

在国外，3D 打印技术已经在新产品开发、生物医疗、航空航天、影视教育创意等方面有较多应用，而我国还主要局限于模具打印、文化创意产品等少数领域。另外，在西方国家，3D 打印技术可以打印出个性化的假牙、假肢，在医疗健康领域已经取得成效。不过，“假”的东西并不能让人们满足。未来 3D 打印技术一个前沿方向是研究如何打印“活”的人体“零件”。只要能找出与人体相容的材料，打印出网状物，再把人体的细胞放上去培养，就能制造出真正的人体组织了。

（本文改编自《人民日报》2013 年 5 月 31 日报道《3D 打印可能无孔不入》，作者：喻思娈、郝静）

此外，经济动态报告还注重经济、金融活动中经常出现的“五小现象”，即牵联全局的小动向、带苗头性的小问题、可做大文章的小角度、关系重大的小建议、萌芽状态的小事物。

三、按预测技术划分，可分为定性预测和定量预测

定性，是指揭示目标的性质。它抓住事物的主要方面或主要特征，而将同性质事物的数量上的差异略去，从而就总体上主要的或基本的方面去认定事物的性质，其结论具有概括性。如下文：

2010 年春夏流行趋势之浪漫元素全预测

每一季都不会缺少浪漫的元素，人们总是爱幻想。2010 年春夏最突出的浪漫元素是蝴蝶结、花瓣裙、蕾丝和充满诱惑的比基尼小裤。2010 年春夏的浪漫，你会发现，少女的可爱少了一点点，女人的成熟妩媚多了一点点，洋溢着区别于青春少女气息的成人悠闲风格。

（摘自 YOKA 时尚网）

定量，指注重从事物的数量特征、数量关系和经济发展过程中数量变化等方面分析事物的方法。它是透过数字来分析与揭示问题的。它有一套植根于数理法则的计算分析的技术，结合电子计算机的应用，更深一层地了解经济、金融变化因素之间的关系与本质，并据此预测未来，提出解决问题的比较方案和最佳方案。

预测中，通常定性与定量交叉运用，只是侧重点不同。再说，定性分析精度并不高，如果大前提失真，容易失误，所以一定要和定量分析结合起来。

四、按预测时限划分，可分为近期预测（半年以内）、短期预测（1年左右）、中期预测（2~4年）、中长期和长期预测（5年以上）

近期预测，如下文：

3月27日，交通银行金融研究中心发布3月份CPI预测报告认为，3月份CPI可能同比上涨2.5%，4月份后进入新一轮上升周期，但全年物价上涨总体可控，CPI全年涨幅至3%~3.5%。

（中国投资咨询网，2013年3月28日）

短期预测，如下文：

机构预测：瑞士今明两年经济增长将明显放缓

瑞士信贷银行预测报告指出，瑞士今年下半年的经济增长将出现继续放缓迹象，其国内生产总值预计仅有1.9%的增长。明年如果瑞士联邦政府所采取的经济举措获得预期效果，那么国际出口形势将有所改善，出口地域与整体出口量将会有所增长。如果国内市场支撑力能获得同步增强，那么，虽然强势瑞郎汇率已令市场苦不堪言，但随着出口贸易的增长，瑞士国家财政收入状况有可能大为改观，从一定程度上可冲抵瑞士法郎汇率持久高企带来的负面经济影响。

（本文部分摘自《经济日报》2011年9月26日刊载的《机构预测：瑞士今明两年经济增长将明显放缓》）

长期预测，如下文：

德国专家预测：15年后世界石油供应将达峰值

德国联邦资源和地理科学研究所（BGR）发表的研究报告称，石油供应的峰值将出现在2020年，之前，全球每年的石油供应量还能根据市场需求增加，之后，人们必须面对石油供应短缺而另找出路。

（本文摘自《科技日报》2007年11月29日刊载的文章《德国专家预测：15年后世界石油供应将达峰值》）

第三节 经济预测报告的写法

一、经济预测报告的结构

经济预测报告的基本格式由标题、正文、落款三部分构成。

（一）标题

经济预测报告的标题比较灵活，常见的有以下四种：

1. 全称标题。这种标题由预测的时限、预测的范围、预测的对象和文种四个要求组成。比如，《2014 年我国手机市场预测》。

2. 简称标题。这种标题省略了预测时限、预测范围，只留下预测对象和文种，有时甚至只标明预测对象。比如，《冰箱市场预测》、《纺织品流行色预测》。

3. 论点标题。即通常的文章化标题，在标题中直接表明作者的主要观点，类似于新闻报道中消息的标题，标题中没有“预测”二字，却能看出是预测。比如《全球经济将出现 U 形走势》、《家用轿车市场需求持续上升》。

4. 复合标题。主标题一般表明作者的主要观点或结论，副标题交代时间、范围、内容等。比如《大盘新股有潜力——近期股票市场动向预测》。

不管哪种形式的标题，都必须标明预测的对象，它是所有标题不可或缺的。

（二）正文

经济预测报告正文一般由前言和主体两部分构成。

1. 前言一般介绍预测的对象、时间、范围、目的、基本情况、结果，也可不写。例《我国 11 个大城市居民家庭耐用品拥有量及发展趋势》一文的前言：

据对北京、天津、上海等 11 个大城市 5 000 户居民家庭生活调查的资料表明，近几年随着居民家庭生活水平逐年提高，用于购买耐用消费品的支出成倍增长，特别是冰箱和彩电发展很快。预计今后几年居民主要的购买热点是录像机、高级音响等高档产品。

也可以只简单介绍一下预测对象的情况，如《味精产销情况预测》的前言：

味精是一种调味品。它用粮食淀粉或糖蜜为原料制成，具有肉类鲜味，并有一定营养价值，颇受国内外广大消费者的欢迎。

2. 主体写作中包括概况、趋势、建议三方面内容。

（1）概况是预测的基础。

概况部分，通常包括三点内容：历史、现状、问题。①历史。主要是陈述已形成的生产或经营的布局、水平、能力等，以表现预测对象原有的经济、金融营运节律。②现状。主要说明近期经济、金融活动状态：或迅猛发展，或发展较快，或是持平，或是下降，或是严重下降。③问题。比如企业，一般是揭示产、供、销、价、利几个环节中的某一环，找准经济运转失去平衡的内在原因。撰文时，写哪些与不写哪些，或取或舍，视正文内容的需要而定。但是，在行文时，要用具体材料与数据来表述。

以例文二《2009 年世界粮食市场发展分析》为例，它的概况部分是对 2008 年国际粮食价格的回顾。之后结合 2009 年世界经济形势和 2008—2009 年粮食产量情况作出分析，结论是 2009 年上半年粮食价格持续走低。

（2）趋势是全文的核心部分。

趋势部分的内容，重在分析，作出判断。它通过遴选材料与预测对情况作出分析，以推测预测对象的未来状态。

要想对未来的情况作出准确无误的预测判断，就必须对调查得来的材料进行分析，看哪些材料是可靠的、有说服力的；哪些材料是片面的，甚至是错误的，不能说明问题的。还要对各方面的因素进行分析，要用科学的、多维的思维方式进行预测，否则，作出来的预测判断就难免会出差错。例如原来有一篇题为《明年服装流行色》的预测报告称："今年我国几把大火烧掉了大片大片的森林，在社会上引起了强烈的反响；人们心理上为失去绿色而遗憾，因此，预计明年的流行色是绿色。"看来预测者是懂得社会重大事件对流行色的影响的。但是，他在预测报告中使用的只是单项思维方式，单项地寻求森林色与服装色的同一性。结果预测判断与事实大相径庭，第二年的流行色并非绿色，也使受这篇预测报告影响的生产企业遭受了重大损失。

这一部分的撰写程序，大致如下：①筛选材料，分组罗列。②选择预测方法，可据预测的精度要求为主、客观条件，选出一种或是几种。③建立预测模型。把预测对象的未来形态当做一个实体，并用简单的、形象的方法进行模拟。④分析判断。

以例文三的趋势部分为例来说明。

① 遴选材料与数据。正文有两个层次，所使用的材料与数据都保持了一致性、完整性、连续性和客观性。

② 这份预测报告，主要是以历史数据为依据，采用了定性和定量的方法，分析出"十五"期间国内外需求的可能情况。

③ 建立预测模型，分析验证。它运用回归方程的定量分析法模拟出二甲基亚砜未来几年的国内需求状况；运用定性分析法预测二甲基亚砜的国外需求量。

在写法上，这一部分内容丰富，为了叙述、分析有条不紊，采取分层、分段并做段首概括以及分列小标题的方法。如例文一《2004 年价格总水平将保持小幅上升态势》的主体部分即分 10 个部分进行分析预测。

（3）建议。这一部分是写对策或建议，提出可供选择的最佳措施。它的内容与目的是促使存在的矛盾转化，消除预测对象在未来时域运行中的不稳定因素。

以例文三为例，它在对策与建议部分，就提高甲基亚砜的市场销售量提出两点建议，是预测报告凝聚的思想成果。

对策与建议，要求有的放矢，切实可行。

正文结构的三个部分，环环相扣，有着内在的联系。当然，形式为内容服务，格式并不固定。

（三）落款

落款是作出预测报告的单位或个人的签名和日期。

二、经济预测的方法

经济预测的方法，世界上已有150种之多，常见的也有20多种。这里，介绍常用、有效的两类调查预测法。

（一）发展趋势预测法

1. 定量预测法。这在“类型”一节里已经谈到。

2. 相关分析法。它通过相互联系、相互影响的事物来预测对象的发展趋势。如货币发行过多，通过流通消费这个中介，势必造成物价上涨；如原料成本下降，通过降低产品成本、提高销售量等环节，造成利润的提高。在这里，只要参照对象的相关变化，就能测定预测对象的未来趋势。

3. 类推与飞跃预测法。类推预测法是利用相似原理和类推进行预测的方法。例如，发展中国家的电子工业与发达国家这方面过去的发展情况有某些共性，先进国家的现有状态正是发展中国家的未来状态。

飞跃预测法则不然。飞跃预测法认为，后进国家在今后的经济发展中，不必踩着先进国家的脚印走，要以世界生产力的最高点作为自己发展的起点，以此取得优势最大值、时间最小值与效益最大值。

（二）专家预测法

1. 德尔菲法。它通过有控制的反馈使得收集的专家意见更接近正确。在经济、金融预测时，拟出提问提纲，向专家进行书面咨询；待收到答复，将他们的意见分类、综合、归纳，然后将结果反馈给各位专家，请他们再一次分析、判断。如此反复三五次，专家意见渐趋接近，会得出一个比较可靠的预测结论。

2. 主观概率法。这是就预测问题征询专家判断之后，将专家预估的数值加以平均，而以平均值作为预测值。

三、经济预测报告的写作要求

1. 资料充分，数据准确。经济预测的科学性要求资料数据准确无误。因此，必须掌握大量的、全面的、系统的资料数据，以确保预测结果的精确可靠。

2. 系统分析，推断合理。对未来经济的发展趋势的预测，要做到切合实际，可靠性强，必须有严密的科学的分析推断。分析是前提，推断是核心，它们是预测报告的主要部分。要恰当地选择预测方法，根据预测的目的、要求以及预测对象的特点进行客观的分析研究与判断。

3. 语言规范，表述简明。经济预测报告是一种指导性的实用文体，涉及预测学和经济学两大学科，许多专有词语有其特定的使用范围和含义。因此，作者必须具备经济学、数理统计、社会学等多学科知识，有较高的写作能力。同时还要注意语言的运用必须规范、明确，切忌繁言浮饰。有些复杂数据还可以适当使用图表，使表达更简明、更直观。

经济预测报告在语言表达上有三个特点：

（1）数字、图表说明。预测报告无论是说明现状、分析预测，还是提出建议措施，都应运用多种统计数字，如绝对数、相对数、平均数和动态数列，等等。正确应用统计数字，应注意三点：一要了解统计指标的构成（统计指标一般包括指标名称含义、统计范围、时间期限、空间范围、计算单位、计算方法、指标数值七个因素）；二要注意指标与指标之间的关系，弄清指标所说明的现象的质的规定性，否则就会用错数字；三是要搞清资料来源，引用数字要注意核实并说明出处，因为统计是否准确是关系到决策和计划是否切合实际的大问题。由于预测报告是根据现状预测未来，所以动态数列的应用尤为重要，通过对动态数列的分析研究，可以预见财经活动的发展趋势和客观规律。

图表说明也是预测报告一个常用的表达方法。图表说明具有化繁为简、形象直观的作用。

（2）常用模态判断。预测报告要在分析数据资料的基础上，对未来的经济活动作出可能性或必然性的断定，从而揭示经济活动可能发展的趋向或必然发展的规律。因此，常用模态判断是预测报告语言表达的另一个特点。所谓模态判断，就是断定事物情况可能性或必然性的判断。

模态判断分为或然判断和必然判断两种。或然判断是断定客观事物情况的可能性的模态判断，这种判断揭示了事物可能发展的趋势。必然判断是断定客观事物情况的必然性的模态判断，这种判断揭示了事物发展的必然规律。

在现代汉语里，表示或然的词有“可能”、“大概”、“也许”等。表示必然的词有“必然”、“一定”、“必定”、“势必”、“将”等。在语言表达上，表示必然判断模态词常常省略，但是表示或然判断的模态词是不能省略的。

（3）运用模糊语言。预测报告的着重点是预测未来，对未来的事物的发展趋势和规律的认识有的只有中心区清楚，其边缘部分是模糊的；即使是在说明历史和现状，也不可能样样都作精确的表述。因此，预测报告要运用消极修辞的模糊修辞方式来说明历史和现状，来预测未来发展趋势。常见的模糊词语有：“基本上”、“一般”、“较大”、“很大”、“许多”、“少数”、“一些企业”、“长期发展”、“将”、“必将”、“预计”、“大约”、“大略”，等等。

［例文一］

2004年价格总水平将保持小幅上升态势

从总体上看，国民经济持续快速增长、经济运行景气持续上升的环境，将促进总需求进一步加速增长，带动价格总水平的回升。如果不发生大的突发事件，在保持目前经济政策连续性、经济增长速度与2003年基本相当的条件下，2004年中国的价格总水平将保持2003年以来的小幅上升态势。初步预测，2004年中国的居民消费价格将上涨2%左右，涨幅高于2003年1个百分点以上。

一、居民消费价格将继续保持温和上升的趋势，通货紧缩趋势压力进一步减轻（略）

二、零售物价将出现正增长，扭转连续6年的下降局面（略）

三、生产资料价格将继续上涨，但涨幅将明显小于2003年（略）

四、在成本增加及需求拉动的双重作用下，2004年农业生产资料价格将出现回升（略）

五、政策性调价因素可能增加，服务价格上涨幅度将加大

目前，中国公用事业中水价、电价、学费等均存在较大的涨价压力，铁路运输、城市公交运输、有线电视收费等也有涨价的动力。从发展趋势来看，由于各地普遍缺水，许多城市已经将水价上调纳入了既定的调价方案，明年水价上升已成趋势；在煤炭价格连续两年上涨、电煤价格放开之后，发电成本大幅度上升，而近年电力紧张的现状和趋势也为明年电价的上调提供了市场条件；原油、成品油价格的大幅度上涨使铁路和城市公交运输成本大幅度提高，铁路运输和城市公交运输价格上调也是顺理成章的。水、电作为人们生活的必需品，其价格的上涨将影响到人们生活的各个方面，加之铁路和公交运输费用、有线电视收视费和各地学费的上调，必将影响到价格总水平的上升。当然，鉴于目前药品价格仍然偏高，国家将进一步下调部分药品价格，会减轻提价因素对价格总水平上升的影响程度，但药价下调之后，医院的医疗价格将要上升。从总体上看，明年政策性调价因素将明显增加，调价因素对价格总水平变化的影响是向上的。

受政策性调价影响，2004年服务价格上涨幅度将加大。服务项目价格经过几年的调整，从2002年起涨幅已经回落。由于服务项目价格的特殊性，由政府和行业协会进行管理的较多，因此近两年服务价格上升幅度不大。但由于2004年公共服务部门服务价格上调的压力较大，水价、电价、房租、铁路运输、公交运输、有线电视收费、教育收费等均有调价的要求。一旦政府调价项目增加，服务价格上涨幅度必然加大，而目前生产资料价格大幅度上涨的现实和对粮食、食品及价格总水平上涨的预期，也会推动服务价格的上升。

六、农产品价格将出现适度上升，但不会引发通货膨胀

从目前生活必需品价格的走势来看，粮食、水产、禽肉等生活必需品价格经过连续几年的下降，目前已经出现不同程度的回升态势；受国家退耕还林还草、农业种植结构调整等因素的影响，中国粮食播种面积和产量已经连续几年减少，而国内需求和出口却稳步增加。特别是今年以来，受旱、涝、虫等灾害和低温天气影响，农业受灾害影响面积较大，农作物减产幅度较大，夏、秋粮食均出现较大幅度减产；另一方面，中国粮食价格连续几年下跌，当前粮食价格处于低位，市场价格已经具备上升的基础。

从目前来看，粮食等农产品价格的上升是连续六年价格下降后的恢复性上升，属于适度上升。而粮食等农产品价格的适度上涨对于增加农民收入、扩大农民消费、减轻通

货紧缩的压力、支持价格总水平的适度回升都是有利的。另外，从目前粮、油等农产品价格的变化上看，11 月份粮、食用植物油、肉禽蛋等食品价格运行已经平稳，并未出现连续的大幅度上升。从粮食的供求关系上看，中国粮食虽然连续几年减产、库存有所下降，但是在总量上不仅能够满足国内需求，而且仍是供略大于求。尽管2004 年粮食等农产品价格仍将有所上升，但幅度有限，加上国家宏观调控措施的保证，不会引起社会的不安，更不会在短期内引发通货膨胀。

七、国际市场价格将出现回升，对国内市场价格的影响加大（略）

八、供大于求的总体格局仍未根本改变，价格总水平向下的压力依然存在（略）

九、国家将加强价格总水平调控，加大深化价格改革力度（略）

十、主管部门将加强价格监测、建立预警和应急机制，加强价格的监督检查、维护市场正常秩序（略）

表 1：2003 年 1 月份以来中国货币供应量及贷款增幅变化情况（单位:%）（略）

表 2：2003 年 1 ~10 月社会消费品零售额增长变化情况（单位:%）（略）

表 3：2003 年 2 ~9 月企业经济效益变化情况（单位:%）（略）

2003 年 12 月 26 日

【简析】

这是一篇来源于国家信息中心、由徐连仲执笔的宏观经济预测报告，从时间上看这是一篇短期经济预测报告。标题为“论点标题”，直接表明作者观点，前言在国民经济总体运行态势的背景下勾画出价格的整体走势，主体部分从 10 个方面对下一年度中国价格水平展开分析预测。作者以大量数据资料为基础，运用多种预测方法，对各种价格及影响价格的具体因素逐一展开深入细致的分析。文章材料充实，层次清楚，论证严密，语言准确，结论令人信服，显示出经济预测报告的生命力和实用价值。

[例文二]

2009 年世界粮食市场发展分析
（国家信息中心经济预测部）

一、2008 年底国际粮食价格持续走低

受 2008 年粮食丰产和金融危机的双重影响，国际粮食价格从 2008 年下半年开始普遍下降，一直持续到了年末。

2008 年全球小麦大丰收，国际市场上可出售的小麦数量显著增加，导致小麦价格年末继续下降，美国 2 号硬红冬小麦的港湾 FOB 价在 12 月的前两个星期的平均价格为 227 美元/吨，比 11 月份的平均价格又下降了 20 美元/吨，比上年同期也下降了 40%。

国际玉米价格在年末则主要受到金融危机的影响。原油价格大幅滑落、美元走强都压低了玉米价格。美国2号黄玉米在12月前两个星期的平均价格为143美元/吨，比11月的平均价减少了23美元/吨，比去年同期低了20%。

国际米价也在年末继续回落。12月份前两个星期的泰国B级大米平均价为580美元/吨，比11月份均价跌了11美元/吨，不过仍然高于去年同期的水平。

二、2009年粮食市场发展分析

众所周知，粮食市场的发展受到多种因素的影响。天气的变化、种植面积的增减、油价波动会影响到粮食产量和生产成本；经济形势、消费偏好会影响到需求变化；美元强弱能够直接引起以美元计价的粮食价格的波动；而金融环境的好坏会直接影响到以粮食产品交易为基础的金融衍生产品被炒作的强度。放眼2009年，我们认为这些因素最终会归结到两点上，其一是金融危机影响下的全球经济走势；其二是以粮食生产为主的供应情况。对这两方面的分析会最终形成对2009年粮食价格走势的判断。

1. 2009年世界经济陷入衰退，有利于粮食价格处于低位。2008年，美国次贷危机演变成了国际性金融危机。实体经济增速大幅下滑，世界经济将在2009年陷入衰退。按照2008年11月国际货币基金组织较为乐观的预测，2009年世界经济增长速度将放慢至2.2%，低于世界经济增长3%即为衰退的标准值，美国、欧元区、日本三大经济体分别负增长0.7%、0.5%和0.2%。世界贸易量增长将放缓至2.1%。目前，这场金融危机不仅本身尚未见底，而且对实体经济的影响正进一步加深。在这场经济危机的影响下，预计2009年世界粮食市场会持续保持低迷，主要原因有二：

第一，金融危机直接冲击以粮食为代表的大宗商品交易。此次金融危机的本质是巨大的信用泡沫破灭。由于美国金融市场在1.5万亿美元的房地产次级贷款的信用基础上，创造了超过2万亿美元的资产证券化产品（MBS）、超万亿美元的债券抵押凭证的所谓结构化产品（CDO）、近64万亿美元的信用违约互换产品（CDS）。伴随着次贷危机，这些信用泡沫一一破灭，令参与这些金融产品交易的全球金融机构损失惨重，进而直接影响到这些机构在大宗商品期货市场上的交易能力。除此之外，由于金融领域已经出现系统性风险，信用危机显然不会只停留在次贷相关的产品上，以粮食为代表的大宗商品市场必然受到波及。由于近年来粮食价格大幅上涨的主要原因在于金融炒作，而现今炒作环境已然不再，粮价必然从虚高向供需决定的理性价格回归。

第二，金融危机对实体经济的影响不断扩散和发展，经济走势低迷，粮食需求前景不容乐观。短期内，由于发达国家金融领域普遍出现信用和信心危机，美国、欧盟和日本三大经济体的消费者难以再依赖对外借贷和财富效应支撑其消费增长。而且经济全球化造成的世界各国经济周期同步性也将次贷危机的影响放大到全世界实体经济。

长期来看，世界经济复苏缺乏新的增长点。在世界信息技术产业进入技术成熟期后，其对世界经济增长的带动和引领作用已开始减弱，目前尚看不到世界上技术进步或生产组织关系出现重大突破的可能。

长期和短期因素相叠加，2009年世界经济的低迷不可避免。由于粮食需求与世界经济增长形势正相关，因此世界经济的低迷必然引起粮食需求的增幅减缓甚至是减少。

综合看来，2009年粮食需求的增幅将减缓或者衰退，而粮食市场又少了金融炒作，这两个因素综合起来有利于维持2009年粮食价格持续处于低位。

2. 2008年的粮食生产大丰收，保证了2009年的粮食供应，进一步下压粮价。FAO12月份出版的最新一期《作物前景和粮食》预测，2008年全球谷物获得大丰收，库存水平较上年增长10%，进一步下压2009年的粮食价格，持续2008年末的下滑走势。

FAO在12月发布的最新一期《作物前景和粮食》报告中预测，2008/2009年季的粮食产量将达到创纪录的22.45亿吨，较2007/2008年增长5.4%，该预期数字比6月份预测的2.8%高出了2.6个百分点，比10月份的预测也高出了0.5个百分点。同时FAO预计2008/2009年季粮食使用量为21.98亿吨，比产量少4 700万吨。生产比需求增加的快令年度末库存水平提高到4.74亿吨，比上年度回升10.1%。库存水平的回升有利于保证2009年的粮食供应充足，因此有利于在2009年维持粮食价格弱势。

第一，小麦大丰收，远超过年度使用量，库存水平迅速回升。2008/2009年季小麦产出预计为6.82亿吨，相比上年度大涨了11.7%，远高于过去平均五年的水平。相应年度的总使用量6.48亿吨，比产量少了3 400万吨，令2008/2009年季末的库存水平恢复到1.83亿吨的水平，比上年度增长21.8%，接近2002年以前的库存水平。库存与使用量的比率上升到28%。

今年小麦的增长主要来自欧洲。由于种植面积大幅增加以及有利的气候条件令单产水平上升，使得本季比上一季的产量增长了26.1%。此外，在良好天气的帮助下，美国、加拿大2008年的产量也高于预期。相比较而言，亚洲整体的表现略显平淡。由于伊朗等中东国家受干旱困扰，今年产量估计比上年的丰收水平减少20%左右，导致整个亚洲的小麦产量与上年相比会略有下降，不过更长远的看，今年仍然是历史上的好年景。

第二，粗粮生产好于预期，令2008/2009年季库存水平与上年度持平。2008年世界粗粮产量预计达到创纪录的11.11亿吨的水平，比上年高出了3.1个百分点。良好的天气条件令美国的玉米大幅增产。而欧洲、亚洲等地区的产量也有增加。在粗粮使用上，预计2008年为11.06亿吨，比去年高出3.3%，低于去年5%的增幅。由于饲料小麦的大量使用，玉米作为饲料的投入相比去年已经下降，今年使用量的增加主要来自用于美国制取生物乙醇。由于使用量略低于产量，令2008/2009年度末的库存水平较上年度恢复了2.5%。2009年如果石油价格持续弱势，利用玉米制取生物乙醇的积极性会受到考验，会释放一部分玉米需求，另一方面全球经济整体低迷也会减少对饲料玉米的使用，两方面相加意味着今年的玉米需求将趋弱，也有利于维持弱势价格走向。

第三，大米受到高价刺激，生产量大幅度增加，库存水平回升。FAO最新预测全球大米产量预计达到创纪录的4.51亿吨，比上一次的预测高出450万吨，较上年的产量高出2.5%。而且与此同时大米的使用量为4.44亿吨，产量高于使用量，令2008/2009年季末的库存水平比上年度高出了660万吨，增长了6%。至少保障今年次季收成之前大米供应充足。有利于维持大米价格在2009年上半年走势趋弱。

第四，2009年冬小麦播种面积有所下降，可能阻挡粮价进一步下滑，需要静观待变。目前，北半球很多国家新一季的冬小麦已经播种。在对2009年粮食价格的悲观预期和生产投入成本增加的共同作用下，部分主要生产国的种植面积已经较2008年减少。其中美国的种植面积下降了3%~4%，在欧洲，欧盟地区小麦种植面积下降了2%，俄罗斯、乌克兰的小麦种植面积也出现下滑。只有亚洲情况较为稳定，印度、巴基斯坦政府都在鼓励小麦扩大生产，中国的种植面积也较为稳定。这令2009年下半年的小麦价格基调存在变数。相信今年的玉米和大米生产也会类似受到去年价格下滑的影响。综合来说，目前还不能对2009年下半年粮食市场的供应形势作出明确判断，对价格走势的认识也存在较大变数。

根据前面两点分析，一方面在金融危机的影响下，全球经济进入衰退；另一方面2008年粮食刚刚获得大丰收；这两方面的力量叠加将保证2009年上半年粮食价格持续走低。但同时，考虑到2009年粮食的生产形势还存在较大变数，以及金融市场形势的迅速变化，2009年下半年的价格走势也不排除上升的可能。

[简析]

这是一份粮食发展预测报告，预测对象是2009年世界粮食市场发展情况，属于短期预测。正文包括两部分：第一部分是对2008年世界粮食市场的回顾。第二部分是对2009年世界粮食市场发展前景的分析。分析主要从两个方面入手。一是2009年世界经济陷入衰退，有利于粮食价格处于低位。二是2008年的粮食生产大丰收，保证了2009年的粮食供应，进一步下压粮价。两个部分衔接紧密，环环相扣。没有对历史的回顾与分析，没有对环境因素的分析，也就得不出预测结论。

在分析方法上，例文采用定量分析与定性分析相结合，以定量分析为主的方法。如第二部分对影响粮食市场发展因素的分析，主要用定量分析方法。

在语言的运用上，作者非常注意用词的准确。尤其对一些结论性词语，都能做到慎重选择。如"综合来说，目前还不能对2009年下半年粮食市场的供应形势作出明确判断，对价格趋势的认识也存在较大变数"，"目前"限定了时间点，"明确判断"、"较大变数"用词非常准确、贴切。又如对未来的预测，"这两方面的叠加将保证2009年上半年粮食价格持续走低。"这里的"将"字表明未然态势，是预测分析结论中常用的词语，准确地反映了市场预测报告的预见性特点。此外，还注意用词的简明。

[例文三]

"十五"期间二甲基亚砜市场预测报告

××化学工业总公司

二甲基亚砜（DMSO）是一种非质子极性溶剂。由于它具有特殊溶媒效应，对许多物质具有溶解特性，因此被称为"万能溶媒"。它主要用于制药业，具有消炎、止痛、利尿、镇静和促进伤口愈合的疗效，对肌体具有很强的渗透能力，所以常做其他药品的混合剂，此外它也广泛用于石油、化工、电子、合成纤维、塑料、印染等行业，成为制造工艺中不可缺少的溶剂。近年来，随着医药行业中氟哌酸、氟嗪酸等喹诺酮类新型抗菌素药物及中间体氟氯苯胺等的生产发展，加上DMSO的应用领域不断扩展，使得DMSO的需求量逐年增长。特别是印度、韩国、日本等亚洲国家，DMSO的需求量大幅增长，给我国出口DMSO带来了生机。目前亚洲DMSO市场基本由法国和美国产品占据，但由于我国DMSO产品质量的提高、具有产品价格和地理位置的优势，我国DMSO完全有可能占领亚洲市场。

一、国内外市场情况及需求预测

1. 国内外DMSO的发展情况。

目前世界上只有美国、法国、日本和我国拥有DMSO生产装置。1997年年底，世界生产能力2.9万吨/年，其中美国、法国和日本合计为1.9万吨/年。1998年美国Gaylord公司的DMSO装置扩建到2.2万吨/年，比原装置生产能力翻一番。目前世界生产能力已达4.0万吨，产量约3.5万吨。

我国从20世纪60年代末期开始生产DMSO，随着生产技术的不断完善以及新的抗菌素药物氟哌酸的问世和发展，促进了我国DMSO生产的快速发展。目前我国DMSO已形成1.1万吨/年生产能力，年产量约7 000吨，成为世界上第二大生产国，并已从进口国逐步发展为出口国。

2. 国内外市场的历史需求与预测。

根据1996年至2000年的DMSO市场情况，预测如下：

序号	年份	国内需求（吨）				出口销售与预测（吨）	合计销售与预测（吨）
		有机合成销售与预测	医药销售与预测	石油化工销售与预测	国内合计销售与预测		
1	1996	900.00	2 600.00	110.00	3 610.00	700.00	4 310.00
2	1997	1 000.00	2 720.00	140.00	3 860.00	720.00	4 580.00
3	1998	990.00	3 150.00	180.00	4 320.00	800.00	5 120.00
4	1999	890.00	3 300.00	210.00	4 400.00	1 000.00	5 400.00
5	2000	1 000.00	3 500.00	300.00	4 800.00	1 200.00	6 000.00
6	2001	*1 103.24*	*3 681.52*	*370.64*	*5 155.40*	*1 381.20*	*6 536.60*
7	2002	*1 184.86*	*3 819.68*	*432.96*	*5 437.50*	*1 555.80*	*6 993.30*
8	2003	*1 286.48*	*3 989.44*	*513.28*	*5 789.20*	*1 786.40*	*7 575.60*
9	2004	*1 408.10*	*4 190.80*	*611.60*	*6 210.50*	*2 073.00*	*8 283.50*
10	2005	*1 549.72*	*4 423.76*	*727.92*	*6 701.40*	*2 415.60*	*9 117.00*

注：1996年至2000年为销售吨数，2001年至2005年为预测销售吨数。采用回归方程预测。

据上表，目前国内市场对DMSO的总需求量估计在5 000吨左右，其中65%以上用于医药及中间体的合成。近期内国内DMSO的需求增长量主要取决于氟氯苯胺的生产，预计今后几年国内DMSO需求将有一定的增长，但到2005年需求量不会超过7 000吨。从长远来看，在芳烃提取和丙烯腈纶纤维制造方面，DMSO的用量不会增加，市场的扩大还有赖于有机合成工业的发展以及其新用途的开发。

目前除我国外，亚洲市场容量有6 000多吨，其中印度年需求量4 500吨左右，若包括我国在内，则约有1.1万吨。根据我国这几年的出口情况，若无实质性改进措施，到2005年，年出口量仅2 416吨左右。而随着DMSO应用领域的不断开拓，市场需求量将不断增长，预计2005年亚洲地区的需求量将达到2万吨左右。

二、发展建议

1. 进一步积极扩大出口。

近些年来，印度、韩国、日本等亚洲国家DMSO需求量大幅增长，给我国DMSO出口带来生机。目前多数亚洲国家从法国和美国进口DMSO。但由于我国DMSO产品质量（国产DMSO质量已超过法国及日本）高，价格上也有竞争力，因此已具备占领国际市场的实力，加上地理位置上的竞争优势，已具备占领亚洲市场的可能性。因此，外贸部门应积极设法扩大出口，国家在此方面，应给予一定的优惠政策。

2. 改进工艺，提高产品的竞争力。

目前我国的DMSO年生产能力与年产量之间，尚有4 000吨的差距。由于受技术的制约，设备未充分发挥效益。因此目前不宜再上马DMSO生产线，而应抓紧设备改造，技术更新。现在我国生产DMSO的原料二甲硫醚部分需要进口，许多厂家延用二硫化碳和甲醇为原料合成二甲硫醚，数量不能满足需要。近年来，我国已成功开发了硫化氢法合成二甲硫醚的技术，为进一步发展我国DMSO生产创造了有利的条件。建议有硫化氢资源的企业，利用其原料优势，发展二甲硫醚的生产，可为国内现有DMSO生产企业提供二甲硫醚原料，这样不仅可使生产企业取得经济效益，同时还将进一步提高我国DMSO的竞争实力。

二〇〇一年一月十一日

[简析]

这是一篇市场预测报告。文章开头说明DMSO是一种“万能溶媒”，在医学、石油、化工、医药、电子、合成纤维、塑料、印染等行业均广泛应用，并指出国内外市场对它的需求在增长，我国DMSO产品完全有占领亚洲市场的可能性，从而点明该文的重要意义。文章两大段，一是市场预测，二是建议。预测以历史数据为依据，采用了定性和定量的方法，分析出“十五”期间国内外需求的可能情况，建议依据预测，占领亚洲市场，采取优惠政策；根据企业现状，提出生产改进意见。

[例文四]

全国小汽车需求量预测报告（2013）

随着我国汽车市场逐渐步入成熟期，汽车销量将从快速增长阶段过渡到微增长阶段。与此同时，汽车销售将进入结构调整阶段，各类车型的强弱差距会更加悬殊，SUV市场增长幅度较大，与其他车型形成鲜明反差。

一、概况

2012 年我国汽车产销量分别为 1 927. 18 万辆和 1 930. 64 万辆，同比增长 4. 6% 和 4. 3%。虽然双双突破了 1 900 万辆，但增速均低于 5%。而 2011 年我国汽车销量增长率也处于较低水平，连续两年增速放缓，加上今年仍将持续平稳的态势，证明我国汽车市场已经进入到了名副其实的微增长时代。微增长从一定意义上讲是一个市场成熟的表现，而近年来，我国汽车市场开始步入成熟的特征，已初步显现出来。

从局部市场来看，像北京、上海等一线城市，车市步入成熟发展阶段的特征已经开始显现。2012 年，车辆置换已成为影响北京、上海等一线城市汽车市场的决定性因素，而这正是成熟汽车市场的特征之一。中国流通协会发布的数据显示，截至 2012 年年底，北京通过二手车置换产生的新车销量已占到整体销量的 60%。而在 2011 年时，新车销售中置换比例还仅为 10% ~15%。随着流程和政策的逐渐成熟，置换已经成为车商拉动新车销售的重要手段。未来随着北京等一线城市限购政策的继续执行，置换业务依旧是车市重点。

二、分析预测

通过对主要车企市场负责人意见汇总，同时结合过去两年汽车市场的销售情况，预测 2013 年全年市场需求有望达到 2 080 万辆，增幅在 7% 左右。乘用车仍将是今年车市增长的重点，预计销量将达 1 680 万辆左右，增长率近 8. 5%。虽然从增长率来看，乘用车市场发展态势与去年相差不大，但今年各类不同车型的强弱表现将相差更悬殊。

2013 年的轿车市场，预期销量为 1 155 万辆左右，增长率近 7. 5%，将延续去年稳定增长的局面。但是对于 SUV 市场，却可以用“需求旺盛”来形容。2013 年 SUV 市场的销量将在 246 万辆左右，增长率可达 23%，远超行业平均水平，成为带动乘用车市场增长的重要动力。

这样的预测源于 2012 年下半年开始，SUV 市场的高增长就已与车市整体微增长形成了强烈反差，以致目前不少车企均相继推出 SUV 车型。据调查，全新胜达、昂科拉、3008 等多款近期上市的 SUV 新车型一经亮相，迅速吸引了大批消费者的目光，可以预见，该细分市场的角逐将是今年车市最热闹的看点之一。

其他乘用车型：2013 年 MPV 市场需求动力不足，预测 2013 年 MPV 销量与 2012 年基本持平，约为 49 万辆。预计 2013 年交叉型乘用车需求仍然维持较低水平，销量约为 230 万辆，增长率约 2%。

在商用车型方面，商用车市场走向主要由国家宏观经济环境及政策法规走向决定，与国家经济增长和工业化进程有关，预测 2013 年商用车市场整体较上年略有增长，销量约为 385 万辆，同比约增 1%。其中，在中国经济增速放缓，同时注重经济增长质量政策导向的影响下，预测 2013 年载货车市场需求不旺，销量略有增长，约为 333 万辆，同比约增长 1%。受中国城镇化进程稳步推进，客运市场不断增长，产品种类更加丰富等因素的影响，中国客车市场 2013 年及以后一段时期内将保持比较稳定增长。预测 2013 年客车销量约为 52 万辆，增长率约 5%。

三、建议

面对如此的市场形势，首先车企要转变发展观念，对于已经习惯了高速增长的车企，应调节预期，进而调节产量和结构，来适应新的形势，在新环境下保持健康持久的发展。其次，国家应继续出台相关政策，鼓励发展节能技术产品，形成高效率、低污染、低油耗、使用安全的汽车产品结构，实现汽车行业的健康、可持续发展。最后，要规范汽车市场秩序，为汽车行业的健康发展奠定基础。

（本文根据《北京商报》2013 年 1 月 15 日报道改编）

[简析]

这是一篇短期经济预测报告。文章开头直接切入主题，点出小汽车的消费情况将会呈现新的特征。主体部分层次清晰，分别从“概况”、“预测趋势”、“建议”三个部分加以分析论证，并且结合定量分析与定性分析，预测结果令人信服。

[思考与练习]

1. 读下述案例，你从中得到了什么启示？

一个英国人和一个美国人都到非洲一个海岛上推销鞋子，当他们来到这个岛上的时候，发现这里的人根本就不穿鞋。面对这种情况，英国人作出的分析判断是鞋子在这里没有市场，回去了；而美国人却从这里看到了巨大的商机，他先给岛上的酋长、首领们送鞋子穿，而等到老百姓想穿时，就需要买了。

2. 分析下面市场预测报告中存在的问题。

××市劳保市场的发展趋势

随着我国改革开放形势的深入发展和人民群众着装条件的不断改善，××市劳保市场的商品正在向着美观化、多样化、高档化方向发展。

根据××市××统计局××××年对“××市劳保市场”的统计资料，我们可归结出以下的趋势：

(1) 高级布料所制的劳保服装越来越受欢迎，昔日的纯棉劳保服装越来越受到冷遇。从劳保服装的色泽来看，深灰、浅灰、咖啡、湖蓝、橘红、米黄、大红等鲜艳色调正在日趋取代传统的黑、蓝、黄、白“老四色”。

(2) 新颖的青年式、人民式、中山式、西装式劳保服装的销售形势长年不衰；而传统的夹克式、三紧式等劳动服销售趋势却长年“疲软”。

(3) 档次较高的牛皮鞋、猪皮鞋、球式绝缘鞋、旅游鞋已成了热门货；而传统的劳保鞋，如棉大头鞋、棉胶鞋、解放鞋等却成了滞销品。

(4) 劳保防寒帽，如狗皮软胎棉帽、解放式棉帽等几乎无人问津。

(5) 高质量而美观的劳保手套，如皮布手套、全皮手套、羊皮五指手套日趋成为“抢手货”；而各种老式的布制手套、线制手套、布闷子式手套的销量日渐下降。

(6) 色彩艳丽的印花毛巾、提花毛巾、彩纹毛巾等，已成为毛巾类商品的主销品；而素白毛巾的销量不断减少。

3. 为方便学生生活，学校拟在校区内办一个小型超市。为使经营方向、规模、品种、方式等更切合实际，在作出决策之前，请你进行市场调查与预测，并写出预测报告。

第九章 经济活动分析报告

JINGJI HUODONG FENXI BAOGAO

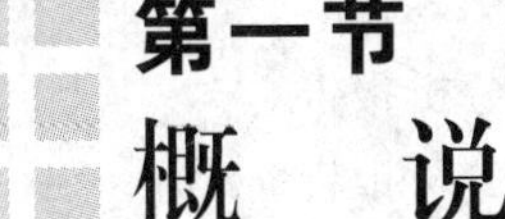

第一节 概　说

一、经济活动分析报告的含义

经济活动，是人们从事物质资料的生产、交换、分配和消费活动的总称。就一个工业企业来说，它是指企业生产与再生产过程的供、产、销等全部生产经营活动。

经济活动分析，就是对工商企业全部生产、经营过程与结果的分析。通过分析，正确评价企业的经济活动及其效益，并据以揭示矛盾，寻找差距，提出措施，挖掘潜力，为工商企业管理的自我完善和有效的经营决策提供依据。

经济活动分析报告，就是将某项经济活动的分析研究过程及其成果，写成具有时间价值的书面材料。

二、经济活动分析报告的特点

1. 分析性。经济活动分析报告要对过去的或正在进行中的经济活动作客观分析，以便及时评价，从而准确地预测经济活动的发展态势，科学地开展和组织经济活动。表述经济活动的分析过程，要具体分析研究各种资料、数据及其相互联系。

2. 指导性。进行经济活动分析的目的在于了解影响经济效益提高的薄弱环节，以克服消极因素，改进经营管理，取得最佳的经济效益。因此，经济活动分析报告必须体现鲜明的指导性，对企业经营发展指出明确的方向，为制订新的计划提供真实可靠的依据。

3. 客观性。经济活动分析是一种客观分析，它根据计划指标、会计核算、统计资料、业务结算或通过调查掌握第一手经济活动资料来反馈经济活动情况。经济活动分析是一种客观的统计分析，而很少有主观分析成分。因而，经济活动分析十分注重数据、统计、核算、指数及对经济变化因素的客观分析。经济活动分析报告还十分注重准确、真实，虚假的经济活动分析会失去分析的意义和价值。

三、经济活动分析报告的种类

（一）用不同标准划分

1. 按分析的范围，可分为宏观分析报告、微观分析报告。

宏观经济活动分析报告涉及面广，或一个行业，或一个地区，影响较大，事关全局。其分析多着眼于总结经验教训，揭示内在规律，用以指导全局工作。如《全省上半年经济、金融形势分析》。

微观经济活动分析报告涉及面窄，仅涉及一个企业或一项产品，影响较小。其分析偏重于某些具体问题，目的是为了下一步做好该项工作制定措施，并提出具体安排。如《××银行关于商业贷款比重下降的分析》。

2. 按分析的单位，可分为外部企业分析报告、银行本身分析报告。

3. 按分析的产业，可分为工业企业分析报告、商业企业分析报告。

4. 按分析的内容，可分为综合分析报告、专题分析报告

5. 按分析的属性，可分为定性分析报告、定量分析报告。

6. 按分析进行的时间，可分为定期分析报告、不定期分析报告。

以上，是按不同标准进行划分的。这些分析种类，既有区别，又有联系，具有互相渗透、交叉和补充的关系。

（二）按分析的内容划分

1. 综合分析报告。综合分析报告又称全面分析报告，或称系统分析报告。它是对银行本身，或对某一地区、某一部门、某一单位在一定时期内（年度或季度）的经济、金融活动的各项经济指标进行全面、系统的综合分析后而写成的书面报告。如例文一《××卷烟厂20××年上半年经济效益分析报告》。

2. 专题分析报告。专题分析报告又称单项（或是专项）分析报告。

它是对银行自身，或是对工商企业经济活动中某一环节或关键问题进行分析后写成的书面报告。它通常用于反映带普遍性而亟待解决的问题。比如，银行对本身资金活动情况的分析，统计部门对计划指标完成情况的分析以及银行对工商企业的产销、供求、费用、盈亏原因等的分析。如《国际投资流向分析及我国的对策》。

3. 简要分析报告。简要分析报告是围绕几项财务指标、计划指标，或抓住一两个重点问题进行扼要分析，以反映经济活动的发展趋势。

简要分析报告，是综合分析和专题分析报告的合并性报告，通常是在年、季、月末与报表结合，采用图表加文字说明的形式。它与综合分析报告统称为定期分析报告。如例文二《东莞市厦丽无线电有限公司财务处二〇一一年第一季度财务分析报告》。

以上三种分析形式，有时可以相互补充、相互结合。综合分析可以帮助专题分析与简要分析确定分析的主要方面和主要项目，而专题分析和简要分析又可为综合分析积累材料。在实际应用中，应根据不同分析对象与要求，正确选用分析形式，以便发挥经济活动分析的应有作用。

（三）银行业务性分析报告

银行业务性的分析报告，有两个方面：一是银行本身资金营运方面，经常要对银行现金、信贷、财务活动展开分析，而后写成书面材料；二是银行信贷工作的社会业务方面，它经常要对工商企业、农村企业开展经济活动分析，并写成材料。

常用的金融业务性分析报告有如下几种：

1. 银行资金活动分析报告。银行是国民经济管理的重要部门，是经营货币与信用的特殊企业。作为资金总枢纽，银行的通盘业务就是在宏观控制的要求下，最大限度地聚集资金与优化资金流向，盘活资金，提高效益。因此，银行对本身资金营运活动，或是综合，或是专题，或是简要地进行分析从不间断，以期使资金活动纳入金融政策、银行效益与促进社会生产力发展的轨道上，正常、加速地运行。比如，银行按月、按季地对现金、信贷、财务计划执行情况作出分析监测，并写成报告，向上反映。

2. 银行财务状况分析报告。财务分析报告，是在分析财务计划中各项指标完成情况的基础上，概括、提炼所编写的说明性和结论性的书面材料。它评价计划执行的结果，分析财务的损益，考核经营的得失。它通常是年度性的分析报告，必要时也有月份、季度简要分析报告。

财务分析报告的内容与表达程序，大致是这样的：(1) 基本情况。(2) 说明各主要财务指标完成情况，并通过有选择的分析，肯定成绩、揭示问题、找出原因。(3) 措施和建议。

在银行财务活动中，客观地存在许多矛盾。财务分析报告，就是要如实反映并分析财务活动中的各种矛盾，其目的在于揭示问题，提出解决办法，从而提高管理水平，促进资金流转，提高效益。

3. 银行对企业的经济活动分析报告。这是银行对企业的生产经营活动、商品流通和资金活动情况进行分析而写成的报告，银行对企业的经济活动分析，可以根据一定时期各项经济指标完成的情况进行综合分析；也可以根据企业生产、经营管理中的问题进行专题分析。

第二节 经济活动分析报告的基本因素

一、基本结构与内容

经济活动分析报告的结构，即表述程序，并不固定，但就文体的完整而言，它有标题、开头、主体、结尾。

（一）标题

1. 全称式标题。这种标题一般由分析单位名称、分析时限、分析对象及范围和文种四个部分构成，比如《××公司2013年度空调销售情况分析报告》。

2. 简称式标题。这种标题省略了单位名称或分析时限，或两项同时省略，只由分析内容和文种构成。比如《上半年手机销售分析报告》。

3. 建议式标题。这种标题指直接使用分析报告里提出的意见或建议作为标题，这类标题比较醒目，直接切入主题，让人一看就大致了解了报告要达到的目的。比如，《关于加强回笼资金管理的建议》。经济活动分析报告标题中的文种，有时也可称为“分析”、“情况汇报”、“情况说明”、“评估与建议”等，虽然没有直接点明其经济活动分析报告的性质，但还是让人一看就能明白。

（二）开头

开头的内容，一般包括：（1）概括说明形势或介绍基本情况。（2）标明分析的中心问题。（3）指出分析的目的。在开头部分写什么，不写什么，须根据全文主旨的需要而定。在文字表达上则要简明扼要。如例文二的开头部分用简洁的文字介绍了东莞市厦丽无线电有限公司的财务基本状况。

也有内容简要的分析报告，省掉开头部分，而将这部分内容附在正文中表达。

（三）主体

主体部分侧重分析。

1. 分析的内容与目标。根据银行贷款工作的要求，它对企业开展经济活动分析的目的有三：（1）评价企业经营状况。这反映在企业生产经营过程与结果的一系列有关数据上。（2）寻找提高企业经济效益的途径。它是透过影响企业效益性诸因素的分析，帮助企业挖掘潜力。（3）促进企业坚持社会主义市场经济方向。这能从有关数据的分析中，反映出企业执行国家经济、金融政策和财经制度情况。

银行开展对企业的经济活动分析，主要是以企业经营的效益性为目标。效益性指标，是通过对企业经济效益、经营管理、产品质量、发展前途以及信誉等进行考察所得出的结论。这样，它就能为银行信贷提供决策依据，既科学又可行。

2. 分析的步骤与内容：(1) 分解。即将分析的中心问题进行剖解，一直分到确定的指标。(2) 比较。即首先比计划，哪些指标完成或超额，哪些没有完成；再比上期（环比）、比上年同期（同比），评价完成得怎么样。(3) 找原因。即通过分析，找出影响指标变动的因素，进而认识外部环境的有利条件与不利条件在哪里；其内部环境的优势与劣势又在哪里。(4) 探索。即寻求发挥优势、改变劣势的途径。

本章例文一、例文三两篇，主体部分的行文、布局，便大致地反映了以上步骤。

3. 分析的表述方式。正文的表述方式灵活多变。常见的有以下几种：

(1) 叙述方式。它指按各项指标，逐一分段，叙述其变化情况及影响因素的一种结构形式。它的优点是能比较详尽地反映每个指标的变化情况及其变化因素。但是，有时若干指标的变化受同一因素的影响，写起来就显得重叠冗赘。遇上这种情况，可采取分析与综合并用的方法，经归并、概括，再有所侧重地行文。

(2) 条文方式。它指仅就主要指标扼要分析。这种方式表达内容的清晰度高，给人印象干净利索，但对中心问题的剖析不易透彻。如例文三。

(3) 表格式。即透过表格反映各项指标及其变化情况，并在表中或表后，就指标变化的因素作出说明，它使人一目了然，但不易反映经济活动变化中的错综复杂状况。如例文一、例文二。

以上几种表述方式，在实际撰文中，有的选择其中一种，有的交叉使用。

4. 数据与政策。主体部分中数据是基础，文字是对数据分析的说明，离开数据，就无从分析。综合分析报告与简要分析报告，如例文一、例文二、例文三，便典型地反映出这种情况。故数据若有水分，分析便失真；数据准确，分析结果才有价值。

正文分析，尤须遵循国家金融方针、政策。分析中，应是政策与实践合一，上下贯通。这样，分析时易于把握住重点，揭示实质，说理才中肯透彻。

数据与政策，反映在调查报告的写法上，就是“观点 + 材料”。它反映在分析报告中，即“说明 + 数据”。

(四) 结尾

结尾这一部分，一般是根据分析的结果，提出今后经济活动中改善活动进行的措施和方法。有的经济活动分析报告以说明成绩、总结和推广经验为主，这一部分就着重写明推广经验、提高经济效益的途径；有的经济活动分析报告以揭露问题、总结教训为主，这一部分就应着重写明解决问题、改进工作的措施。总之，分析问题是为了解决问题，分析是建议的前提，建议是分析的结果，两者在经济活动分析报告中有突出重要的位置。同时，提出的建议应注意具体可行、切实有效、针对性强。如例文一，对卷烟厂“经济效益分析”得出结论后，它的结尾部分，对卷烟厂今后如何提高经济效益提出了四点建议。

写经济活动分析，不能千篇一律，虽说它的基本结构有三个部分，这是本着表达完整内容需要所搭的结构框架。但实际上，由于撰文内容、要求、目的的不同，形式也就随之变化。比如，有的缺“头”，它将开头部分的内容融入正文；有的少“尾”，省略掉了建议和对策部分。

二、制作程序

制作经济活动分析报告的程序，如图 9-1 所示。

图 9-1 显示出撰写程序的纵向步骤与横向联系，从中可以看出其间内在的逻辑联系。

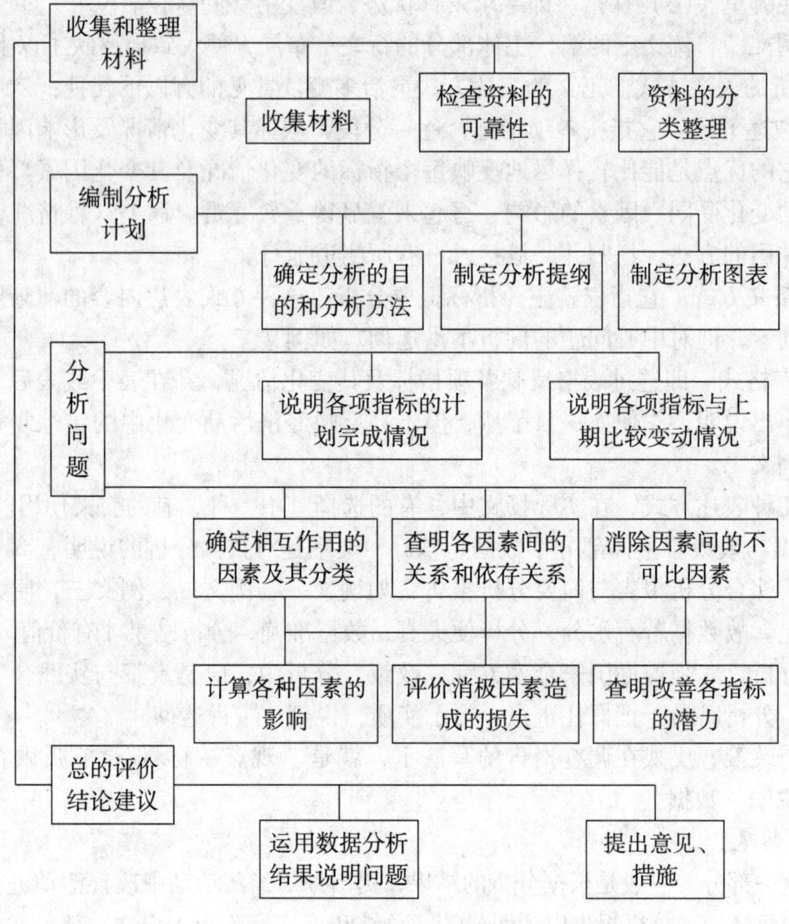

图 9-1 经济活动分析报告程序

第三节 经济活动分析的方法与要领

一、撰写经济活动分析报告的方法

撰写经济活动分析报告，既然重在分析，那么，选择与之相适应的分析方法，便显得重要了。在这方面，比较普遍运用的方法有对比分析法（找差距的方法）、因素分析法（查原因的方法）、综合法（求结论的方法）。

撰写经济活动分析报告，通篇运用相应的分析方法，它经历三个过程，即一比、二找、三改。

（一）比

比计划、比上期、比先进。比一比，事物的长短、优劣自见。这就揭开了矛盾的盖子。

对比分析法，是将两个有关的可比指标进行对比，测算相互之间的差异，来研究企业的经济活动状况的一种方法。客观事物是相互联系的，将相互联系的经济指标进行比较以显出差距，揭露矛盾，才能认识和推动事物的发展。

通常比较以下几个方面：

1. 实际指标与计划指标对比。通过对比，说明计划完成的程度，看到偏差，为下一步分析脱离计划的原因提供依据。

2. 同类指标在不同时间上对比。最常用的是本期实际数与上期实际数比、与去年同期比、与历史最好水平比，或与某一特定时期比。通过对比，反映出事物在不同时期的发展速度与增长速度。

3. 同类指标在不同条件上对比。它是指与国内外同行业先进指标比较，可以发现薄弱环节，促进转化。

4. 强度指标对比。将客观存在的相互依存、相互联系的两个性质不同但又相关的指标加以比较，求出新的指标，称为强度指标。如将资金指标与产值、销售收入比较，可以求出资金利用率。通过分析，可以从经济活动的内在联系中，更深入地认识企业生产经营的状况。

运用对比分析法，要注意经济现象或指标的可比性。即被比较的现象或指标必须在性质上同类、范围上一致、时间上有关系。

（二）找

比，看到了数量和现象的差异，这只是为揭示矛盾提供了分析的线索。客观上，任何一种数量和现象变化，都有若干因素在起作用，其中必定有主要因素和次要因素。因此，还要靠“找”来帮助，运用因素分析法，抓住其中起主要作用的因素，并经剖解，分离出它产生的原因，才能进而促使矛盾转化。

因素分析法，就是把由许多因素构成的综合数据，分解为各个因素，追本溯源，逐个剖析，找出其中原因的一种方法。通过因素分析，可以查明综合性指标变动的原因。

运用因素分析法，要注意以下几点：

1. 抓住主要问题的主要因素作重点分析，若分析时面面俱到，不分主次，就会冲淡对主要问题的认识。

2. 既要分析客观因素，又要分析主观因素，不能以客观因素来掩盖主观因素，见物不见人。

3. 要注重分析带趋向性的因素，它在现阶段虽不显眼但却是隐患，不可等闲视之。

（三）改

比和找都是分析过程，分析的目的是为了改进和提高工作。改，是不是改在点子上；改了以后，副作用大不大，这就要运用综合法来进行分析。

综合分析法，就是在具体分析的基础上，把有关因素结合起来，作为一个有机的、相互联系的总体，进行分析研究的方法。通过综合分析，可以找出最基本、最关键的因素，作出正确的判断。而后，有的放矢，便可提出切实可行的建议、对策了。

撰写经济活动分析报告，要闯比、找、改三“关”，这就必须借重分析方法。可供选择的分析方法还有很多，如程序分析法、时空分析法、盈亏分析法以及十字形图表法等。在撰文时，应根据具体内容的特点要求，掌握和使用与之相适用的分析方法，才能奏效。

二、撰写经济活动分析报告的要领

严格地讲，经济活动分析报告没有固定的体裁和写作模式，但整体要求把握四个关键词——数据准确、事实确凿、分析透彻、编报及时。

1. 数据准确。数字是财务分析报告之“灵魂”。写财务分析报告前一定要先学会数据的统计与报表的汇总，除会计报表外，还要从台账、数据中认真核对所采用之数据，并要注意其表达的准确性。

2. 事实确凿。财务分析报告应根据可靠的资料来编写，应详尽记写材料，不能随意编造事实或情况。

3. 分析透彻。从账本到报表，从数字到数字的空洞说明不能起到财务分析报告应有的作用，因而要广泛收集外部情况、情报资料，对问题与成绩作出恰如其分的评价，分析问题时要善于抓住重点、要点，多反映公司经营过程中的焦点和易于忽视的问题。在分析的基础上还应该从财务角度给予公正、客观的评价和预测。

4. 编报及时。一般来说，月度简要分析报告应在月后 4 天内上报，季度、年度财务分析报告在季后、年后 10 天内报送，专题分析报告应随时上报。目前，有的公司利用计算机技术可以做到一小时内就出报告。

经济活动分析报告是专业性很强的财经应用文，为避免其呆板、枯燥、乏味，编写过程中可在语言及表达方式上采取一些创新的手法，运用一些技巧，力求其生动、形象、易懂。如减少专业术语的使用率，采用文字处理与图表表达相结合等。要有独特的视角，鲜明的个性，切忌千篇一律。

第四节 与其他相似文体的比较

一、与市场调查报告的比较

二者的不同之处有三点：

1. 周期性不同。经济活动分析报告的周期短，属于定期报告，在月末、季末、年末或是在某一项项目结束时及时作出分析；而市场调查报告具有报道性，在市场变化和企业内部出现新问题、新矛盾时，要随时进行市场调查，在时间上是不定期的。

2. 涉及范围不同。经济活动分析报告大多属于专题报告，主要是针对各项指标的执行情况作出的报告，如根据计划、成本、销售、广告效果等作出的分析；而市场调查报告所涉及的范围要广得多，可以是市场出现的任何现象。

3. 表述形式有所不同。经济活动分析报告多以数据与表格相结合的方式进行分析，大多使用历史数据和市场调查资料，采用数学、统计方法进行专业分析，简单明了地将问题加以说明即可，一般无须过长叙述；市场调查报告的文体形式虽然也有相关数据，也要加以分析，但表现形式则可以根据内容更灵活、更多样，在表达方式上以叙述为主。

二、与市场预测报告的比较

二者的分析对象有差异，经济活动分析报告侧重于对过去和现在的经济活动进行分析，而市场预测报告则侧重于对市场未来进行预测。

[例文一]

××卷烟厂20××年上半年经济效益分析报告

××卷烟厂是近年来新建的地方国有卷烟厂，现有职工600人。建厂几年来，生产逐年上升，但利润增长较慢，远低于生产的增长。

一、基本情况

××卷烟厂本年上半年利润额略有下降，有关资料如下：

表1　　产量、销售、利润等指标对比表

指标 项目	上年上半年实际	本年上半年计划	本年上半年实际	本年与上年对比		本年与计划对比	
				差异	%	差异	%
产量（万箱）	3.8	4.2	4.2	+0.4	+10.5	0	0
销售量（万箱）	3.8	4.2	4.0	+0.2	+5.3	-0.2	-4.8
销售收入（万元）	2 000	2 200	2 060	+60	+3	-140	-6.4
销售利润（万元）	90	100	86	-4	-4.4	-14	-14
单箱利润（元）	23.68	23.92	21.5	-2.18	-9.2	-2.42	-10.1

从表1看出，本年上半年实际与上年同期对比，产量继续上升，增长10.5%，销售量增长5.3%，销售收入增加3%，但销售利润却下降4.4%，单箱利润下降9.2%。如与计划对比，除产量计划完成外，其他指标都未完成，特别是销售利润指标比计划下降

14%，单箱利润下降10.1%。

经济效益差，这是该厂需要重点分析研究的重大课题。为了分析这一问题，现收集有关经济效益的数据资料和情况，以及国内同行业的有关资料如下：

表2 上年度本厂与同行业先进水平、全国平均水平的有关指标对比表

项目＼指标	同行业先进水平	全国平均水平	本厂	与先进水平对比		与全国平均水平对比	
				差异	%	差异	%
劳动生产率（箱/人）	400	240	221	-179	-44.8	-19	-7.9
产品合格率（%）	99.9	99.5	98.1	-1.8	-1.8	-1.4	-1.4
单箱消耗烟叶（hy）	51	56	58	+7	+13.7	+2	+3.6
煤（hy）	18.9	19.2	21.1	+2.2	+11.6	+1.9	+9.9
电（度）	0.3	8.9	10.9	+4.6	+73	+2	+22.5
百元产值占用流动资金（元）	2.7	9.8	10.4	+7.7	+285.2	+0.6	+6.1
单箱利润（元）	52.20	25.10	23.20	-29	-55.6	-1.9	-7.6

从表2可以看到，与同行业先进水平比，该厂各项指标都相差很远。与全国平均水平比，该厂各项指标都有不小差距。足以说明该厂的人力、物力、财力、利用效果欠佳，生产耗费过多，利润减少，经济效益差。

二、原因分析

经过调查研究，产生上述差距的原因是：

（一）职工队伍素质较差，技术力量薄弱，劳动纪律松弛

该厂是新建厂，除少数老工人、骨干是兄弟厂支援来的外，大部分是近年进厂的新工人。目前全厂工人技术等级水平为1.9级，有的车间平均只有1.05级。职工队伍文化技术素质较低，又没有进行严格培训，劳动纪律松弛，不按规程操作。相当一部分人顶不了岗，定员超编，劳力浪费。这使得劳动生产率不高，不仅与国内先进水平相差甚多，且比全国平均水平还低7.9%；产品质量欠佳，合格率比全国平均还低1.4%。

（二）采购无计划，验收不合格

烟叶是卷烟工业的主要原料，约占卷烟成本的80%以上。为保证生产，一般要求甲99级烟叶贮备1年生产用量，其他等级烟叶贮备半年用量即可满足要求。但该厂采购无计划，盲目购进大量烟叶，积压严重。仅甲级烟叶库存量，按目前生产用量计算，即可用4年多。超额贮存从而大量占用储备资金，使资金周转减慢（由上年的40天周转一次减慢为本年上半年的56天）。百元产值占用流动资金指标也上升较多。另外，烟叶收购入库无严格的验收手续，缺斤短两、混级变质时有发生，既增加了烟叶的采购成本，

又影响了卷烟质量。

（三）消耗无定额，成本上升

由于各项规章制度不健全，生产用料无严格定额和核算，材料和能源的消耗偏高。

从表2可看出，上年度每箱卷烟消耗烟叶58千克，比全国平均水平超过3.6%，消耗煤和电也分别超过9.9%和22.5%，本年上半年仍无下降趋势，使成本降低计划难以完成，从而利润计划也没完成。

（四）追求产量，忽视质量

因片面追求产量，忽视了质量。加以新工人增加，技术力量薄弱，卷烟质量逐步下降。上年度产品合格率为×%，比全国平均水平低1.4%；本年上半年与去年同期对比，一级品率下降，次品烟和废品烟比重上升，以致平均单价略有降低，使销售收入受到影响。

此外，由于烟叶提价，水费提高和银行利息升高等客观因素，也给经济效益带来不利影响。

三、对策建议

根据上述分析过程和结果，该卷烟厂今后应在如何提高经济效益方面多做些努力，具体来说，应从以下几个方面进行改进：

（一）积极抓好职工队伍的培训工作，提高他们的文化技术素质。同时大力整顿劳动纪律，制定各项岗位责任制。

（二）加强计划管理工作，健全各项规章制度，使采购有计划，消耗有定额，费用开支有预算，材料和成品进出库有严格的验收和发货手续。

（三）努力提高产品质量，搞好市场调查，以销定产。

（四）搞好经济核算，加强经济活动分析工作，及时总结经验教训，发扬成绩，提出措施，改进工作。

［简析］

这是一篇综合经济活动分析报告。标题为“全称式标题”，文章通过情况——原因——建议三个部分展开分析。作者以大量数据资料为基础，运用比较分析法、因素分析法多种分析方法，对影响经济效益的具体因素逐一展开深入细致的分析。文章材料充实，层次清楚，挖掘问题深入，语言准确，是一篇较好的经济活动分析报告。

［例文二］

东莞市厦丽无线电有限公司财务处
二〇一一年第一季度财务分析报告

公司经理办公室：

今年是“十一五”计划的第一年，我公司要在东莞市有更快的发展，就必须打好基础，严把财务关。根据一月份至三月份的财务情况与去年同期相比，利润下降、成本增加、销售额降低、流动资金占用增加，需引起公司领导和全体员工的高度重视。

2011 年 1—3 月主要财务指标情况表 单位：万元，%

项目	计划	实际	增减	本期	去年同期	增减
利润	100	80	-20	80	99	-19
成本	140	160	+20	160	145	+15
销售额	170	140	-30	140	165	-25
流动资金	400	450	+50	450	380	+70

现将各项目指标分析如下：

我公司根据原定发展规划与上年各项指标完成情况，制订了2011 年财务计划。今年原定利润 1 ~3 月共 100 万元，而实际完成 80 万元，比上年同期少 19 万元。成本计划 140 万元，实际 160 万元。利润下降的根本原因，是成本上升、销售额下降造成的。成本上升，全公司各部门都有不同程度的责任。由于去年我公司经济效益较好，大家有松一口气的感觉，过年集体活动增多、奖金比去年同期增加 10 万元。各车间劳动纪律有一定松懈，正常工作日未完成生产计划，人员加班合 200 个工作日，多付出加班费 5 万元。此外，开发处开发新产品比计划多投资 3 万元。

销售情况，原定计划完成 170 万元，实际完成 140 万元，比去年同期减少 25 万元，导致库存增多，占用流动资金。流动资金计划 400 万元，实际 450 万元，比去年同期增加 70 万元。目前尚未与银行结算，利息要多付出 7. 5 万元。该利息多支出，必将影响下一季度的利润和成本。

鉴于目前情况，建议如下：

1. 根据实际情况修订公司工作计划与财务计划，在尽可能的情况下，提高利润指标。

2. 今年后三个季度要严格执行生产计划和财务计划。各部门要加强管理，不得超计划发放奖金和加班费。

3. 开发处加快开发新产品，争取下一季度有适应市场需要的新产品问世，以增强产品竞争力。

4. 销售科要给销售人员制定工作指标，争取提高销售额，降低库存率。

以上报告、建议，请公司领导研究定夺。

二〇一一年三月二十四日

［简析］

该文是公司季度经济活动分析报告。文章开门见山地点出问题，列出主要财务指标用以说明情况，起到了提醒读者注意的作用。全文文字简明，主旨突出，运用比较的方法，说明了问题的严重性。工作建议，依据前面的分析，针对存在的问题而谈，有可行性。

［例文三］

2013年第三季度财务情况分析

进入今年以来，××市场出现稳定增长的势头，但商业经营的困难仍然很大，经济效益仍不甚理想。第三季度全市商业系统主要财务指标完成情况是：

商品纯销售完成4 061.2万元，比上年同期（下同）增长689.2万元，上升幅度为16.97%。商品销售毛利372.5万元，减少22.4万元，下降5.67%，毛利率为9.17%，比同期降低2.54%。商品流通费118.4万元，减少27.1万元，下降18.63%。费用水平为5.94%，比同期降低1.67%。实现利润84.4万元，减少25万元，下降22.85%。全部流动资金平均周转一次为141天，减慢4天。

从上述指标完成情况来看，今年与上年相比可谓喜忧参半。其原因有主观的，也有客观的。现就具体情况简要分析如下：

（一）商品销售情况分析

今年第三季度商品纯销售额4 061.2万元，较上年同期增加689.2万元，增长16.97%。分析其原因为：

1. 启动市场。扭转经济效益滑坡的被动局面，已经从中央到地方引起各级领导的重视。国家采取了一系列微调措施，使一度疲软的市场出现了转机。当前市场回升，价格趋稳。人们由持币待购转为有理智地选购，尤其表现在家用电器等耐用商品上，与上年同期相比，冰箱销售增长2.95倍，彩电增长14.77倍，录音机增长1.24倍，自行车增长1.24倍，空调增长4.21倍，电扇增长85.94%，洗衣机增长56.47%。毛绒、洗衣粉、肥皂等日用品的销售也成倍增长。耐用品及日用品销售上升是销售增长的主要原因。

2. 各单位注重市场调查和预测，及时组织了名、优、新、特商品，刺激了商品需求的增加，春节期间全系统积极组织货源，努力充裕市场，满足了供应，无断档脱销现象出现。如糖酒公司春节期间购进白酒2万多箱，其中贵州茅台400多箱，董酒、五粮液、二曲、尖庄近万箱，及时供应市场，销售达446万元。

另外，商业系统狠抓优质服务，开展送货下乡活动及门前摆摊销售，适时召开春节商品展销会，加强了酒类专卖等，促进了营销工作的开展。

（二）商品销售毛利情况分析

本季度全系统实现商品销售毛利372.5万元，较上年同期减少22.4万元，毛利9.17%，比上年同期降低2.54%。分析其原因为：

1. 今年以来，市场物价回落，消费市场趋于稳定。有些生产适销对路的厂家纷纷降低或取消回扣。如石家庄鞋厂供应的鞋类，取消了回扣，不分对象，一律实行统一价格，使这一类商品毛利水平下降。

2. 为占领市场，各单位普遍采取薄利多销政策，让利于民，致使经营利润下降。另外人民市场、丽华商场、环西路商场等单位，取消了回扣，不分对象，一律实行统一价格，致使毛利率下降。

3. 销售结构的变化也导致了毛利率的下降。今年毛利率较低的家电、日用消费品销售增长幅度很大，而毛利率较高的化妆品、副食等增长幅度较小，导致了毛利率下降。

4. 今年第三季度，食品公司的主营品种生猪猪源减少而外流增加，生猪收购价高，外调无利可图，使毛利率比去年同期下降6.35%，下降幅度为42.5%。今年第一季度生猪平均收购价为每公斤2.96%，较上年同期上调0.54元。外调价平均每公斤3.60元，较去年同期上调0.14元。每公斤购调差比去年减少0.4元。第一季度食品公司收购生猪78.7672万公斤，增加收购成本31.5万元，导致商业系统毛利率下降0.78%。

（三）商品流通费情况分析

商品流通费本季开支118.4万元，较上年同期减少27.1万元，费用水平为5.94%，较去年同期下降1.67%。直接费用较上年同期下降1.39%，间接费用下降0.28%。

商品纯销售上升，直接费用率、间接费用率多呈下降趋势，说明我们开展“双增双节”活动取得了一定成效。今年以来多数企业有计划地清退临时工，实行自装、自卸；有计划地节约开支。有问题商品、有问题资金的处理，拖欠款的清理，相应地节约了利息开支。各单位合理选择运输工具和运输路线，节省了运杂费开支。这些都表明商业系统加强了费用管理，注重了节约。

（四）利润完成情况分析

第三季度全系统实行利润84.4万元。较上年同期减少25万元，下降22.85%。下降幅度最大的是食品公司，幅度为95.9%。主要原因是生猪收购开放，生猪收购受到冲击。仅此一项今年较上年同期少实现利润30万元。若剔除这一因素，利润较上年尚有增长。

从其他单位的情况看，百货、糖酒等10个单位利润较上年都有不同程度的增长。用目标利润来考核，百货公司第一季度超额完成全年利润任务。华侨公司、服务公司、纺织站、糖酒公司、烟草公司、××旅馆、××商场分别完成全年利润的57.5%、45.5%、42%、37.5%、31.5%、26.8%、25%，都按时间进度完成了利润任务计划，实现了首季开门红。影响今年利润的主要因素是：

1. 商品纯销售增加了689.2万元，导致利润增加80.7万元。

2. 由于毛利率下降2.52%，导致利润减少了103.2万元。

3. 由于费用水平下降1.67%，导致利润上升67.9万元。

4. 商品削价损失提取增加，导致利润减少5.5万元。

5. 工业企业亏损导致利润减少6.5万元。

6. 饮食服务、储运企业较上年多完成利润1.7万元。

7. 营业外收支相抵及其他因素导致利润减少59.8万元。

以上增减相抵，净减利润25万元。

（五）流动资金使用情况分析

本季度平均流动资金占用6 371万元，较上年同期5 133万元增长1 238万元，增长24.12%；资金周转慢4天。影响资金周转有两个因素：一是商品纯销售，一是资金占用额。从销售上看，较上年增长16.97%。因此资金周转慢的原因主要是资金占有偏高。从3月末资金占用状况看（见下表，略）和上年同期相比，虽然全部流动资金中商品及材料占用比重较上年呈上升趋势，非商品资金、结算资金呈下降趋势，但流动资金占用增加1 517.9万元，增长幅度为28.04%，高于商品纯销售增长速度，显然有其不正常因素；其结算资金占用偏高的情况仍没有从根本上扭转。因此清欠增收，压缩结算资金占用的任务还很艰巨。但也应看到资金的内在潜力很大，资金管理有待于加强。

（六）今后工作的意见

1. 资金结构的不合理，严重制约着企业的资金效益和经济效益。为此，应从调整资金结构，清理“三角债”入手，推行“银行内部”保本、保利期分析等先进的管理办法，充分发挥资金的效益。今后对资金的使用要推行责任制，并与个人利益挂钩。

2. 推行规模经营，充分发挥国营企业整体和主渠道作用。组建以大中型企业为龙头的购销联合体，采用联购分销等形式，利益共沾，风险共担，发挥国营企业的整体优势，使国营企业在激烈的市场竞争中立于不败之地。

3. 狠抓扭亏工作。结合全国开展的“质量、品种、效益年”活动，对亏损企业要按分级负责的原则，实行扭亏定额包干目标责任制，制定切实可行的扭亏措施。同时把扭亏与深化商业改革结合起来。从规模经营、发挥整体优势出发，对长期亏损的企业要采取兼并、撤销或转产的办法，压缩亏损面。

××市商业协会

二〇一三年十月十日

[简析]

该文是一篇简要分析报告，文章开头用简明扼要的语言介绍了第三季度全市商业系统主要财务指标完成情况，然后分别就商品销售情况、商品销售毛利情况、商品流通费情况、利润完成情况、流动资金使用情况等几方面进行了深入分析，且每一部分紧密结合对比分析与因素分析方法，最后提出三点工作建议，具说服力。

[思考与练习]

一、就节日期间本市市场上各大商场手机销售的情况，进行综合分析，写一份经济活动分析报告。

二、运用所学的文体写作知识，对下面这篇经济活动分析报告进行评析。

提示：（1）评析应着眼于文章的写法，要对文章的总体构成和各构成要素作简要的说明、分析；

（2）分析要有逻辑性，要能自圆其说。

××化肥厂×××年财务计划执行情况分析

在市委、市政府和上级主管部门的正确领导以及财政、税务、银行等部门的支持下，我厂认真贯彻执行深化企业改革的方针、政策，狠抓企业管理，促进了经济效益的大幅度提高。合成氨计划产量 11 000 吨，实际产量 13 827 吨，超产 2 827 吨，比上年 12 741吨增长 8.5%；产值计划 890 万元，实际完成 890.2 万元，比上年 848.9 万元增加 4.7%。利润、流动资金、专项基金等主要经济指标创历史最好水平，较好地完成了××××年财务计划。现将执行情况分析如下：

一、实现利润分析

利润计划总额 194 万元，实现利润 194.6 万元，比上年增加 4.6 万元。利润增加的主要原因，一是销售数量增大，使利润增加 7.5 万元；二是化肥价格调整，增加利润 36.4 万元。也有一些客观原因使利润减少：一是销售成本增加，减少利润 25.92 万元；二是提取技术开发费，减少利润 14.5 万元；三是营业外支出增加，减少利润 3 万元；四是营业外收入减少，减少利润 0.2 万元。

二、产品成本分析

可比产品总成本比上年上升 259.2 万元，上升 23%。主要原因：一是原料、燃料、动力价格调高，增加成本 232.6 万元；二是费用增加，增加成本 104.3 万元。也有一些项目的可比产品成本降低，如煤、焦、电消耗减少，使成本下降 55.4 万元。

三、流动资金分析

1. 流动资金下降。在生产能力提高，原、辅材料价格上涨的情况下，狠抓了流动资金管理，调整了各部门流动资金使用指标，促进了流动资金管理水平的提高。今年定额流动资金平均余额 97.3 万元，比上年下降 0.7 万元。

2. 流动资金平均余额 189 万元，百元销售收入占用流动资金 11.82 元，比计划的 12.98 元下降 1.16 元，节约资金 18 万元，达到全国同行业先进水平。

3. 百元产值占用定额流动资金 10.91 元，比上年的 11.52 元下降 0.61 元。定额流动资金周转天数 22 天，比上年 31 天加快 9 天，节约定额资金 40 万元，全年未向银行贷款。

四、专用基金分析

今年提取大修理基金 43.6 万元，职工福利基金 4.1 万元，企业留利 106.5 万元，按 6:2:2 的比例分成，其中生产发展基金 65.1 万元，职工奖励基金 21.7 万元，职工福利基金 21.7 万元。年末各项基金总额计 183.3 万元，为企业扩大再生产打下良好的基础。

五、几点建议

1. 挖掘企业潜力，降低成本。降低物资消耗，尤其是原料和燃料的消耗，努力提高工艺技术水平，降低材料单耗。

2. 继续抓紧抓好资金管理工作。年终，对资金使用有节余的车间和部门根据资金管理条例给予结算兑现。

3. 加强煤场的管理工作，提高原材料的成本率，减少煤耗和煤厂费用开支。

××××年×月×日

三、根据下列资料，拟写一份财务分析报告。

1. 单位：××电脑公司，时间：2004 年第二季度。

2. 应收账款 4.2 万元，应付账款 5.8 万元，销售收入为 30 万元，较计划多完成 127%，计划利润 20 万元，完成 96%。

3. 产品成本 4 320 元/台，与计划相比，提高了 78 元/台，同行业可比产品成本为 4 506元/台。

第十章

经济合同

JINGJI HETONG

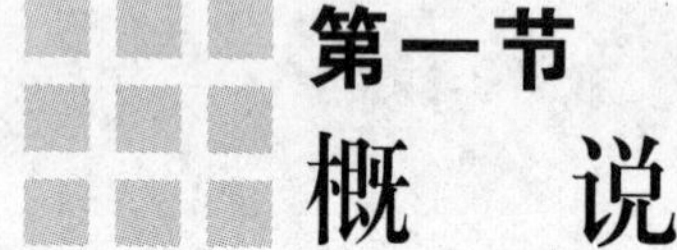

第一节 概　　说

一、经济合同的含义

合同，是当事双方（也有三方或多方）彼此为确定相互的权利和义务而达成的书面协议。《中华人民共和国合同法》阐明：“合同是平等主体的自然人、法人、其他组织之间设立、变更、终止民事权利义务关系的协议。”签订经济合同，既是一种经济活动，又是一种法律行为。合同一经签订，任何一方都不得擅自违反。如有违反，则要承担相应的经济责任和法律责任。经济合同，是协作关系的具体反映，是用经济办法管理经济的有效手段。

合同，有人叫“协议书”，不过在实际运用中，两者又略有不同。合同的条款拟定得较具体、细致，具有法律的约束力。而协议书则可以拟得原则一些，单纯一些，允许有一定的机动性。在涉外经济活动中，合同与协议书则完全是两码事，是两种作用不同的文种。在时间上，协议书在前，合同在后；在内容方面，合同比之协议书，往往有许多修改之处。合同的签订会使协议书失去意义。

二、经济合同的种类

经济合同名目繁多，分类方法也多种多样。

按内容性质分，有买卖合同，建设工程合同，承揽合同，运输合同，供用电、水、气、热力合同，仓储合同，保管合同，租赁合同，借款合同，保险合同，技术合同等。

按是否交付标的物分，有承诺合同、实践合同。

按时间分，有长期合同、短期合同、一次性合同。

按形式分，有表格式合同、条款式合同。

总之，合同种类会随着社会经济制度、生产经营方式和经济活动条件的改变而改变。在特定的经济时期，会产生与之相适应的合同种类。

银行使用较多的是信贷资金供应和管理合同，或称借款合同。

三、经济合同的基本内容

经济合同的基本内容，就是当事人双方一致同意的条款，并据此来确定当事人之间的权利和义务关系。经济合同的条款有基本的与普通的两种。而基本条款则是决定合同成立必不可少的条件。根据我国《合同法》规定，有以下几项内容：

1. 标的。标的是指经济合同当事人双方权利和义务共同指向的对象，是经济活动所要达到的目的。标的根据合同类别而有所不同。有的指实物，有的指货币，还有劳务、工程项目、科研成果等。任何一种经济合同，都要有明确的标的。没有标的，就不成其为合同。标的不明确，合同就无法执行。

2. 数量和质量。数量和质量是标的的具体化，也是确定权利和义务大小的尺度。没有数量和质量，经济合同就无法成立，不能生效；数量和质量不明确，就难以确定其权利、义务的大小、任务的轻重。因此，经济合同的计量单位必须精确、具体。数量要准确、清楚，质量要求也应明确、具体。如产品的品种、型号、规格，要不要提供样品、工程项目标准、货币的品种（如人民币、美元或港元）、数目都应清楚无误。否则，就会产生纠纷。

3. 价款或酬金。价款或酬金是标的的代价。它是当事人一方取得对方产品、接受对方劳务或智力成果所支付的代价，这是经济合同价值的货币表现，是关系到合同能否顺利执行的关键内容，要依据国家的政策、法令合理议定，并具体明确地载入合同。

4. 履行期限，地点和方式。期限是指合同的时间界限，即合同的有效期限和合同的履行期限；地点是指当事人完成承担义务的地点；方式是指当事人以什么方式来履行义务。如一次履行还是分批履行，是送货还是提货，是汽车运输还是火车运输等。无论是期限、地点还是方式，合同都必须作出具体规定。

5. 违约责任。这是对不按合同规定履行义务的制裁措施，即不履行合同应负的损失赔偿责任以及发生意外事故的处理。这对监督当事人履行经济合同义务、维护经济合同的法律严肃性均有重要意义。

此外，还有当事人的名称或者姓名和住所，解决争议的方法等内容。这些基本内容是一个有机的整体，缺一不可。

第二节 经济合同的写法和写作要求

一、经济合同的写法

经济合同有特定的格式，一般有条款式、表格式及条款与表格结合式。往往都由下列四个部分组成。

（一）标题

标题，即合同名称，要标明合同的性质。如《信贷资金供应和管理合同》、《外商投资企业信用借款合同》、《外商投资企业财产抵押借款合同》等。

（二）立合同单位（或人）

写明签订合同双方（或多方）的单位名称和法人代表姓名。有的在单位名称之前加上“立合同单位”字样。为了行文方便，可以注明一方为“甲方”或“供方”、“卖方”，另一方为“乙方”或“需方”、“买方”，作为立合同单位的代称，一般上下并列书写。

（三）正文

这是合同的主要部分，一般包括下面三点内容：

1. 开头。写明签订合同的依据和目的。

一般写法是：“为了××××经双方共同协议，订立下列条款，以资共同恪守。”涉外借款合同，则这样开头：“……借贷双方经协议，一致同意订立并履行以下全部条款。”

2. 主体。写明双方协议的主要条款，即第一节中所述的基本内容部分。

3. 结尾。写明“附则”，即对意外事故的处理、合同有效期限、合同份数和保存期限。如有表格、图纸等附件，可以附在主体后面，并注明件数。

（四）落款

落款由署名、日期和盖章构成。写法是在正文之后，另起一行，写明双方单位全称及代表姓名。在署名下方，写明签订合同的日期。在姓名与日期上方盖章。

有的合同还要有保证单位和鉴证机关，并加盖公章，方为有效。

二、经济合同的写作要求

（一）遵循一定的原则

经济合同依法而立，具有法律效力。因此，签订合同必须符合国家有关的法律、政策、法令的规定，符合国家计划的要求。同时，必须坚持平等互利、协商一致、等价有偿的原则。此外，还必须实事求是，严肃对待。签订涉外合同，要维护国家尊严和正当的权益，不做有损国格的事情。涉外双方当事人的权利、义务关系，可参照国际惯例。

（二）内容要明确、具体

合同条款的内容，关系到双方的经济利益和法律责任。一经签订，双方就得执行，不得随意涂改或终止。因此，条款内容要明确、具体、周密。重要事项不得遗漏或含糊。打印、书写也须工整、清楚。一式多份，各执一份。如有修改，须经双方同意，各份作同样修改，并加盖印章。否则，稍有疏忽，就可能引起纠纷，影响合同的执行，甚至造成经济损失。

（三）文字力求准确、简洁

合同的语言文字要准确、简洁，词意不得含混。前后用语要一致，标点符号要正确。做到字字准确，句句严谨，特别是关键性的地方，更要再三斟酌，不发生歧义，无懈可击。表示货款或物品的数目，要用大写。否则，用错一字，或少用一个标点，往往会引起经济纠纷。在经济纠纷案件中“一字之错，痛失千金”之事，时有发生。

（四）合同要履行鉴证手续

经济合同拟好后，最后先报请有关鉴证机关进行鉴证或公证。所谓鉴证，就是对合同的合法性、可行性、真实性进行审查、验证，并监督合同正确执行。

（五）银行贷款合同的特殊要求

贷款合同是经济合同的一种，撰写时，除了遵循一般经济合同要求外，还要遵循特殊要求。银行与客户签订贷款合同时，为防范贷款风险，必须考虑对方资信实力，做好调查、评估工作。一般来说，流通资金贷款，要做好贷前及贷中的调查报告；固定资产贷款，要做好项目评估报告，目前各行使用的贷款合同，在开头“立合同单位”部分，一般由三方构成，即除甲、乙两方外，还有丙方。丙方就是保证方（担保方或抵押方）。如果借方不能偿还贷款时，就由保证方负责偿还。

［例文一］

中国××银行固定资产借款合同

立合同单位：________（以下称借款方）

________（以下称贷款方）

________（以下称保证方）

为明确责任、恪守信用，特签订本合同，共同信守。

一、借款方向贷款方申请借款人民币（大写）________万元，用于________项目，借款实际发放额在本合同规定期限内以借据为凭，并作为本合同附件。

二、贷款方在国家信贷计划和合同条款规定之内，根据借款方按工程进度报送的工程用款计划和用款借据，及时审查发放贷款，以保证借款方工程进度的资金需要，如因贷款方责任未按时供应资金，要根据违约金额和天数给借款方付违约金。借款方违反规定、擅自改变用款计划，挪用贷款或物资，贷款方有权停止发放贷款，被挪用的贷款要加收50%的罚息并如数追回。

三、借款期限为________年________月，从放出贷款之日起到全部收回本息，具体用款和在此规定期限内分次或一次偿还，时间和金额以借据为凭，并作为本合同附件，利率按项目借款合同期限确定月息为________%。按季收取利息，贷款逾期除限期追收外，按规定从逾期之日起，加收利息20%，并按逾期后的利率档次，重新确定借款利率。

四、借款方保证按期用________资金偿还全部借款本息，贷款逾期未还的部分，贷款方有权限期追收贷款，必要时贷款方可从借款方账户中扣收，借款方在其他银行还有存款账户的，可商请该行代为扣款清偿。

五、借款方按照银行抵押贷款办法规定，愿以自己拥有的财产或贷款新增的固定资产充当抵押，抵押品另附明细清单，作为本合同的附件。借款方不履行合同时，贷款方对抵押品享有处理权和优先受偿权。

借款方请________作为借款的保证方，经贷款方审查，证实保证方具有足够代偿借款的财产，保证方有权检查和督促借款方履行合同，当借款方不履行合同时，保证方同意连带承担偿还本息的责任，必要时由贷款方从保证方的账户内扣收。

六、贷款方有权检查、督促贷款使用情况，了解借款方的经营管理、计划执行、财务活动、物资库存等情况，借款方应提供工作便利。借款方必须按时向贷款方报送有关工程进度、贷款使用情况及统计报表和资料。贷款项目竣工、验收和审查决算时，要有贷款方参加。

七、因国家调整计划产品价格及修正概算等原因，需要变更合同时，由借、贷方签订变更合同的协议，并经保证方同意，作为合同的补充部分。

本合同经签字后生效，贷款本息全都清偿后自动失效。本合同一式三份。贷款方、借款方、保证方各执一份；合同副本________份、报送________有关单位各留存一份。

贷款方　　　　　　　　　　　　　　借款方
（公章）　　　　　　　　　　　　　（公章）
法定代表人：　　　　　　　　　　　法定代表人：
（盖章）　　　　　　　　　　　　　（盖章）
保证方　　　　　　　　　　　　　　双方协议的附加条款：
（公章）　　　　　　　　　　　　　开户银行和账号：
法定代表人：　　　　　　　　　　　本合同的附件：
（盖章）

年　　月　　日

［例文二］

中国××银行××市分行
抵押贷款合同

贷款人（抵押权人）：中国××银行××市分行________

借款人：________

抵押人：________

根据《贷款通则》、《借款合同条例》及《担保法》的规定，借款人、贷款人、抵押人经协商一致订立本合同，共同遵守。

一、贷款内容

1. 贷款种类：________（短期贷款/中期贷款/长期贷款）。

2. 贷款用途：________

3. 贷款币别：________（人民币/美元/港元）

4. 贷款金额（大写）：________

5. 贷款利率及计息：

（1）人民币贷款：月利率________‰（如遇国家利率调整，人民币利率作相应调整）。

（2）外汇贷款利率：年利率________%，按________个月浮动。

贷款人按________（月/季）向借款人计收利息，每________（月/季末）二十日为收息日。

6. 贷款期限：从________年________月________日起至________年________月________日止。在贷款期限内贷款起始日、到期日以借据为准。

7. 还款方式：________（到期还本/分期还本）

分期归还的日期和金额：________年________月________日归还________万元；________年________月________日归还________万元；________年________月________日归还________万元；________年________月________日归还________万元。

二、借款人义务

1. 在贷款人营业机构开立结算账户，因本合同贷款而产生的所有结算业务，必须通过该结算账户办理。

2. 按季向贷款人提供真实的资产负债表、损益表、财务状况变动表，并提供所有开户行、账号及存款余额等资料。

3. 接受贷款人对其使用贷款资金情况和有关生产经营、财务活动的监督。

4. 按规定用途使用贷款。

5. 按时支付贷款利息。

6. 按期归还贷款。如需延期还款，借款人应于贷款到期前向贷款人提出延期还款书面申请，经贷款人同意后签订贷款延期协议。

7. 用本企业资产对他人债务进行担保，应事先通知贷款人，并且不得影响贷款人到期收回贷款。

8. 借款人变更法定代表人、住所或经营场所时，应事先通知贷款人。

9. 合同期内不得减少注册资金。

10. 借款人因实行承包、租赁、联营、股份制改造、分立、兼并、合并、对外投资、产权转让、企业解散及其他原因而改变经营管理方式或产权组织形式时，应征得贷款人同意，并清偿贷款债务或提供相应的担保。

三、违约责任

1. 借款人违反上述借款人义务任何一款内容，贷款人有权提前收回贷款、停止发放借款人尚未使用的贷款、采取其他信贷制裁措施或提起诉讼。

2. 对挤占挪用融资按日利率________‰，计收利息或在原利率基础上加收____（个百分点/‰）的罚息。

3. 对逾期贷款按日利率________‰计收利息或在原利率档次基础上加收____（个百分点/‰）的罚息。

4. 对到期应付未付贷款利息按日利率计收________‰的滞纳金；对应付贷款本金按日利率收________‰的滞纳金。

四、抵押担保

1. 抵押人以其所有的________（抵押物名称）________（权利证书名称及编号）________（数量）为本合同贷款提供抵押担保。借款人不履行还款义务时，贷款人有权依法处分抵押物，以所得价款优先受偿（抵押物未交足地价的，所得价款在补足地价款后由贷款人优先受偿），不足受偿的债权由借款人清偿。

2. 抵押担保范围包括贷款本息、手续费、滞纳金及实现债权的费用。

3. 抵押担保期间自本合同生效之日起至贷款本息、手续费、滞纳金及实现债权的费用清偿之日止。

4. 在本合同签订后十五天内，借款人、贷款人、抵押人应将合同公证，并到有关部门办理抵押物登记手续。公证费、评估费、登记费等有关费用由借款人或抵押人支付。未办妥抵押物登记手续的，贷款人有权不予发放贷款。

抵押人须将有关权利证书正本交给贷款人保管，至贷款本息清偿后由贷款人归还抵押人。

5. 在本合同签订后五天内，抵押人应按贷款人的指示办理抵押物财产保险，并在保险期届满前办理保险手续，直至贷款本息清偿为止。保险费用由借款人或抵押人支付，保险单正本交由贷款人保管。不按此办理保险手续的，贷款人有权不予发放贷款或提前收回贷款。

6. 抵押人对抵押物负有妥善保管责任。如因抵押人的过错致使抵押物价值减少的，抵押人必须立即提供与所减少的价值相当的担保，否则贷款人有权提前收回贷款。

7. 未经贷款人书面同意，抵押人转让、出租或以其他方式处置抵押物的无效。

8. 当借款人到期不偿还贷款时，贷款人可单独前往有关部门办理延长抵押期登记。

9. 当贷款人与借款人签订《抵押贷款/融资合同延期协议》后，抵押人继续为贷款提供抵押担保。

10. 抵押担保不因贷款合同的变更或贷款的无效而解除。

五、贷款人依照本合同规定提前收回或到期收回贷款本息时，可以直接从借款人账户中扣收，并立即行使抵押权。

六、借款借据、抵押承诺书及抵押物清单为本合同不可分割的组成部分。

七、本合同经各方代表人签字并加盖公章后生效，抵押担保条款在抵押登记后生效。本合同一式六份，贷款人二份，借款人、抵押人、公证部门、抵押登记部门各执一份，具有同等法律效力。

八、本合同适用中国法律，诉讼管辖地为××市。

九、其他事宜：

1.

2.

贷款人：　　（公章）　　借款人：（公章）　　抵押人：（公章）
代表人签名：　　代表人签名：　　代表人签名：
地址：　　地址：　　地址：
电话：　　电话：　　电话：
传真：　　传真：　　传真：

年　　月　　日于××市

抵押物名称	数量	购建原价	评估现价	币别	权利证书名称及编号
抵押物评估总现值：　　元（大写）					
抵押物质量、状况及有关情况说明： 抵押人（公章）：					
抵押登记机关登记记录					

[例文三]

楼宇按揭（抵押）贷款合同

××银房按字〔20××〕号

贷款方：中国××银行××市分行房地产信贷部

（以下称抵押权人）

地　址：中国××市

借款方：

（以下称抵押人）

地　址：

担保人：

（以下称开发商）

地　址：

第一条　总则

抵押人因资金不足，向抵押权人申请楼宇按揭（抵押）贷款，抵押人和抵押权人及担保人经协商一致，共同签订本楼宇按揭（抵押）贷款合同（下称合同）。抵押人自愿将其与担保人所签订的《房地产买卖合同》之全部权益抵押给抵押权人，并同意在该房地产买卖合同项下之房地产工程竣工、开发商发出入伙通知书（收楼纸）后，立即办理房地产抵押登记手续，以该物业抵押予抵押权人，保证抵押权人为第一受益人，并保证履行本合同全部条款；担保人同意抵押人将其签订的《房地产买卖合同》之全部权益抵押给抵押权人，并自愿承担本合同项下贷款的担保责任，抵押权人同意接受抵押人上述《房地产买卖合同》之全部权益及《房地产买卖合同》项下之房地产物业，作为本合同项下贷款的抵押物，并接受担保人承担本合同下贷款的担保责任，抵押权人向抵押人提供一定数量、期限的楼宇按揭（抵押）贷款，作为抵押人购置《房地产买卖合同》项下之楼花或现楼之部分楼款。

第二条　抵押权人、抵押人、开发商应共同遵守《中国××银行××市分行房地产信贷部楼宇按揭（房屋抵押）贷款管理办法》的各项规定。抵押权人向抵押人提供的贷款，抵押人只能用于购买商品房屋，不能挪作他用。

第三条　贷款币种、金额

1. 贷款金额人民币（大写）：　　仟　　佰　　拾　　万元整。

2. 抵押人在此不可撤销地授权抵押权人将上述贷款金额全数以抵押人购楼名义，以转存方式划入购房合同或协议指定的开发商在××银行房贷部开立的售楼款专户。

第四条　贷款期限

贷款期限为　　年　　月，即由　　年　　月　　日起至　　年　　月　　日止。

第五条　利率与利息

1. 贷款利率：月息为　　‰。

本合同履行期间，如遇到国家调整利率，本合同项下的贷款利率亦作相应调整，××银行房贷部无须另行通知抵押人和担保人。

2. 起息与计息。

(1) 起息按贷款实际发生日起计息。

(2) 计息按贷款余额计算。

第六条　还款

1. 本合同项下之贷款本金及其相应利息，抵押人以分期付款方式进行还本付息，必须于每月　　日前向抵押权人归还　　　元贷款本息。

2. 首期还款日：　　年　　月　　日，计　　　元。剩余款项分　　期偿还，计划还清本息日期为　　年　　月　　日。

3. 每期还款金额的计算公式：

每月还款金额（本息）＝……

每月等额偿还贷款本息额＝……

第七条　资料费

抵押人应向××银行缴付200元的资料费，在贷款日一次性付清。

第八条　贷款之抵押物和抵押物登记

本合同项下的抵押物是楼花抵押及现楼抵押，以物权为担保，作为抵押人偿还本合同项下贷款本息的保证。抵押物的总价值为人民币　仟　佰　拾　万　仟　佰　拾元整，担保　　万元贷款的偿还。

1. 本合同项下之楼花抵押系指楼宇建筑期内抵押人将其与担保人签订并经过公证机关公证的《房地产买卖合同》中，抵押人所应拥有的全部权益作为贷款的抵押抵押给抵押权人，并到当地房地产权登记处办理楼花抵押登记手续，保证抵押权人为第一受益人。如抵押人或担保人未能依约履行还款责任或担保义务时，抵押权人即可取得抵押人在该《房地产买卖合同》内之全部权益，以清偿其所有欠数。若抵押物不足以赔偿抵押人所欠抵押权人的款项时，抵押权人有权向抵押人或担保人追偿，直至还清所有欠款为止。

经公证机关公证后的《房地产买卖合同》正本交由抵押权人保管。

2. 本合同项下之现楼抵押，是指抵押权益之《房地产买卖合同》项下的房产竣工后，抵押人将该房地产物业作为贷款抵押物抵押予抵押权人，抵押人在此授权开发商将入伙通知书送达抵押权人，委托抵押人代向房地产权登记处申领《房地产证》并办理房地产权抵押登记手续，保证抵押权人为第一受益人。

3. 抵押人和担保人确认，无论何种原因致使抵押权人不能领取《房地产证》，抵押人和担保人均应负全部责任，并负责赔偿抵押权人因此遭受的所有损失。

4. 在本合同项下的贷款本息及其他费用还清之前，《房地产证》交由抵押权人执管。抵押登记费和房地产权登记费用由抵押人负担。

第九条　担保人责任

1. 担保数额为本合同项下贷款本金和由本金所产生的利息（包括违约加息）及其他有关费用。

2. 担保期限从贷款日起，至按揭（抵押）贷款合同履行完毕失效为止。

3. 担保人确认第一条总则所规定的担保人的责任。担保人同意抵押人将其《房地产买卖合同》之权益抵押予抵押权人，承认抵押权人在抵押人清偿本合同全部贷款本息之前，无条件地拥有该《房地产买卖合同》中抵押人的全部权益并保证该权益不受任何人（包括担保人）的侵犯。同时担保人还确认，本合同项下之担保为不可撤销担保。在《房地产证》领取之前，如抵押人发生任何违约事项，担保人保证在接到抵押权人书面索偿通知的十五天内，代抵押人履行还款之责任。

4. 抵押人确认，若担保人按本合同有关规定，代抵押人还清对抵押权人的所有欠款后，抵押人无条件同意抵押权人将抵押名下的抵押物业之全部权益转让与担保人。担保人在取得该抵押物业权益后，无须征询抵押人同意即可按有关规定处分该抵押物，以补偿担保人因代抵押人清偿欠款而引致的损失。

第十条　保险

1. 抵押人按抵押权人所规定的时间和指定的险种到指定的保险公司进行投保。保险标的为本合同项下之抵押物，保险金额不得少于抵押物总价值。保险单正本必须注明第一受益人为抵押权人。

2. 在本合同项下贷款还清之前，抵押人不得以任何理由中断保险。如抵押人中断保险，抵押权人有权代为投保，一切费用及其利息由抵押人负责支付，抵押权人有权向抵押人或担保人追偿，在本合同项下贷款本息还清之前，保险单正本由抵押权人执管。

3. 抵押人声明，如抵押的房地产物业发生毁损，抵押人应负责立即通知保险公司和抵押权人，保险公司的赔偿金首先用于归还借款本息。若保险金不足以归还借款本息的，不足部分仍由抵押人负责归还。

第十一条　抵押之解除

抵押人依约还清抵押权人一切款项，并履行合同全部条款及其他所有义务后，抵押权人便解除合同中对有关抵押房地产物业的抵押权益，具函当地房地产权登记处办理抵押注销手续并退回抵押物业主《房地产证》或《房地产合同》，“保险单”归还抵押人执管。

第十二条　违约及处罚

1. 贷款期内，抵押人未按本合同规定的时间偿还贷款本息，逾期一个月以内的，应于下月偿还贷款本息时一并归还，抵押权人不予处罚，但上述情况一年不得超过两次，逾期超过一月或一年内发生两次以上逾期的，抵押权人有权按超过的逾期天数每天向抵押人收取逾期额万分之三的罚息。

2. 若抵押人仍不按期归还本息超过一个月，担保人又未履行代抵押人还款义务时，抵押人和担保人自然确认抵押权人既有对抵押物业享有一切权益和继续向担保人追偿抵押人所欠全部债务的权利，并有权从担保人的售楼款专户中直接扣收，直到接受人民法院强制执行令，立即占管、处分抵押物。

3. 如遇下列情况之一者，抵押权人有权对抵押物进行处理。处理抵押物所得收益扣除抵押人所欠抵押权人贷款本息和处理抵押物引发的各项费用后，剩余部分退还给抵押人，不足部分仍向抵押人追索，或在担保期内由开发商负责在三个月内无条件偿还。

(1) 抵押人在全部贷款到期后三个月内未还清全部贷款本息的；

(2) 抵押人在合同有效期内死亡或宣布失踪或移居国外，其法定继承人或受赠人拒不履行抵押人偿还贷款本息的义务或无力继续偿还贷款本息义务的；

(3) 抵押人解散、破产或依法撤销的；

(4) 未经抵押权人用意，抵押人随意改变房屋结构，造成损失，或出售、转让、再抵押的；

(5) 抵押人违反本合同规定的任何条款的。

第十三条　其他

1. 抵押人应按合同的规定办理贷款，如因抵押权人的原因影响抵押人用款，抵押权人应按影响金额与天数，每天付给抵押人万分之三的违约金。

2. 贷款合同的公证费用由贷款双方平均分担，抵押权人应按抵押物价值的3‰向抵押人一次性收取抵押物权证保管费。

第十四条　适用法律及纠纷的解决

合同各方一致同意，合同履行期间如发生争议，力求协商解决；若协商无效时，任何一方向抵押权人所在地仲裁机构申请仲裁或向抵押权人所在地人民法院提出诉讼。

第十五条　附　则

1. 本合同正本一式五份。所列附件，均为本合同不可分割之组成部分。抵押人、抵押权人、担保人和市房地产权登记处及公证机关各执一份。

2. 本合同从抵押权人贷出款项之日起生效，合同项下贷款本息和其他费用全部还清时终止。

3. 附件

(1) ××银行××市分行房地产信贷部楼宇按揭（房屋抵押）贷款申请书

(2) 抵押权益之《房地产买卖合同》

(3) 预售楼宇合作协议书

抵押人：

代表人签署
年　　月　　日

抵押权人：中国××银行××市分行房地产信贷部

代表人签署
年　　月　　日

担保人：

代表人签署
年　　月　　日于中国

抵押登记编号：

抵押登记日期：

[简析]

银行业务中总会有对外贷款，贷款就要写贷款合同。贷款合同除了有统一制作的外，也有各地银行分支机构根据自身业务需要而拟定的。我们选的例文一《中国××银行固定资产借款合同》，是由其总行统一制作的；例文二《中国××银行××市分行抵押贷款合同》及例文三《楼宇按揭（抵押）贷款合同》，是由其分支机构自行制作的。

三篇例文都写得较为规范，合同内容完备，基本条款齐全，思维严密，考虑周到。尤其是例文二、例文三，条款拟得非常细致，把各种可能发生的细节都写进去，做到"滴水不漏"、无空可钻，防患于未然。

三篇例文写作都体现了经济合同必须遵守的法制原则。拟定的条款都符合国家有关的金融法规和计划要求，坚持平等互利，协商一致，实事求是，严肃对待。

此外，三篇例文的结构都很合理，虽各有特色，如例文三开头写了一个总则，使用总领分说的布局，例文二的末尾附了一张抵押物的清单，都体现出逻辑的顺序，条分缕析，层次分明。语言文字也较为准确、简明。

[思考与练习]

一、分析、比较三篇例文，指出各篇的优点和不足之处。然后回答下列两个问题：

1. 贷款合同条款应包括哪些内容？

2. 怎样把条款写得具体、细致、无争议？

二、自选内容，撰写一份贷款合同。借款用途、期限和利率要符合现行的政策规定。

三、有一间为外商加工产品的工厂（以下简称乙方）与外商（以下简称为甲方）签订了一份补偿贸易合同。乙方投产一年多，甲方一直来料不足，影响乙方正常生产，而合同又无索赔规定，反而明文规定了一条：在本合同有效期内，乙方不得接受第三方做同样加工任务。致使乙方开工不足，造成严重的损失，几乎连工资都发不出去。你认为问题出在哪里？应怎样修订才完备？请分析修改。

四、下面句子，措辞含混不清，容易引起争议，造成损失，请修改。

1. 货到全付款。

2. 你方可根据以前订过的货号和所需数量告知我们。

3. 乙方须在苹果七成熟时采摘，包装运到大弯镇，运费由甲方支付。

4. 我公司唯有向你方提出赔偿×商品总金额的20%。

五、阅读下面这份《楼宇按揭合作协议书》，说说它的写作特点。

楼宇按揭合作协议书

按揭银行：中国××银行××市分行房地产信贷部（甲方）

开发商：（乙方）

为了深化××市住房制度改革，共同促进住房商品化和房地产的发展，支持企事业单位和城镇居民购买商品房，根据《××银行××市分行房地产信贷部楼宇按揭（房屋抵押）贷款管理办法》的规定，为维护甲乙双方合法权益，特签订以下协议：

一、乙方根据××市国土局×地合字　　号土地合同及其补充协议，取得位于　　地块编号为　　、面积为　　平方米的土地使用权，并获准兴建“　　”，总投资为　　万元。乙方将取得的国有土地使用证、土地有偿使用合同、建设许可证、施工许可证和物业销售权的批准书、预售楼花的批准书交甲方审查并收藏。

二、甲方根据乙方提出的要求，收到上述批准文件后，同意作为乙方销售“　　”的按揭银行，为乙方“　　”购房户提供楼宇按揭（房屋抵押）贷款服务。乙方保证按照中华人民共和国有关部门的法规要求建造房屋，并按质、按期将房屋交付购房户使用。

三、乙方愿意接受甲方的楼宇按揭（房屋抵押）贷款服务和监督，在甲方开立基本结算户和售楼款专户，乙方的售楼款（包括购房户30%的首期付款）和甲方向购房户提供的楼宇按揭贷款直接进入上述账户。乙方同意售楼款专款专用、按约使用售楼款，即支付与“　　”工程有关的备料款、工程款等建造工程所必需的其他费用，并向甲方提供楼宇销售方案（包括预售楼宇面积、总价、平均单价、盈利水平等）。

四、当乙方支付工程款达到25%与购房户签订购房合同后，经甲方审查同意乙方购房户的贷款申请，向乙方购房户发放一笔分期归还本息的贷款，并根据乙方与购房户的购房合同拨付款项，贷款总额不超过房产现值的70%（境外购房户贷款总额不超过60%），期限最长不超过十年。

五、乙方“　　”主体工程未全部建设完成之前，乙方愿意在甲方开立的账户上保留按揭贷款的30%的存款，主体工程完成至交付使用前，应保留按揭贷款额的10%～20%的存款，借款人还清贷款前，应保留按揭贷款额的5%的存款。

六、乙方购房户向甲方申请楼宇按揭贷款，购房户（即抵押人）自愿将其与乙方签订的《房地产买卖合同》之全部权益抵押给甲方（即抵押权人），无论是“楼花”抵押或现楼抵押，均应立即办理“楼花”抵押或房地产抵押登记手续，保证抵押权人为第一受益人。

七、抵押人购房，向甲方申请楼宇按揭贷款，必须具有购房总价款30%以上的（境外抵押人须有购房总价款40%以上的）自有资金，并把该款存入乙方在甲方开立的售楼款专户，贷款办妥后亦转入乙方在甲方开立的账户。

八、乙方同意作为抵押人的贷款担保人。乙方确认甲方在抵押人清偿合同全部贷款本息之前，无条件地拥有该《房地产买卖合同》中抵押人的全部权益不受任何人（包括乙方）的侵犯。同时乙方还确认，本协议项下之担保为不可撤销担保。在贷款本息清偿之前，如抵押人发生任何违约事项，担保人保证在收到甲方书面索偿通知的十五天内，代抵押人履行还款之责任。担保人代抵押人还清对抵押权人的所有欠款后，抵押权人将抵押人名下的抵押物业之全部权益转让予担保人。如乙方因故将已做抵押的房屋的开发权转让他人，应提前一个月通知甲方，并在转让前无条件还清抵押人的全部欠款。

九、乙方同意抵押人在未还清甲方贷款本息之前，将抵押人所执的与乙方签订的《房地产买卖合同》和房地产权契证交给甲方保管，直至还清贷款本息止。

十、为维护甲、乙双方的合法权益，甲、乙双方和抵押人应共同签署《楼宇按揭（房屋抵押）贷款合同》，三方的权利、义务在合同中详细订明，并办理抵押登记、合同公证、物业保险等手续，所需费用均由抵押人承担。

十一、其他需加附条款。

十二、本协议不详之处，由双方修订补充，本协议书一式四份，甲、乙双方各执两份，具同等法律效力。本协议自双方法人代表签字之日起生效。

甲方：　　　　　　　　　　　　　　　　　　　　乙方：

法人代表：　　　　　　　　　　　　　　　　　　法人代表：

签订日期：

附件名称：

第十一章

礼仪文书

LIYI WENSHU

第一节 概说

一、礼仪文书的含义

礼仪文书是指国家、单位、集体或个人在喜庆、哀丧以及其他社交场合用以表示礼节、具有较固定格式的文书。

我国具有五千年历史，历来被称为“礼仪之邦”。礼，本意敬神，引申为表示敬意的通称；仪，既指仪式，亦指礼节。两者相合，即是礼节和仪式的总称。国家有庆典忌日，个人则不免庆喜吊丧，总要彼此祝贺，慰问或哀悼。而在这交际往来之中，又要讲究亲疏有别、长幼有序，稍失分寸，便是失仪。礼仪文书就是这种交际往来的实际承担者。

礼仪文书是传统应用文，它适应社会的需要而产生，又随着社会的发展变化而发展变化。不断有新的文种产生，也不断有旧的文种被淘汰。

二、礼仪文书的特点

1. 传统性。如前所述，礼仪文书是传统的应用文，历史悠久。它与尺牍文、公牍文一样，很早就成为我国古代文章中的重要体裁。古籍中的颂、诔、哀辞、碑等，均属礼仪文书。其在漫长的封建社会中产生、发展和完善，既是它适应社会生活需要的明证，又是社会语言不断发展、变化，写作经验积累的结果。

诚然，由于时代的变化，今天的礼仪文书与过去的尤其是古代的同类作品相比，无论在类别上，还是在制作形态、结构特点以及写法上已有很大的不同，但今天的礼仪文书由于是在过去的基础上发展起来的，有着承传关系，所以有的变化不大，如请柬、挽联等。

对礼仪文书的演变过程作考察，探寻其发展轨迹，吸收其精华，扬弃其糟粕，对促进今天礼仪文书的进一步发展是有意义的。

2. 应酬性。应酬便是交际往来，而礼仪文书就是应酬文字。

应酬固然要能言善辩，但首先要提高交际者自身的素质。就以交际中最常见和常用的礼节、礼貌而言，它是道德文化的一种外在表现形式，是最容易做到却又是最难得的。一个缺乏涵养的人，很难有优雅的言辞和姿态。因此，想学会应酬，先要学会做人。

故在此前提下，想要掌握礼仪文书这种交际工具，不但要通过多种途径了解、揣摩各种礼仪，而且要区分各种礼仪文书的写法，还有必要涉猎，甚至钻研一些公关学、心理学的著作，让所写的礼仪文书令对方喜欢，从而收到预期的效果。

3. 情感性。一般说来，应用文旨在实用而不在于给人欣赏，不要求以情感人。但礼仪文书却有其特殊性，与其他文种尤其是公文不一样，在共性之外还添加上情感性，它实际上是人们进行情感交流的一种书面形式。

在写作礼仪文书表达情感时，一定要自然而有分寸，邀请，须言辞恳切；哀悼，要情伤意真。因此，写礼仪文书不光是个写作技巧问题，应首先考虑它们须表达何种感情，感情的深度如何，然后再考虑采用何种格式，怎样遣词造句。

三、礼仪文书的写作要求

礼仪文书的写作要求与其特点紧密相连，总起来说，有以下几点：

1. 审时度势。礼仪文书使用范围极广，小至私人应酬，大至国际交往，都用得上。外交礼仪文书如用于国家之间、地区之间、政治军事集团之间的贺信、贺电、唁函、唁电，用于外交场合的各种致辞等，兼有外交公文特点，具有一定的政策性，写作时务须审时度势。因为国际关系错综复杂，只有站在较高的视点上俯视全局，充分了解对方的国情、民情，用字谨慎，才能写出有利于增进友谊、促进友好合作的文书。如戴高乐逝世后，毛泽东在唁电中称其为“抗击法西斯，维护法兰西民族独立的不屈战士”。使得整个西方世界为之震惊，为当时的外交斗争发挥了巨大作用。这一点，平时如能留意报刊上登载的贺电、唁电、祝酒词等，就可充分地予以领会。

即使不是外交礼仪文书，只要涉及人与人之间关系的，也要遵循这一原则。如韩愈所撰的《柳子厚墓志铭》，对柳宗元一生大加褒扬，指责了官僚社会的冷酷无情。但写到柳宗元被贬谪的原因时，却一笔带过。因为不写，当时的读者也能意会，写了，则会得罪权贵，可能引火烧身。作为一篇礼仪文书，《柳子厚墓志铭》在文学史上享有很高的声誉。

2. 分清对象。交际往来是在不同的人和人群中进行的，而人与人之间呈现多种关系，从职位看，分上级、平级、下级；从与个人的密切程度看，有知交、生死之交、泛泛之交；从辈分看，有长辈、平辈、晚辈，等等。因此，在交往中须理顺这些关系，采取相应的礼仪。总之，礼仪文书写给谁，由谁看；讲给谁，由谁听，是不可等闲视之的，要有强烈的对象感和分寸感。

比如同是唁电、唁文，慰唁朋友之妻与长辈，写法上就有差异；如对象是烈士家属，又需另一种风格。美国南北战争时期，总统林肯写给毕斯璧夫人的唁文，既切合林肯的总统身份，又使得这位五个儿子都光荣殉国的母亲能坚强地忍受痛苦，勇敢地面对未来。由于抒情真切，立言得体，此信被后人誉为“有史以来最伟大的范文”。

[例文一]

林肯给毕斯璧夫人的信

亲爱的夫人：

我在国防部的文卷里见到马萨诸塞州陆军副官长的报告，藉知您的五子在战场上光荣殉国。遭受这么大的损失，我觉得我所能说出的任何安慰你的话都不够而且无用。但我又无法不向您敬致慰问。因为令郎为国捐躯，这种慰问实在是全国对他们谢意的一部分。我祈求上苍减轻您痛失亲人的痛苦，留给您对所失亲人的宝贵记忆，留给您为自由作出重大牺牲的庄严光荣。

林肯谨启

3. 区别场合。礼仪文书应用于不同的场合，写作时要讲究与场景气氛和谐融洽。

比如致辞，在公共关系中使用十分普遍。开业、庆典、新闻发布会、学术研讨会、宴会等，都需要有关人士致辞。但不同的场合的致辞，内容和写法有所差别，大会致辞要庄重严谨，宴会致辞要活泼新鲜，答谢致辞要诚恳亲切。总之，在不同的场合所使用的礼仪、交际语言或文书均要既切合自身的身份又符合当时、当地的场景，才属大方得体。

4. 概括简明。礼仪文书不宜长篇大论。且不论题词、柬帖等要求文字简短，就是致辞，也要求简短，长了令人沉闷，反而冲淡气氛。礼仪文书要概括简明，应视做一个原则。

5. 用语得体。礼仪文书用语是否得体，关系到它的成败。用语得体的含义一是前述的场合感、分寸感；二是指须形成某种风格。如写庆贺信函，措辞宜典雅，合乎吉利要求；对联则工稳严整，并富于韵律美感。切不可在礼仪文书中掺杂进个人的牢骚乃至失意之事。

第二节 礼仪书信

书信，是人们借助于文字表述自己、交流、传递感情和互通信息、联系外界的重要媒体。书信作为一种人类的文化现象，早已存在。可以说，自有文字，便有书信。

礼仪书信当属书信的一种，但更注重语言的凝练优美。礼仪的周全恰当、用词的准确简洁、句式的规范整齐，在书写格式、称呼、问候致意、祝颂启禀等方面更加注意礼节、礼貌。

礼仪书信较之人们相互之间面对面的交谈，尤能使人的思想条理化，并能表述难以直播、言传的内容，有效地弥补直接交际的不足。

作为礼仪文书的一种，其写作，是很讲究格式安排的，大体上，分为信封、信文两大内容。

一、信封格式和写法

信封格式常见的有横式和竖式两种。目前以前者为主。横式行序由上至下，字序由左至右；竖式行序由右至左，字序由上而下。

信封上的内容包括收信人的邮政编码，收信人详细地址，收信人姓名，发信人详细地址、姓名及邮政编码等六个部分。

信封上一般分四行书写内容。前两行写收信人的详细地址，一定要写清收信人的省(市、自治区)、城（县)、域区、街和门牌号码；农村的，要写省、县、乡镇、村、组等。在大地名与小地名之间，地名和号数之间，都要空一格断开，给人以眉目清楚的感觉。至于写给机关单位的信，也一定要在单位名称之前详细写明地址，且写单位名要写上全称。

第三行写收信人的姓名及称呼。注意此称呼只能是诸如“同志”、“先生”、“小姐”等一般称呼，而不要写发信人对收信人的称谓，因为信封是写给邮递员看的，如写上“×××父亲收”或“×××儿子收”，是十分失礼的。

第四行写发信人的地址、姓名。字迹略小。

以上内容，字迹一定要清楚工整。此外，为了方便邮电部门的分拣，邮票一定要贴于信的右上角。

二、信文的内容和写法

礼仪书信的信文的格式与一般书信相同，分为称呼、正文、结尾、署名、日期和附言等五至六个部分，分述如下。

1. 称呼。写书信人的称呼，单独成行，顶格书写，以示尊敬。称呼之后加上冒号。

运用称呼要讲究方法。基本原则是根据对方的年龄、职业、地位、身份、辈分乃至与发信人的关系的亲疏、感情的深浅选择恰当的称呼。上行交往中，对长辈使用血缘称谓以示爱戴；对上级则称职务以示尊敬；对师长则呼职称或用“先生”、“老师”以示敬仰。而在下行交往中，上级对下级，长辈对晚辈，则可省略姓氏，只称名字，或称“小×”为佳（但下级如年长于上级，则不可如此称呼）。至于平行交往，如彼此同辈或属一般往来，则根据“以诚相待、不卑不亢”的原则，或称同志，或呼先生，或叫名字，视交往深浅而定，如关系甚近，互称对方为“××兄”亦属相宜。

礼仪文书如涉外，不宜使用“爱人”这个称谓。因为在外语中，“爱人”是“情人”之意而非配偶，若使用这个称谓，难免引起误会。此外，称中国教师为老师毫无问题，因为在中国文化中，老师的地位仅次于“天地君亲”，可是在西方文化中，教师仅是一种职业而非职务（称职务是尊敬称职业则非，如同不能称一位张姓的工人为“张工人”，李姓的服务员为“李店员”一样）。故称呼西方从事教职的人士，只能依照其各自身份称之为“先生”、“女士”或者“小姐”。

2. 正文。正文在称呼之后，另起一行。礼仪书信的内容主要是庆功道喜，祝寿贺婚，礼赠答谢，吊唁问病，慰藉灾变等。写法上包括关心对方，表述自己这两个方面。关心对方是交际的基础，表述自己是交际的必需。两者相互联系。

关心对方，主要体现在回答对方的询问，承诺对方的托付，探询对方的情况，使对方感到亲切。对方提出的事项虽一时不易解决，托办之事不易办好，但只要态度诚恳，讲清原因，在一般情况之下是可以得到对方理解的，切不可含糊其辞，敷衍塞责。表述自己是真诚地向对方讲述自己的近况，以便使对方了解自己，从而沟通彼此的心灵；或者使对方消除某些方面的误会，解释对自己的悬念，等等。总之，表述自己的原则，不是自我吹嘘，自我辩解，而仍然是尊重他人，理解他人，关心他人。

礼仪书信的语言大都精练，文白相间，言简意赅，故在书信正文中经常使用的礼仪性用语应掌握一二，以便在各个场合中使用。详细可见本章后的附录。

3. 结尾语。正文写完要写上一句表示致敬或祝愿的话来收束全文。最简单的祝愿语只用“祝好”或“此致敬礼”来表示。“祝”字或“此致”另起一行空两格写，“好”和“敬礼”再换行顶格写。

从礼仪书信的角度来说，上述的祝愿词实属最简单的，根据不同的对象，结尾语应有所不同。总之，要写得贴切。（详见附录二祝语简表）

4. 具名。写完结尾语，要写上写信人的名字。横书写在祝语的下一行右边，直书写在左下边。具名的写法，则和称呼相对应。要注意的是，在中国文化中，名字有着特殊的地位，特别在古代，名字被视做一种忌讳，是不容晚辈或地位低下者“触犯”的。至今，在信中，写给长辈、平辈的要写上名字，写给晚辈的则不具名而只写上与起首称呼相应的称谓。

5. 日期。日期写在具名的后边或下一行。一般只写月、日，也可写上年份。时间性强的写明时刻或大体时间，如“晨、午、晚”等。日期目前一般用公元公历，而不是农历。

6. 附言。信写完后，如果又想起有事需要补充，可以在空白处，自成一段，可先写个"附"或"又"字，加冒号，接着写要补充的话，也可在补充后，另行写上"又及"二字。前面的"附"字可以省略，而写完后的"又及"却不能缺少。

如果信中要附带问候别人，也在具名之后的附言地方，写上"请代向××问好(安)"的字样，如果这封信还希望别人也看一下，可以写上"请转××一阅"或"××、××均次不另"的话，但是对长辈或上司，出于礼貌，一般要另外写信。

第三节 礼仪对联

对联，是中国特有的文学样式，作为独立的体裁，出现在五代末年，相传蜀主孟昶所撰的"新年纳余庆，佳节号长春"为中国的第一副对联。

对联是由两句字数相等，句法相同，词性同类，意义相关的对偶句组成。前一句为上联，后一句为下联。由于中国传统的文学作品中，历来重视对偶手法，《周易》中便有"水流湿，火就燥"之句，魏晋骈体文崇尚对偶。《文心雕龙》说当时形成了"俪采百字之偶，争价一句之奇"的文风。到了唐代的格律诗，这种对偶手法更称得上大成。故而对联一取得独立的地位，立即大大兴盛起来，至今不衰。

对联一旦时兴起来，就不再"固守"于门楹的规矩，文人学士们很快扩大了它的功能。吊死问生，庆婚祝寿，送行接风，甚至戏谑玩笑，彼此也互赠对联。故此，对联也进入了礼仪文书的行列。

一、礼仪对联的种类

礼仪对联的分类与撰写对联很有关系，不同用处和不同形式的对联，有不同的内容，不能混用。不明确对联的分类，就写不出内容准确的好对联。按照使用场合的不同进行划分，主要有下述几种：

1. 庆贺联。人生有许多喜庆之事，如结婚、生子、乔迁、立功、做寿等，都可以以联相贺，使喜庆场面不但增加热闹气氛，更富于高雅气息。

2. 挽联。亲人、师友、名家逝世后，往往送挽联以寄托哀思，表悼念之情。在爱国老人续范亭病逝后，抗日将军张自忠、戴安澜殉国后，毛泽东、朱德等都亲笔写了挽联。

写挽联必须有吊唁的语言，一般上联如写逝者的功绩成就，下联则写景仰悼念；或者反之。有的挽联，如无悼念的意思，就未免有憾。像胡适先生在1962年2月在台北逝世后，蒋介石写了"新文化中旧道德之楷模，旧伦理中新思想之师表"之挽联。联语工稳，可惜并无哀悼之意，在庆贺场合送亦可，就不大像挽联了。

3. 交际联。交际联是用于人们交往的对联。人与人之间的关系异常复杂：或敌或友，或明敌暗友，或明友暗敌。彼此之间或赞或贬，或祝或讽，或互相试探，也是常情。亲去赠别，友来接风，试才斗智，都可用对联。这种对联，不贴不挂，实际上是用于交际酬答的两句对偶的短语，其格调可以像诗、像词、像散文。

如李大钊赠杨子惠的“铁肩担道义，妙手著文章”一联，历来为人称道。

张之洞与梁启超以联斗智一事亦足传诵。据说梁赴武昌，争取湖广总督张之洞对维新大业的支持，张见梁启超年龄甚轻而名满天下，有心相试，故意出了一个十分傲慢的上联求对：“四水江第一，四季夏第二，老夫居江夏，究是第一，究是第二”（四水为江淮河汉，武昌古称江夏——编者著）。此联很难对，前来求助的梁启超既不能同样傲慢，又不能太示弱而被轻视。故而，对下联“三教儒在先，三才人在后，小子本儒人，岂敢居先，岂敢落后”，对得不卑不亢，又工稳之至。

交际联的用处极广，使用极多。联语又变化多端，不胜例列，如能细细琢磨章后附录，或能掌握一些撰写要领。

4. 行业联。各行各业均有行业联。行业联实际上是对自身行业特点的一种宣传，这种宣传有时很文雅，像旅社（馆）就用两句唐诗作为行业联“鸡声茅店月，人迹坂桥霜”。朱元璋为屠宰阉割业写的联语则很幽默，“双手劈开生死路，一刀割断是非根”。据说，石达开也曾为一家理发店题过“磨砺以须，问天下头颅有几？及锋而试，看老夫手段如何！”的联语。此联雄壮，颇得农民起义英雄的气势。

二、礼仪对联的形式特点

礼仪对联属于对联，当然必须遵循对联写法的规则特点，这些特点大体上有这样几条：一是形式上必须是上下两联组成，对联可长可短，短者联语只一句，长者十几句甚至几十句，但基本的联语是两句，只能说是上下两联组成一联。二是对偶。对联是用字数相等，句法相同或相似的句子，成双排列而成的。所以，不但要求字数相等，句法相同，在相应的位置上还要求每词的词性一样。而且，除了虚词对虚词，名词对名词，动词对动词，形容词对形容词之外，名词的方位词，形容词中的表示颜色的词，数量词等，都必须相对，这样才称得上工稳。三是上下两联的联语，说的必须是同类事物。如果追求联语的每字都工却不顾整体的意义，称之为“无情对”，如以“三星白兰地”对“五月黄梅天”，以“法国荷兰比利时”对“公门桃李争荣日”等，这种联纯属文字游戏，不值得提倡。

三、对联的修辞

对联是中国文化园地中的奇葩，这种用方块汉字组成的整齐优美形式，唯独汉文字可以构造，外文无法仿制。而且，一般的实用文体，不能强求文学性。如果文学性压过实用性，就产生质变而不再是实用文了。对联则不然，其实用性与文学性是合二而一的，诗性艺术美越浓烈，实用价值就越大。故很有必要研究一下修辞在对联中的运用，下述是几种常见的修辞。

1. 镶名。就是把人名、地名、物名等专用名词镶嵌在联语中。如：金集万户，融通百家。（银行行业联）

2. 拆合。就是把一个汉字拆成两个或把几个汉字合成一个，联文成对。据说，明代宰相杨溥幼年时生活在湖北石首县，曾求县令免去父亲差役。石首县令出联求对“四口同图，内口皆归外口管”，十分蛮横。杨溥则对“五人共伞，小人全仗大人遮”，婉转地请求照顾。此联实可称做以联交际的佳话（图、伞均为繁体字）。

3. 双关。即联语有两层意思，字面之意为虚设，内在含义为实情，一虚一实，相得并彰。这种手法有两个格式，一是谐音双关，一是借义双关。前者如明首辅李贤在选婿时借果品出上联“因荷而得藕”，其门生程敏政对下联“有杏不须梅”。实际上，上联发问“因何而得偶”，下联回答“有幸不须媒”，这是谐音双关，虚实相生，切事、切情、切理。后者如“起病六君子，送命二陈汤”。这是袁世凯死后，人送的讽刺挽联。“六君子”，“二陈汤”都是中药汤头名。联中实指的却是刘师培等“筹安会六君子”为袁策划称帝是袁害皇帝病之始；“二陈汤”则是袁的心腹部下陈树藩、陈宧、汤芗铭。他们始而拥袁称帝，后见失败之势已成，又先后宣布“独立”，致使袁世凯在众叛亲离之下而一命呜呼。

4. 回文。即顺读、倒读皆成句的修辞手段。如由乾隆出联，纪晓岚所对的“客上天然居，居然天上客；人过大佛寺，寺佛大过人”。

5. 叠字。也称联珠，就是把相同的字叠用，组成联语。如“穿珠成环、宝光溢彩”。如苏州网师园联“风风雨雨，暖暖寒寒，处处寻寻觅觅；莺莺燕燕，花花叶叶，卿卿暮暮朝朝”。这是短叠，还有长叠，如山海关孟姜女庙的“海水朝朝朝朝朝朝朝落，浮云长长长长长长长消”。巧妙地利用了汉字一字多义，同音假借等特点，描摹了当地的景色。

6. 倒反。即将成语、典故等有传统解释意义的东西，“反其意而用之”。如章太炎在慈禧太后七十“万寿”时所作的讽刺寿联“今日到南苑，明日到北海，何日再到古长安？叹黎民膏血全枯，只为一人歌庆有；五十割琉球，六十割台湾，而今又割东三省！痛赤县邦圻益蹙，每逢万寿祝疆无”。上联将“一人有庆”倒用为“只为一人歌庆有”；下联将“万寿无疆”倒用为“每逢万寿祝疆无”。

此外，比喻、顶真、反复、疑问、象征、拟人、夸张、对比、排比等手法皆可入联。

第四节 讣告和悼词

一、讣告

讣告，又称“讣文”、“讣闻”。“讣”原指报丧之意，就是将人死了的消息报告给大众。《礼记·檀弓》中记载：“伯高死于卫，赴于孔子。”意思是伯高在卫国死了，

（别人）向孔子报丧。生死是人生中的大事，人死后须将消息迅速地告诉亲近的人，所以上古用“赴”通假“讣”字。以后报丧的意思从赴字中分离，就专用讣字了。

由此可见，“讣告”是一种报丧的文书，一般由死者的亲属或治丧委员会发出。还有一种叫做“讣贴”的礼仪文书，与讣告的内容完全相同，不过在形式上更为短小，只宜投送个人。作为礼仪文书，讣告应该尽早发出，以便死者的亲友能在向遗体告别时或开追悼会时及时作出必要的安排和准备，如送上花圈，写就挽联等。

古代传播业不发达，讣告发布的方式只能靠专人送达或张贴。现在除此之外，还可以通过报纸、电台、电视台向社会发出，以期使讣告内容迅速而广泛地传播。

目前，讣告的基本形式有三种。

1. 一般式。这是最常见的一种，它主要包括以下五个方面的内容：

（1）在开头一行的中间写“讣告”二字，或在讣告前，冠以死者姓名，形成×××讣告的字样。字体要略大于正文的字。

（2）写明死者的姓名、身份、因何逝世，逝世的日期、地点、终年岁数。终年也有写为享年，意为享受过的有生之年。

（3）简介死者生平。这是死者生前重大的、具有代表性的经历，而非履历表的复写。

（4）通知吊唁、开追悼会的时间、地点。

（5）署明发讣告的个人或团体的名称，以及发布讣告的时间。

［例文二］

鲁迅先生讣告

鲁迅（周树人）先生于1936年10月19日上午5时25分病卒于上海寓所，享年56岁。即日移置万国殡仪馆，由20日上午10时至下午5时为各界瞻仰遗容的时间。依先生的遗言：“不得因为丧事收受任何人的一文钱。”除祭奠和表示哀悼的挽词、花圈等以外，谢绝一切金钱上的赠送。谨此讣闻。

蔡元培　内山完造　宋庆龄　A. 史沫特莱

沈钧儒　曹靖华　许季茀　茅盾　胡愈之

胡风　周作人　周建人

原文竖排，无标点，数字由汉字书写。应当说明一点，这里未署明发讣告的时间，是因为讣告刊载在报纸上，而报纸发行的时间是一目了然的。

讣告的语言要求准确、简练、严肃、郑重，以体现对死者的哀悼。有的人觉得这样写过于平板，于是在最后写上“欢迎各位光临（参加）”，这就失去了讣告应具备的严肃性，显得不庄重。

2. 公告式。这种形式的讣告较之一般式讣告要隆重、庄严得多。这种讣告是根据死者的职务、身份，由相应的机关等作出决定发出的，它往往由公告本身及其他文件（消息）共同组成。事实上，它们共同组成了一个完整的讣告。在内容上与一般式讣告基本相同，但在结构安排上有显著差别。这样做的目的是为了显示其性质的庄严隆重。这类讣告的写法如下：

（1）公布逝世的消息。内容包括写明“公告”的发出单位名称及“公告”二字。写明死者的职务、姓名、逝世原因、时间、地点以及终年岁数。对死者的简单评价和哀悼之辞。最后署明公告时间。

这份公告不是治丧委员会发出的，但却是讣告中不可缺少的组成部分。

（2）治丧委员会公告。这是讣告的核心部分，写法上标题位置上用粗体大字写明“×××同志治丧委员会公告”字样。写明对丧事的安排及具体要求之后，署明公告的时间。

（3）公布治丧委员会名单。

以上三个文件同时发出见报。

3. 新闻报道式。这种形式常作为一则消息在报纸上公布，旨在晓谕社会。内容和形式都很简单。

［例文三］

×××同志逝世

××厂党委书记×××同志因病于19××年×月×日逝世，终年65岁。

×××同志19××年×月参加革命工作，于19××年×月加入中国共产党。

追悼大会将于×月×日在××殡仪馆举行。

从内容上看，虽无讣告字样，但它是专为报丧而发的消息，故亦可视做讣告的一种形式。

以上三种形式，最常见、最通用的是第一种。另外应注意的是，如是专送的讣告，其用纸颜色必须为白色，上书黑字，切忌用红纸。

二、悼词

现代的悼词指在追悼会上宣读，对死者表示敬意与思念的文章。

悼词的标题可直写“悼词”或“悼念×××”，事后提及，则可写做“在×××追悼会上的悼词”。悼词的开头说明追悼会目的，表示对死者的哀悼；正文则对死者生平作重点而简洁的介绍，表彰其成就或贡献；最后，表示对死者的悼念，并向死者家属表示慰问。结尾最末一句，自成一段，写“×××同志（先生、女士）永垂不朽”之句。

追悼会所悼念的死者，悼词见之于报章的，当然是身份重要的人物，悼词在介绍其生平成就时，篇幅要长一些。自从毛泽东在他的《为人民服务》中亲自提倡后，追悼会逐渐普及，所追悼的当然大都是普通人物。这种人士的悼词当然要简短得多。但总要总结死者生平业绩并充分肯定其社会价值。即使只是一个家庭妇女，也有其对家庭的贡献和固有的劳动人民的美德。

写悼词对死者的评价要公允，不能尽是溢美之词，不过死者的过失一般不宜写入，语言既饱含深情，又要真挚质朴，还要给人慰藉。

充分肯定死者对社会的贡献，真诚表达生者的悼念和敬意，以质朴无华的语言和多种多样的形式（叙事、抒情或议记）体现化悲痛为力量的积极内容。这是现代悼词的基本特征。

第五节 其他礼仪文书

一、请柬

请柬也叫请帖，是邀请单位或个人参加某种活动所使用的文体。它具有通知和邀请双重性质，但又与通知和邀请信有别。通知可以是口头，也可是书面的，请柬则只用书面形式，且被邀者即使近在咫尺，也须用各种方法（包括邮寄）送至其手中，以示郑重。

请柬是公共关系活动中最为庄重、礼貌而又简便的交往方式。在沟通信息、联络感情方面有着不可低估的作用。请柬的用语如何，纸质如何，装帧如何，直接反映一个单位或团体的水平和风貌，切不可等闲视之。

请柬由标题、正文两个部分组成。标题多用“请柬”、“请帖”等字样写在正面（封面）。两字要醒目、居中。最好印上与其内容相应的图案、花纹，使其美观、大方。有条件的话，还可以烫金。正文写在背面（反面），包括被邀请者姓名、邀请事由、结束语（具礼）、邀请者、日期等五个方面的内容。

邀请事由除了写明是什么活动外，还要写清楚活动的具体时间和详细地点，活动如是文艺演出等事宜，则应随柬附上入场券或戏票。如是单位邀请，须在单位名称上加盖公章，个人邀请，写姓名便可。

请柬的书写，横式与直式两者均属通用。其格式和写法，各地区和各国大同小异。

[例文四]

1956—2006

纪念中国金融出版社建社五十周年

请　柬

（封　面）

×××同志：
定于五月十六日上午九时，在本社召开建社五十周年座谈会。敬请光临指导。
致以
敬礼！
中国金融出版社
二〇〇六年五月八日

（背　面）

柬文要“雅”，即讲究文字优美，根据具体场合、内容、对象，认真措辞；但先求其“达”，即要通顺明白，不要堆砌辞藻或乱用自已尚未清楚的古文言。

至于柬文是否须用两种或两种以上文字书写，则视被邀宾客中有无外籍人士而定，不要因为追求“洋化”而搞得不伦不类。

二、题词

题词，又写做题辞。原指一般为留作纪念而题写的文字。现代则比古代更广泛，它在新的社会关系中表达对人、事、物的肯定态度，在精神文明建设中有其一定的作用。

根据所题的范围和对象，题词可分为题人、题事、题物这三个大类。题人如孙中山给秋瑾题写的“巾帼英雄”，毛泽东给刘胡兰题写的“生得伟大，死得光荣”等。题事一般指给某个单位，某项事业的题词。题词者往往是领导、学者、专家等社会名流。题物则对象相对广泛，可以是自然物，如山川名胜；也可以是建筑物，甚至生活用品，文具书籍，俱可作为题写的对象。但这种题写均须有一定的积极意义，像遍布祖国各地的难以数计的名胜题词，让我们感受到民族文化的熏陶，进而激发民族自豪感和民族自尊。还有，如陈毅题写围棋的“棋虽小道，品质最高……”则阐述了“国运昌则棋运昌”的深刻道理。

题词须注意三点，一是取材适当。要根据彼此身份、年龄、性别、职业、关系以及场合等，选取适当内容。二是文辞典雅。题词的选词要典雅大方、庄重得体、意味深长，切忌庸俗浅薄。三是章调和谐。题词以四言为主，也可用散句或诗句，既可自编也可摘录前人佳句。但无论长短，均要适当讲究平仄，读起来顺畅，听起来悦耳。

三、致辞

在各种集会，或某种仪式上的讲话，通称“致辞”。根据不同的集会场合，不同的讲话性质，大体上可分以下几种：

1. 贺词。即所致的是祝贺之词，对人或事表示祝贺的言辞或文章都称为贺词。它与祝词相近，在某种场合可以互用，但包含的意思并不完全相同。贺词多用于事情已经成功，表示庆贺、道喜的意思；祝词有时用于事情尚未成功，表示祝愿、希望之意。

2. 欢迎词。表示欢迎的讲话。语言要热情、礼貌、适度。要令被欢迎者产生“宾至如归”之感。要把握两个方面的分寸：既不盛气凌人，趾高气扬，又不媚语连篇，谦恭过分。总之，以不卑不亢为宜。

3. 祝酒词。在各种宴会、酒会上发表的讲话便是祝酒词。它在公关活动中使用频率较高。无论是国与国之间、单位与单位之间的各种正式宴会、酒会，抑或单位内部举办的各种宴会、酒会，往往都由有关负责人致祝酒词，为宴会、酒会助兴添彩。

4. 答谢词。对对方的邀请、款待、帮助或奖励，在相应会议上表示感谢的讲话，叫答谢词。答谢词重在表达感激之情，既不能言过其实，又不能敷衍了事。写法灵活多样，可以严肃庄重，也可以幽默活泼。

各类致辞均不宜过长。

附录一：

礼仪用语

请安问候语：

用于尊长：敬请康安、恭祝健康长寿、敬祝安好、即颂教安、敬请撰安。

用于平辈：顺颂时绥、并候近安、祝你愉快、此颂近祺。

用于晚辈：即问近好、望努力学习、祝工作好。

用于贺婚：敬候俪巡、顺贺大喜、即颂俪祉。

用于贺年：恭贺新禧、并颂春禧、敬贺安祺。

用于吊唁：敬请礼安。

开头语：久不通函，至以为念；昨得手札，敬悉近况；久未闻消息，唯愿一切康适；谕书敬读，不胜欣慰。

思念语：久疏通问，渴望殊深；一别经年，故乡念切，梦寐神驰；别来无恙？鸿雁传书，千里咫尺，海天在望，千里依依，何时获得晤叙机会，不胜企望之至。

问病语：欣闻贵体康复，至为慰藉；重病新愈，务请节劳为盼；闻君贵体欠安，甚为悬念，务请安心静养。

祝贺语：喜闻……由衷快慰，遥祝前程似锦，万事如意；欣喜之余，特把笔修书，专诚致贺；谨寄数语，聊表祝贺。

贺寿语：恭祝延寿千秋；遥祝寿比南山，福如东海。

致哀语：惊悉某某不幸逝世，不胜哀悼；惊闻某某作古，家失柱石，悲痛万分；顷接讣告，不胜伤悼；惊承讣告，痛悼不已，专函致唁，并请节哀。

致谢语：大示诵悉，深感诲人不倦之意；来函敬悉，启示甚多，十分感谢；前承馈赠，又蒙赐教，高怀雅谊，倾感不胜；屡蒙资助，无以为报，愧感交集；承蒙见教，获益匪浅；承赠厚礼，心领盛意，然实难拜受，尚祈原谅。

致歉语：惠书敬悉，甚感盛意，迟复为歉；音讯久疏，实感歉疚；冒昧之处，尚祈原谅；托付之事，因条件限制，未能尽如人意，尚请多多包涵；前事有逆尊意，不胜惭愧，万望海涵。

请教语：倘蒙见教，没齿不忘；拙作幼稚，恳请指点一二；所言之事，乞请拨冗见示为幸；倘承不吝赐教，则我幸甚。

承诺语：托付之事，时刻未敢忘怀；有何要求，请尽早示知，切勿客气；所言之事，当设法办妥，请释念；凡有可效劳之处，自当尽力而为。

邀约语：若蒙光临寒舍，不胜荣幸；何日来此，愿得晤谈为幸；祈望一会，共叙友情；明早敝店开业，万望拨冗赏光。

催复信语：所言当否，请速示复；请速赐复为盼；尊意若何，请即示知，如再迟延，诸多不便，请亮察；信到之后，即刻回书。

结束语：书不尽意，余言后叙；情长纸短，不尽依依；言不尽思，再祈珍重；草率书此，祈恕不恭；专此奉复。

附录二：

常用祝语简表

写给什么人	常用祝语	
	祝词起语	祝词内容
给长辈的信	敬祝	
	恭祝	近安
	敬请	大安
	敬颂	福安
	敬候	
	恭请	
给老师的信	敬请	讲安
	恭请	诲安
	谨颂	教安
	敬祝	教祺
给平辈的信	此致	敬礼
	顺颂	安好
	即颂	近佳
	顺问	近好
	祝	工作顺利万事如意
		俪安（夫妇二人）
		进步
		安好
		健康
		愉快
		成功
		幸福
	祝你	春安（春季用）
	祝您	夏安（夏季用）
		秋安（秋季用）
		冬安（冬季用）
		教安（对教师）
		编安（对编辑）
		福安（对友人）
		撰安（对作者）

续表

写给什么人	常用祝语
给晚辈的信	顺询　近佳 此询　近好 即问　进步 祝 　　　健康 祝你　愉快 　　　幸福 　　　向上 望　　努力 　　　保重身体

[思考与练习]

1. 代一毕业班写一封告别信，感谢母校栽培之恩，教师雨化之恩。必须言辞恳切。

2. 为本校撰写一副对联，除了符合对联的要求外，还须切合学校的性质、特点。

3. 代学校写一份邀请退休教师回校参加校庆的请柬。

4. 设计教师节贺卡，图案造型均须独出己意，力求精美，并悬挂教室，请人评出一二三等奖。

5. 某公司开业在即，邀请众多名流前来观礼。请为该公司董事长起草一份就职致辞。300 字左右即可。内容需含就业、立志、谢忱。言词应有魅力。

第十二章

广　　告

GUANGGAO

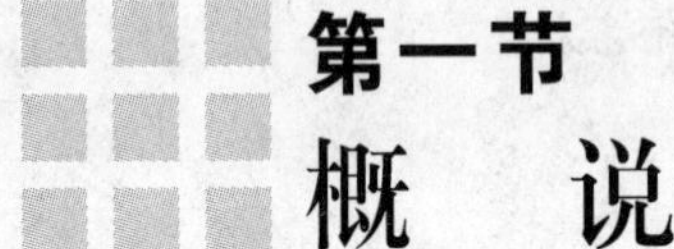

第一节 概　　说

一、广告的含义

“广告”这个概念是20世纪初才从西方传入中国的。这个词源于拉丁文 Adverture，其意是吸引人心、诱导。到公元1400—1450年，这个词演变为 Advertise，其含义为“一个人注意到某事”。直至18世纪，英国大规模的商业活动开展，现代意义的“广告”才开始流行。

目前，对广告的定义较有影响的说法有这样几家：

“广告是付费的大众传播，最终目的是为传递情报，改变人们对商品之态度，诱发其行动而使广告主得到利益。”（美国广告主协会）

“广告是传播的一种形式，其目的在于推销商品、劳务、影响舆论，博得广告者所希望的其他反映……广告不同于其他的信息传递方式，它必须由登广告者给传播信息的媒介以一定的报酬。”（英国《简明不列颠广告全书》）

“向公众介绍商品，报道服务内容或文娱节目等的一种宣传方式一般通过报刊、电台、

电视台、招贴、电影、幻灯、橱窗布置、商品陈列等形式来进行。”（2009 版《辞海》）

“广告就是企业事业单位向消费者或服务对象介绍商品，报道服务内容或文娱节目的一种宣传方法。”（许涤新主编《政治经济学辞典》）

“广告是工商业、事业单位、机关团体以及公民个人以公开付费方式，通过一定的媒介或形式向社会公众宣传商品、劳务、服务及其他信息，或向社会或公众提出某种主张、意见、建议所进行的特殊宣传活动。”（中国国家工商行政管理总局《广告管理条例》）

从上述的解释中，可以归纳出构成现代广告的若干要素：

其一，广告必须有广告主（广告者）；

其二，广告必须有信息（广告内容）；

其三，广告必须有媒体（如报纸、杂志、广播电视等）；

其四，广告必须付费（要为广告主、代理商、制作人带来经济利益）。

有一现象不容忽视，即广告事实要远远早于现代广告概念的存在，无论东西方都是如此。据《周易·系辞》记载，远在神农时代，就有“日中为市，集天下之民，聚天下之货，交易而退”的场面，这该是实物广告；《韩非子·外储说右上》也写过宋国有卖酒人“悬帜甚高”，这该是幌子广告。

二、广告的作用

1. 传递信息，沟通有无。广告有利于沟通生产、流通、交换、消费各个环节，促进生产，刺激消费，加速资金周转；有利于介绍新产品，推广新技术，促进科学技术的研究、发展。

2. 活跃经济，增加盈利。有些商品由于缺少宣传，默默无闻，无人问津。一旦通过广告的宣传，就此身价倍增而成为抢手货。事实证明，“酒香不怕巷子深”的说法，已不适应现代商业了。

3. 提高企业声誉，促进公平竞争。广告提供大量可供选择的商品信息，介绍商品性能、特点和使用保养方法，指导消费，满足人民群众不断增长的物质和精神文化需要。在这个过程中，同时可以提高企业的知名度，创建名牌，保证公平竞争。

4. 扩大外资，增加创汇。广告有利于促进国际间的交流。国际市场瞬息万变，竞争激烈，广告可以帮助生产和销售单位适应各种变化，把生意做活，争取更多的外汇。还可以及时交流国内外产品、科技情报，帮助克服盲目、重复进口的现象。

5. 装点市容、美化环境。街头广告，橱窗广告可以说是装点市容的重要手段。只要与周围环境相协调，这些广告不但可使消费者获得商品信息，又可使人们获得美的享受。上海号称“不夜城”，与满城通宵不息的霓虹灯有着直接的关系。

三、广告的类型与媒体

按照不同标准，广告可以分为若干类型：

按广告性能可分为主要涉及生产、流通领域及服务行业的经济广告，征求、提供或传播教育、科技、文学、新闻、出版、体育、卫生、文物等方面信息的文化广告，提供社会福利、社会保险、社会服务的社会广告。

按广告内容可分为促进商品销售的商品广告，提供劳务或服务的劳务广告以及宣传社会公德、伦理的公益广告。

按广告诉求方式可分为采用理性说明方法，有理有据地说明商品的长处，让人们自行判断是否购买的理性诉求广告和向消费者动之以情、求得用户在感性上认同、吸引其购买的感性诉求广告。

当然，按照其他标准还可以将广告分成许多类型。如根据广告的物质承担者即媒介物的不同，可分为下列常见的几类：

1. 印刷性媒体。

（1）报纸；（2）杂志；（3）书鉴、年鉴；（4）电话簿；（5）挂历、台历；（6）传单。

2. 电子性媒体。

（1）广播；（2）电视；（3）电影；（4）电子显示大屏幕；（5）幻灯；（6）霓虹灯；（7）录像；（8）互联网。

3. 邮件媒体。

（1）销售信；（2）订购单；（3）商品说明书；（4）明信片；（5）新产品目录。

4. 户外媒体。

（1）牌匾；（2）灯箱；（3）橱窗；（4）招贴；（5）招牌；（6）模特儿；（7）门面装饰；（8）货架陈列。

5. 交通媒体。

（1）汽车；（2）行船；（3）火车；（4）公交站牌。

6. 其他媒体。

（1）火柴盒；（2）钥匙坠；（3）购物袋；（4）包装盒；（5）空中气球、飞艇；（6）事件（如从高处抛手表，用压路机压床垫等）。

第二节 广告文案的结构与制作要求

文案是广告的核心与主体。没有文案，广告就根本不存在。

一、确立广告文案的主题

广告的主题不同于文学作品的主题思想，它不是抽象的概念或思想，而是必须体现企业营销决策、表现信息物的个性特征、指明其差异性，还要考虑顾客的心理需要的一种客观综合体，故广告文案的撰写者要善于发现广告主题而不是简单、主观臆断主题。

目前，我国广告界流行着一些套式，常见的有："××产品国内首创，荣获××奖，达到××水平。本厂信誉第一、顾客至上。代办托运，实行三包。""产品设计合理，外形美观，结构紧凑，性能优良，价格低廉，欢迎选购。""××（商品名称）真是与众不同!"这些套话的最大毛病是千篇一律，毫无个性。换言之，是没有主题，当然不可能有吸引力。起不到应有的效力。

构思主题，要寻求最佳角度。1994 年，沪深两地的股市大跌，双双跌至历史最低点，当年的国库券征购广告，其广告语是："算来算去，还是买国库券最安全，最合算。"既不夸耀自己"金边债券"的地位，也不用"支援国家"之类的话来刺激人们的爱国心，而是用切实为购买者的利益着想的口吻，来打动人心。这对于当时在股市内惨遭损失的投资者来说，是非常适宜的。

根据有关专家的研究，关系到人们经济利益的，有关人们身体健康的，关于儿童的成长和生活的，能刺激人的健全欲望的，能给人以安全感的，能给人以美的享受的，有助于增强人们进取心的，能给人们以舒适畅快的，有助于提高人们工作效能的，有助于促进社交活动的，激发人们自尊心和自爱心的，能给人以同情和慰藉的这样 12 种主题最能引人入胜。

二、广告文案的构成

广告文案通常分这样几个组成部分：标题、正文（图案）、随文。

每一部分都有各自不同的要求。也不是每一则广告都必须具备这样几个部分。因载体不同而有所不同，相当数量的广告只有标题。从一般广告来看，各个部分有不同的要求。

（一）标题

广告的标题是广告的眼睛。对于广告的内容起概括、引导和提示的作用，对广告的受众有吸引其注意力的功能。广告标题不同于广告主题，后者是广告的中心所在，前者则是其主题的明显化和具体化。

标题设计要言简意赅，字数不宜过多；要有新意，不要捡别人的老话；要反映产品、服务给人带来的好处，传达有用的信息；标题的字要与正文区别开，放在醒目显要的位置上。

广告的标题，是广告十分重要的组成部分，是人们第一眼的印象。有许多人不爱看广告，每天看报一见广告版就扔掉，但广告的标题他们总是会看到的，一个好的标题会引起其注意。何况，有许多广告只有标题。

（二）正文

正文即广告词。其主要功能是说明产品的性能、作用、特点、使用方法、价格等内容。即把标题揭示的东西进一步具体化。

正文的写法要通俗易懂，同时要给人以深刻的印象。要直接向消费者传达有用信息，不能下笔千言，离题太远。

广告正文常用的表述方式有陈述式、议论式和文艺式（包括寓言、故事、小说、诗歌、对联等)。

陈述式如上海平安保险公司的广告词(系胡适之先生对保险的题词):

保险的意义，只是今日作明日的准备，生时作死时的准备，父母作儿女的准备，儿女幼小时作儿女长大时的准备，如此而已。

今天预备明天，这是极稳健；生时预备死时，这是真旷达；父母预备儿女，这是真慈爱。

能做到这三步的人，才能算做是现代的人。

议论式如台湾南山人寿保险公司的广告词：

您有权力拒绝吗?

生儿育女，孩子一天天长大，教育费用的重任您有权力拒绝吗?

天有不测风云，人有旦夕祸福，疾病，伤残万一不幸来临，您有权力拒绝吗?

岁月不饶人，老年晚景的来临，您有权力拒绝吗?那么，您有权力拒绝“南山人寿”保险专业人员的关心吗?

文艺式如香港保险公司的广告词：

彼得梦见与上帝在一起散步，路上印出两双脚印，一双是他的，一双是上帝的。但当走过一段路后展示在他面前路面上的脚印却只剩下了一双。而这正是他一生中最消沉、悲哀的岁月。

彼得问上帝：“主啊！你答应过我，只要我跟随你，你永远扶持我，可是在我最艰苦的时候，你为什么却弃我而去?”

上帝回答道：“孩子，我并没有离你而去，当时你发生了困难，我把你抱在怀中。所以，只有一双脚印。”

当你走向坎坷的人生之路时，本公司愿陪伴着你。当你遇到不测之时，本公司愿助你渡过难关。

这三份广告词都是关于人寿保险的，明显地各有千秋：平安保险借助于名人名言，揭示了人寿保险的真谛，虽非大叫大嚷地揽保，却是让人不知不觉之间接受了保险的观念。南山保险则是直接向购买者发议论、讲道理，而这道理是无法抗拒的；且这道理又是站在顾客的立场上为你谋算，亲切、平易，让人信服。至于香港保险公司的广告语借助于寓言，隐隐以投保人的上帝自居。但由于言辞得当，不仅没有引起人们的反感，反而增加顾客的兴趣。

(三) 随文

随文是广告词之外的说明文字，如公司经营部的地址、电话、传真、邮码；某一种产品的原料、配方的说明、数据，服务的方法方式；联系人的姓名，接待时间，等等。随文居于广告正文之后，这一部分不宜用文学手法表现，而大都以直叙的方式直接说明。(但电话号码如有巧妙的谐音，则可突出夸张一下。)

三、广告文案的表达类型

上节对广告做了大略的分类，为了便于学习制作富有创意性的广告文案，也可以就其表达方法、表现技巧为标准，进行分类。虽然，这种分类难以十分准确，或划分有兼类现象，但大体上是可以进行的，仅就金融行业使用的广告语，可总结为下述两种：

（一）根据表达方式

1. 诉求式：请到工商银行来参加储蓄。

2. 祝愿式：月月储蓄，年年有余。

3. 问答式：同志，你想储蓄吗？请到××银行来。

4. 业务介绍式：电脑储蓄真是好，又快又准无烦恼。

5. 信誉保证式：请到工行来储蓄，服务周到属第一。/钱存天宝，方便可靠。（上海城市合作银行天宝支行）

6. 情感交流式：头一次见面，就知道我们又多了一位好朋友。（财经证券公司）/（金手杖）扶持您的一生。（上海中保"金手杖"人寿险）

7. 揭示诱导式：同志，你想中奖吗？/年终奖金何处去？

8. 强调特点式：纽约历史最悠久的银行，如今是上海最新的银行。（纽约银行驻沪办事处）/在中国最大的专业银行存款，表明你的身份和信心。（工商银行上海分行某支行）

（二）根据表现技巧

1. 比喻：给我一缕阳光，还你一轮太阳。

2. 谐音双关：太平洋保险保太平。/平安保险，一生平安。

3. 对仗：常将有日思五日，每到取时想存时。（用于储蓄）/诚信无欺，言如九鼎；寄托为重，诺比千金。（用于信托投资公司）/无虑风云多不测，何愁水火太无情。/小费莫惜，后顾无忧。（用于保险公司）

此外，叙述、议论、文艺等方法亦可入类。

四、广告文案写作者的素质

广告文案看起来没有几个字，文字也通俗浅显，但一则具有创意的广告文案，并非简简单单就能写就。撰写有创意的广告文案，至少要具备这样几个条件：

1. 要有敢于求新立异的精神和丰富的想象力与联想力。

广告的创作思想要新，语言运用要新，处理技巧要新。要敢于创造，决不因循守旧。搞广告文案，若不求异，见别人怎样，你也怎样，只能写出一些毫无个性的平庸之作。

所以，写广告要收集大量的广告个例，一一进行分析，避免与他人雷同。每撰写一个文案，都要有意识地从标题、正文到随文的各个环节力求做到构思不同，措施不同，表达方法不同，处理技巧不同。

想象，是一种有生活依据的推想，是人对于客观世界认识过程中的思维活动，它是艺术思维的一个重要组成部分。可以说，没有想象就没有艺术。广告如果离开了想象，将是苍白的。

想象的方式很多，可以抓某人某事某物的特征，大胆地展开想象；可以根据现实情况或生活发展逻辑，进行推测想象；可以将情感渗透于各种具体事物，使个体事物具有人的情感；可以进行对比想象；也可以做变态、反常、异化等想象。总之，艺术创作过程中不能没有想象。而且，不能固守一招一式。

联想则是广告文案创作过程中的另一种艺术性思维。它利用思维由此及彼的特点，诱导人们充分发挥想象，从而使广告达到目的。

2. 对语言修辞技巧和文学技巧有一定的驾驭能力。

广告文案虽无多几字，但却要求具有极高的语言水准，以吸引受众的注意力，所以撰写者必须有相当的文字驾驭能力，可见下节的详细阐述。

第三节 广告文案的语言

一、广告语言的特征

写文章，是运用书面语言表情达意。语言文字是构成文章的基本材料。“人之立言，因字而生句，积句而成章，积章而成篇。”（刘勰《文心雕龙》）要写好文章，必须熟练地掌握语言技巧，必须在语言文字上下工夫，广告文案的写作也不例外。干瘪陈旧、千篇一律的广告词就像八股滥调一样为人讨厌。本来是货真价实的商品，常因广告语言的枯燥而不能发挥应有的竞争能力。因此，撰写广告文案必须对之重视，斟字酌句，反复推敲，一丝不苟。

广告媒体的不同，决定了广告语言本身也有差异，如电台广告就与报纸广告或电视广告的语言有所区别。广告语言的特征，可以概括为如下四条：

（一）真实准确

广告的生命在于真实。如果为了推销商品、牟取利润而在广告语言上弄虚作假，那是非常不道德的。其结果往往是适得其反，顾客一旦产生了逆反心理，你的广告吹得越神，人们就越不相信。

广告用语内容不确定，模棱两可，也是广告用语的大忌。广告语言一定要有一说一，有二说二，不能虚虚实实、真真假假。

当然，在不引起误解的情况下，使用一些诸如夸张等修辞手法，并不影响其准确、真实。

（二）简明扼要

对广告，人们一般不会花费许多心神去听、去看，更多的人是在不经意的情况下接收信息。如果广告语言冗长含混，就很难抓住别人的注意力，广告也就失去了应有的功效。因此，要“言约事丰”，要用尽可能少的文字，传达尽可能多的信息。“简为文章尽境”，广告必须让有限的文字都能发挥表达内容的最大作用。

例如，电视机广告，“锦‘锈’河山，尽收眼底”；保温瓶的广告，“热心永驻”等等，都非常精练而准确地写出了产品的独有特点。

（三）新奇独特

在浩瀚的广告海洋里，如果广告创作无新意，用的语言千人一面，千部一腔，则这种广告肯定没人听、没人看。所以，广告语言一定要“奇特”。只有新奇独特的广告用语才能最大限度地发挥广告的效力。

突出事物的特点就能做到独特，如柯达相机的“你只要按一下快门，其余的事由我负责”和××感冒缓释胶囊的“替您挡住下一个喷嚏”均属如此。

运用正话反说的形式，也能达到这一效果，如“狮牌”保障柜的广告词，在介绍了本产品“必须用密码开锁”的品质后，随即说道：“记密码有困难的人，请不要使用‘狮牌’保险柜，免得麻烦。”语词诙谐幽默，使人感到新颖别致，不落俗套。

（四）优美动听

广告应具有美感。而其文案的语言美是其中很重要的一部分。前文提及的“给我一缕阳光，还你一轮太阳”，即是用语言创造了一个优美的意境，给人以深刻的印象。该广告词的拥有者——农行河南某支行为此进行了注册。

音节的流畅动听也应是广告语言的特点，像“你想健美吗？请喝乌龙茶”，它较之“选用色、香、味俱全之上等茶叶配制，色泽自然，香气馥郁，其香味浓、强、鲜、爽！包装新颖，清洁卫生，饮用方便，欢迎选购”的广告词，要显得朗朗上口，而且生动新鲜。

蜂花牌液体香皂的广告词则相当有特色：“告别一天疲劳，带来新的清净；使你头发根根柔软，令你肌肤寸寸滑嫩。”文字工整，语言优美，而且对消费心理有相当的把握，显示了文案写作者的语言功力。

二、广告文案语言的要求

（一）规范

广告语言要使用规范化的现代书面语言，用词造句要符合语法，说明事理要符合逻辑。不用失去生命力的生僻词语，表情达意不能模棱两可，情感诉求要摒弃华而不实。

（二）文明

做广告不但要促进消费，扩大市场，实现经济效益，而且要倡导新风，净化风俗，注重社会效益。广告语言要讲究文明礼貌，广告诉求要抒发真实健康的感情。不能为了扩大销售，而利用广告宣扬有悖于社会主义精神文明的陈腐内容。目前，广告文案中有两个倾向值得注意：一是大力宣扬“豪华”、“高贵”，广告词中充塞着“帝王”、“霸王”之类词句，格调较低，无助于净化社会风气；二则更甚，以有意无意，隐隐约约的手法，宣扬淫秽内容，污染社会环境，那更应在取缔之列。

（三）启迪

广告词如能让人深思，给人启迪，那才是达到了最高的水准。鲁迅曾自费印过一本《凯绥·珂勒惠支版画选集》，版权页上与别的书籍常印的“版权所有，翻印必究”的字样恰恰相反，印的是这样八个字：“有人翻印，功德无量。”字数很少，非常含蓄，包孕着极大的思想内涵，又恰到好处地宣传了自己的书籍。

第四节 广告创作的误区

现在虽然还没有文史学家认为广告是文学作品，但由于广告的无所不在，广告词的影响力可以说是深入妇孺。各国都对广告的管理工作十分重视。

美国早在1911年就制定了广告法案。以后又提出了广告“六诫”和十四条规约。明确规定歪曲事实，易为别人误解者不登；攻击别人和危害同业者不登；能治百病的药品不登；淫秽粗俗的东西不登；相命、释命等迷信广告不登。凡能检举任何人和商店刊登欺诈图利的广告，给付奖金100美元。

日本对言过其实的“夸大广告”或“虚伪广告”，规定分别处以3年以下劳役或50万日元罚款，以及6个月以下劳役或3万日元罚款。推销滞销产品中隐瞒事实真相，利用广告诱人购买的，除取缔外，罚款3万日元。

1994年10月27日，第八届全国人大常委会第十次会议通过了《中华人民共和国广告法》，共六章四十九条。该法明确规定了广告的内容如有违反国家政策、法令的，有损我国各民族尊严的，有反动、淫秽、丑恶、迷信内容的，有诽谤性宣传的，违反国家保密规定的，都禁止刊登、播放、设置和张贴。对于违反规定，情节恶劣，后果严重的，由人民法院依法处理。

目前我国广告业以惊人的速度发展，广告创作日益繁荣，但也难免泥沙俱下，出现了不少水平低劣、格调不高，甚至是误导、侵权的广告。就广告文案而言，时下不符合法律条例的，或水平低劣、格调低下的现象，有如下几种，可以说，这是广告创作中的误区。

一、自我吹嘘，夸大失实

以官本位为中心，先自吹什么“骨干企业”、“龙头企业”、“明星企业”、“某某领导视察过的企业”，再吹一吹历年获得的××奖、××奖或奖杯、奖旗、奖状；最后自诩其产品是“消费者最明智的选择”，是“行家的选择”，是“可能改变你一生的选择”。这种自吹自擂的结果，只能使受众感觉到“准是卖不出去了，才这样死吹”。

更糟糕的是进行夸大失实的欺骗性宣传，动不动就是“最好”、“最佳”、“第一”、“首创”，或借“名人”之口做不实证词广告。

这种广告往往给消费者带来严重的伤害，有人因相信“使用两次年轻10岁”的化妆品，结果损伤了皮肤。有的化肥、农药，标注的化学成分与实际效用不符，农民买回使用后，反而使几十亩、几百亩，甚至上千亩的庄稼都死掉了。早在20世纪90年代初期，消费者协会一年内就收到虚假广告的投诉信达1.5万件（份），工商行政管理部门对虚假广告的罚没款达千万元以上（当时可是大数额）。现今的虚假广告更是集中在药品、化妆品及名人代言上。

二、含糊不清，不知所云

广告词刻意取巧，模棱两可，使受众产生误解。比如，某窈窕中心，在广告中宣传：“保证在最初六次治疗过程中，减掉超常体重的15%，否则分文不取。”一些大意的消费者常常因这15%和“分文不取”走进该中心。其实，广告中隐含的“超常体重”的含义是“超过正常体重”之意，一般肥胖者的这部分也不过10至20磅，15%也就两磅左右，不进中心，采用常规办法也可以随便减下来。这个广告其实没有对消费者作出任何有价值的承诺。

还有用语艰涩，拐弯抹角，使受众看不明白，听不清楚，如读天书，如堕云雾，无法在接触广告的瞬息间理解领会其含义。比如，有的服务性企业爱在广告中使用“超凡享受”、“忠诚服务”、“真诚如金知你心”等抽象语言。顾客很难知道“超凡”包括什么内容，“忠诚”达到什么程度，“知你心”又是什么境界。

三、硬改成语，误人子弟

有不少广告，为追求新奇幽默的效果，将成语移来，用谐音加以“改造”，从而为自己的商品服务，如鸡店的广告：美好人生，“鸡”不可失；热水器广告：随心所“浴”；空调广告：终生无“汗”；自行车广告：“骑”乐无穷；蚊香广告：默默无“蚊”。

平心而论，内中有些不乏运用机智的语言揭示特定内涵的技巧，但多数属生吞活剥，生造硬改。更严重的是污染了语言环境，尤其对小学生为害不浅。所以，1998年上半年，国家工商行政管理局已行文全国，禁止这类广告的使用。

四、盲目迷外，自贬自轻

有的广告明显地反映出鄙视国货、以洋为荣，利用崇洋心理谋利的不健康心态。

《人民摄影》透露：四川宜宾闹市区一家彩照扩印店的广告写道：“若用国产乐凯纸，欢迎举报，若有一张，愿赔1 000元。”完全忘记了自己是哪国人。

某自行车厂有一广告文案，写道：“车架是美国造的轻型铝合金，车胎是意大利不充气的，漆是德国进口的，本车是美、意、德先进技术的结晶。”中国作为世界自行车王国，难道一点优势也没有？

五、违背历史，违背生活

历史上没有的事，不能任意添加；生活中没有的事，不能胡编乱造。现在有许多食品、酒或其他补品，广告中都称是古代配方或宫廷秘方，事实上古籍中根本没有记载，全是瞎说。有的则公然违背生活常识，像山东济南有一家洗脚屋，打出灯箱广告“××洗脚，胜过吃药”。这种严重违背事实、误导顾客的广告，被工商行政部门取缔是理所当然的。

所有这些，说明在我国的广告中存在着反科学的行为。广告是一门艺术，更应当是一门科学。它应当具有严肃性和维护自己的尊严，不应当让人们一想到广告，就首先想到的是“骗”字。

本节从反面讲广告文案写作的误区，也可以从正面去理解为广告文案写作应注意之点。

［**例文简析**］

［**例文一**］

慷慨的旧货换新

（标题） 慷慨的旧货换新

（副标题） 带来你的太太

只要几块钱

……我们将给你一位新的女友

（文案）

为什么你硬是欺骗自己，认为你买不起最新的与最好的东西？在奥尔巴克百货公司，你不必为买美丽的东西付高价。有无数种衣物供你选择——一切全新，一切使你兴奋。

现在就把你的太太带给我们，我们会把她换成可爱的新女人——仅只花几块钱而已。这将是你有生以来最轻松愉快的付款。

奥尔巴克

纽约·纽渥克·洛杉矶

（口号）做千百万的生意 赚几分钱的利润

［简析］

这是威廉·伯恩巴克为奥尔巴克百货公司所撰写的一个文案。

奥尔巴克百货公司是纽约的一家以低价而著名的古老的商店。当威廉·伯恩巴克和他的同事接受该公司委托之初，他们就考虑到，其广告宣传运作一定要针对一般公众的习惯观念，帮助消费者克服“低级的服装意味着低廉的价格”的成见。也就是说，他们打算在精神上重塑消费者，从特定的角度，引导并促使他们建立起新的消费意识，使其消费心理更符合现代人的社会身份。因此他们从一开始，并且一直使用和坚持这样的一个销售说辞：“最高级服装最低廉价格。”这当然是一个非常正确而且富于远见的策略选择，从中能够透现出策划和创意者的大气度、大视界、大胆魄。而这是一个卓越广告人必备的素质。

而这种素质在现在我们所看到的这一文案和威廉·伯恩巴克的其他成功广告中，都可以明显看得出来，换言之，它已经影响到并且业已渗透进了广告文案的构想、主题、叙述风格的语言形式之中——甚至是用词，比如说“慷慨”、“我们将给你”、“一切全新，一切使你兴奋”、“换成可爱的新女人”、“有生以来”以及“最新”、“最好”等；包括造句的方式，以及它们所创造出来的充满信心、充满乐观气息的大方的语气。

标题是文案“自己”的销售说辞和主题的宣布。这篇文案标题极好地具备了简明、有力、醒目、入心的特点，尤其是它的概括力极强：既准确、妥当，又在不易被察觉的略微的夸张手法中不失其真，的确具有感染力、号召力、渗透力和冲击力。副标题把它的含义具体化，选择了一个既使人感到亲切（谁不爱自己的太太而且希望她非常地可爱呢?），又很有煽情和诱惑作用的、假想的典型事例，增加了形象感、生动性，同时强化和巩固了标题，使主题通过精练、强悍的销售说辞，显得异常地突出。像这样的“当头一炮”，是不可能不立时就把作为其读者的消费者“打懵”的。

文案的正文以直率、亲切的口吻跟读者亦即消费者对话，其“恨铁不成钢”的主体心情的自然的流露，给人以一种最亲密的知心朋友促膝谈心的印象；这里，它采取了“责备”、“埋怨”、“嗔怪”与“劝告”、“怂恿”、“指点”意味相结合、相统一的语调说话，应当说是甚为高明的。

而且它“动之以情”又“晓之以理”，“循循善诱”又“娓娓而谈”；口气既柔又刚，既软又硬，并且特别注意站在诚恳的立场上作出承诺——这承诺既很现实，又带出假想判断；把所传达的信息，表述得很清晰，尤其是很精当；根本不说一句多余的、没有力量没有实际价值的话——而且你看，那承诺多“慷慨”、多诱人呀，它会使你得到一个“你有生以来最轻松愉快”的瞬间呢，哪怕你是在“付款”，但是你绝对会愿意，因为其“得”与“失”的比较，使你觉得太划得来了。

还有极精彩的：那个口号真好！有气魄，充满了慷慨大方的豪气，很能立即塑造出令人感到亲近同时又不失对之钦敬的广告主的美好形象，从而极大地减少了消费者的陌生、怀疑和疏离感；因为它又非常真实，极为在理，不但再一次更加明确、概括地对主题做了比副标题更清楚、更有说服力的诠释，而且介绍了自己的经营——服务宗旨，实际上是解释了自己为什么能够“慷慨”的缘由，以及这种“慷慨”的高可信度和高信誉度的事实与理论根据。

[例文二]

幸福的寡妇

（文案）

当我28岁时，我认为今生今世我很可能不会结婚了。我的个子太高，双手及两条腿的不对头常常妨碍了我。衣服穿在我身上，也从来没有像穿到别的女郎身上那样好看。似乎绝不可能有一位护花使者会骑着他的白马来把我带去。

可是终于有一个男人陪伴我了。爱维莱特并不是你在16岁时所梦想的那种练达世故的情人，而是一位羞怯并拙笨的人，也会手足无措。

他看上了我不自知的优点。我才开始感觉到不虚此生。事实上我俩当时都是如此。很快地，我们互相融洽无间。我们如不在一起就有惘然若失的感觉。所以我们认为这可能就是小说上所写的那类爱情故事，以后我们就结婚了。

那是在四月中的一天，苹果树的花盛开着，大地一片芬芳。那是近三十年前的事了，自从那一天以后，几乎每天都如此不变。

我不能相信已经过了这许多岁月。岁月载着爱维和我安静地度过，就像驾着独木舟行驶在平静的沙中，你并感觉不到舟之移动。我们从来未曾去过欧洲，我们甚至还没去过加州。我认为我们并不需要去，因为家对我们已经是够大了。

我们希望我们能生几个孩子，但是我们未能达成愿望。我很像圣经中的撒拉，只是上帝并未赏赐我以奇迹。也许上帝想我有了爱维莱特已经够了。

唉！爱维在两年前的四月中故去了。安静地，含着微笑，就和他生前一样。苹果树的花仍在盛开，大地仍然充满了甜蜜的气息。而我则茫然若失，欲哭无泪。当我弟弟来帮助我料理爱维的后事时，我发觉他是那么体贴关心我，就和他往常的所作所为一样。在银行中并没有给我存了很多钱，但有一张照顾我余生全部生活费用的保险单。

就一个女人所诚心相爱的男人过世之后而论，我实在是和别的女人一样的心满意足了。(寓意)

到旅行者公司投保，旅行者保险公司，旅行者理售保险公司，旅行者火险公司。

哈特福特·康乃狄格州。

[简析]

这是乔治·葛里宾为旅行者保险公司所撰写的一个没有标题的文案。

事实上它原本是有标题的：最初叫“寡妇”，客户觉得它不好，有一种郁闷压抑的感觉——他们是对的：谁会在兴冲冲的时候去读这样一个故事呢？于是就改成了：“当我28岁时，我认为今生今世，我很可能不会结婚了”——但它作为标题，其结论式的语气显然有负效应：它很可能提不起读者往下读的兴趣。于是它就变成了一个没有标题的文案开头的第一句话。

这一改，改得真奇妙：你不觉得其悬念感和吸引力突然更大了吗？

跟“我的朋友乔·霍姆斯，他现在是一匹马了”一样，这篇文案用的也是讲故事的手法。但以文体形式而论，“乔”是“戏剧式”，而本篇则是“散文式”；“乔”在说故事当中采用的是寓言的手法，以其新鲜奇特的构思吸引读者，而本篇则是借助一个令人欣慰的悲情故事，来唤起人们的同情心以保持和维系他们的阅读兴趣。但妙就妙在：这个“同情心”，恰恰又与“保险公司”的“人情味”，自然而和谐地相融会了。

所以，这个故事是难忘的；而与这个故事相联系的“旅行者保险公司”，因此更是难忘的。

乔治·葛里宾的目的达到了，任务完成了——而且相当圆满！

所以，如果你认为他的整篇文案的绝大部分文字都是“废话”、“离题”、“错位”的话，那么，肯定是你错了。

(注：以上两例及简析均选自钟友循、汪东发所著《现代广告写作》一书)

[思考与练习]

1. 从各种媒体中，收集你认为最坏或最佳的广告文案各三则，并说明理由。

2. 为银行储蓄、证券公司、人寿险、财产险各撰写一至两例的广告词。

第十三章

经济论文

JINGJI LUNWEN

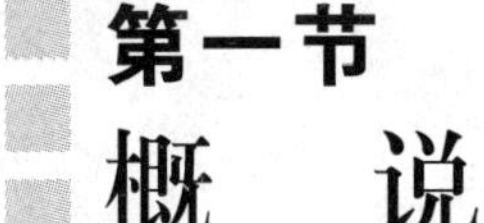

第一节 概　说

一、经济论文的含义

经济论文是经济领域中的学术论文。

所谓学术论文，就是较系统地、专门地研讨某种学问的文章，是对自然现象和社会现象进行科学探求的书面成果。

而经济论文，则是研究经济现象，探讨经济规律，发展经济理论，指导经济工作实践的学术论文。它既是进行经济研究的一种手段，又是描述科研成果，进行学术交流的一种工具。

在经济领域中，对某些现象提出新的见解，或在实践中有新的发现、新的主张，或对某些材料加以整理、分析，得出新的结论，都可写成经济论文。它所涉及的范围极广，宏观微观，古今中外，在辽阔的经济领域里，分析问题，总结规律，指明方向，推动经济事业向前发展。

二、经济论文的特点

(一) 科学性

科学性是经济论文的基本属性。经济论文的科学性，表现在两个方面：其一，要有正确的命题，即提出的论点能反映客观经济规律。因为经济论文写作，正是从对具体经济现象的分析、研究中，发现客观经济规律作为自己立论的基础。这样，它才能正确指导经济活动实践，并经得起实践的检验。其二，论证要系统、严密、合乎逻辑，即论据与论点之间有必然联系。一篇论文，如果只是论点正确，而论证过程颠三倒四、破绽百出，或牵强附会、不合逻辑规律，则不能说有科学性。

(二) 创造性

创造性，是科学研究的生命，也是经济论文的生命。经济论文的创造性，就是其提出的理论或方法，是前人未曾提过的新发现。创造性要求作者不作简单的重复，不拾人牙慧，不做“文抄翁”。但也不是说每篇论文都创造出新的理论体系，只要在前人的基础上前进一步，哪怕是半步，作锦上添花式的补充，也还是有意义的。

(三) 现实性

现实性，即实用性。理论要能指导实践，才有意义，才有价值。因此，经济论文要从经济现实出发，有针对性地提出指导实践的理论或解决问题的办法措施，阐述相关的看法和意见。无论是探讨理论的经济论文或是探讨实际问题的经济论文，都要立足于瞬息万变的现实，探讨现实中亟须解决的问题。这样，科研成果才能转变为生产力，为实践服务，才有价值。

三、经济论文的种类

凡分类，必须先讲标准。标准不同，类型也不同。

(一) 按论文的研究范围来分，有宏观经济论文和微观经济论文

1. 宏观经济论文。它是对国民经济总体或总量进行研究而撰写的论文。凡涉及整个国民经济方面的一些带综合性、整体性的经济问题，如经济体制改革、所有制结构、产业结构、发展速度、投资与通货政策、生产力布局等方面的论文均属此类。

2. 微观经济论文。它是对国民经济中个别经济单位或经济门类中某一经济现象进行研究而撰写的论文。凡是以某一具体经济行为、经济现象为研究对象，如金融部门论述信贷管理、结算渠道、证券交易、储蓄对策等论文，均属此类。

(二) 按性质功能来分，有理论研究型和工作研究型两类

1. 理论研究型论文。它是对某一经济现象或行为进行理论探讨而写出的论文。它以系统、丰富的知识和充分的例证，对某一经济问题进行深入的论述，揭示规律，阐明道理。这类论文的理论性很强，论说色彩浓厚，具有突出的逻辑性和很强的学术性。如《论“软着陆”》。

2. 工作研究性论文。它是针对经济活动中的实务问题进行研究而撰写的论文，针对性很强，往往是就某些具体问题发表意见，或提出解决问题的办法，或提出建议。论证

方法也常常采用“例证法”、“归纳法”等，就事论事，理论色彩逊于前一种。

（三）按发表方式和作用来分，有杂志论文和学位论文

1. 杂志论文。它是指在学术会议或刊物上发表的论文，多用于学术交流，有人称之为学术论文。篇幅有一定限制，一般只要求表述研究成果，不介绍研究的具体过程，也很少有附录。

2. 学位论文。它是为获得相应学位而撰写的论文，是向学位评审委员会提供的科学研究的书面成果。学位论文能否通过是对申请者是否授予学位的重要依据。在写法上与一般论文有不同的样式。它不仅要表明研究成果，而且要对研究过程作必要说明，以表现作者的研究能力。因此，它的篇幅不受限制，一般较长。重要的资料均应以附录形式放在正文之后。学位论文又可分为学士论文、硕士论文、博士论文三种。

（四）按写作特点来分，有立论型论文和驳论型论文

1. 立论型论文。它主要是采用立论的方法，用确凿的事实和正确的理论，从正面直接证明自己的论点的正确。虽然有时也可同时采用反驳对立的观点来立论，但全文的基本观点，不是通过反驳来确立的。

2. 驳论型论文。又称争鸣型经济论文。它主要是采用反驳的方法，驳倒对立的观点，来论证自己论点的正确性。

第二节　经济论文的写法

经济论文的结构一般由“标题”与“正文”组成。正文由“序论”、“本论”、“结论”三部分组成，呈现出“三段式”结构模型。这是经济论文的基本结构形式。

一、标题的写法

经济论文的标题形式，常用的有两种：一种是直陈论点式，另一种是概括内容式。

直陈论点式标题。其标题即为论文的论点，它是一个完整的判断句，常见的形式为：“××是××××”。如《抓紧培育证券市场是深化改革、加速发展的关键》。

概括内容式标题。其标题即为论文的中心内容。常以偏正词组或动宾词组的形式出现，如：试论××××××，浅谈×××××；对××××问题的初探，关于×××××问题的思考。如《试论发展中国家经济结构调整的有效手段》、《关于社会主义市场经济若干问题的探讨》、《论“软着陆”》。

论文标题写作，要以准确、凝练的语言概括出论文的论点或中心内容，显得具体、明确、醒目。

二、正文的结构

正文一般有序论、本论、结论三个部分。这三部分常见的联系方式有两大类。

一类是总分总式。即提出论点，分析论证，又回到论点上，在分析论证的基础上归纳总结，加以强调。其篇幅形式是中间大，两头小的橄榄形结构。

另一类是递进式，即提出问题——分析问题——解决问题。这类论文的结构有时占很大篇幅，全文分析问题是以提出解决问题的方法为目的。其篇幅形式是开头小，中间大，结尾也大。

（一）序论

序论是论文的开头部分，起着上扣题目、下引本论的作用，因而有人称其为“引言”。

序论内容，可概括提出中心论点，简要说明写作意图，介绍研究方法等，都要切合论题，为本论写作铺平道路。其写法多种多样，视论文的具体情况而定。最为常见、最为自然的是以交代研究课题的理由和意义入手。它往往从目前经济形势谈起，逐步引向论文的主题，最后交代出自己的论点。此外，还有解词式开头、设问式开头等。总之，要考虑具体内容，选取最自然的开头方式。

（二）本论

本论是论文展开论述的部分，是论文的核心。在本论中，要精确表述作者的研究成果，要对中心论点展开深入细致的分析论证。由于本论部分内容丰富，往往不是一个段落层次所能完成。因此，本论又分为若干层次。每一层都围绕中心讲述一个道理或观点，通常称为“分论点”，这些分论点都起着说明或证明总论点的作用。

本论的结构形式很多。它有横向的并列结构、纵向的递进结构，以及纵横交错的综合结构。并列关系的分论点呈并列形态，它们分别论述或阐释上一层论点；递进关系的分论点呈递进形态，层层深入地展开论证；综合式结构，是并列结构和递进结构交错使用，各层次间的分论点既呈并列形态，也呈递进形态，它们共同组成论文的论证层次，共同完成论证或阐释总论点的任务。

（三）结论

结论是论文的结尾部分。它要归纳、概括出分析、论证的结果，或提出解决问题的措施和办法。还有一些论文，在结论中，对课题的研究作出展望。

如果论文的论证目的，是为了论证论点的成立，那么，其结论就应照应序论，对本论作出综合的归纳、概括，突出中心论点。在结论开头，多用“综上所述”或“总而言之”这类的词语，作为承上启下的过渡词，且结论的篇幅较短。如《试论建立金融法庭》。

如果论文分析论证的目的是为了提出解决问题的方法，那么其结论就应提出措施和建议，结构的篇幅就较长，如《论“软着陆”》。

无论以何种内容做结论，都要起到收束全文，启发读者的作用。

三、学位论文的结构样式

学位论文的结构与一般论文的结构有些不同，它比一般论文结构多了几项内容。

1. 在题目与正文之间，多了两项内容。

其一是“论文摘要”。它是论文的内容梗概或主要观点。摘要要用中、外文两种文字写出。

其二是“目录”。目录分章节，标明所在页码，便于阅读和审查时查找。

2. 在正文之后，还有两项内容：

其一是“致谢”。对在论文写作过程中给予具体指导的老师，或在提供资料等方面曾经给予帮助或支持的专家、学者，表示感谢。

其二是参考文献及附录。就是在篇末注明主要参考文献或主要的参考资料。

第三节 经济论文的撰写步骤

一、选题

（一）选题的意义

选题，是指确定论文所要研究的课题。也就是确定论文研究的范围和对象，使作者的思考、研究有一个既定的目标和方向。

选题是论文写作的第一步，也是关键的一步。它直接关系到经济论文的价值和成败。一个人能否独立进行学术研究，重要的标志就是看他能否找到一个合适的课题。课题选得好，就是找到了一个经过努力、在一定时间内能获得成功的目标。否则，会使写作事倍功半，甚至半途夭折。所谓“题好文一半”，正是强调了选题对于写作的重要意义。

（二）选题的原则

选题是否恰当，要从客观需要和作者的主观条件来考虑。其原则是：从客观上说，要选有学术价值且对当前经济活动实践有指导意义的课题。从主观上说，要选有利于展开的，与作者的政策水平和业务水平相适应的课题。

有价值的课题，可从下述几方面来考虑：（1）亟待解决的课题；（2）经济科学上的新发现、新创造；（3）填补空白；（4）纠正通说；（5）补充前说；（6）当前有争论的课题。

有利于展开的主观条件是：课题要适合自己的专业特长，个人兴趣爱好，占有材料、拥有时间和可能得到的指导等。选题应量力而行，大小、深浅适中。既不贪大贪深，好高骛远，勉强去写自己无法胜任的课题，也不贪图轻便，选取肤浅易写的课题，因为课题太小，价值不大，没什么意义。

（三）选题途径

1. 查阅文献资料，了解学术动态。

学术发展是一个积累过程，后人只能在前人已经到达的基础上继续前进。查阅文献资料，可以了解某一课题的历史和现状。明确自己研究的这一领域，前人已做了哪些研究，有什么成果，现阶段达到什么程度，还有哪些问题需要进一步探讨，从中得到启发，选定主攻方向，避免重蹈旧辙。文献资料除了学术专著、报刊论文外，还包括书目、索引、专科性辞典、年鉴、手册、年表、图谱、文献等。必须学会利用图书馆去查找文献资料，掌握查找的知识与技能，逐步学会自我选题。

2. 通过调查研究，选定课题。

在改革开放的今天，国内外的经济生活不断出现新情况、新经验、新问题。我们经济工作者，就应关注经济改革的“热点”、“难点”、“焦点”，进行深入的调查，掌握材料进行研究，发现规律，选定课题。

3. 从日常工作、学习的研究心得中选题。

要进行科研，就要做一个有心人。在平时工作中有什么经验体会或遇到什么问题要进行研究，要记录积累起来，在平时阅读文章，与人谈话中发现有价值的、自己感兴趣的东西也要记录下来。如此日积月累，对问题的理解认识会逐步深化，就能找到规律性的东西，从而选定论题。那些工作研究性的论文课题，多是这样选定的。

二、材料的收集

选定课题之后，就要为论文写作提供论点、论据和论证。它们是组成论文的三大要素。众所周知，论点、论据都是从材料中得来的。材料是写作的物质基础。没有材料或材料不充分，作者提起笔来必将一筹莫展。一篇文章的优劣成败，很大程度上取决于材料的收集与研究。因此，从选定课题之后，到落笔行文之前这个阶段，就必须围绕课题，广搜材料，整理与研究材料，提炼论点，选定论据。

收集材料工作是整个论文写作过程中费时最多、费力最大的一项基础性的工作。材料的掌握可以使人站在一定的高度上，俯瞰经济理论与经济生活的方方面面的问题。“材料”，是个较为空泛的概念，具体到经济论文写作，可以是党和国家的经济工作的方针、政策、任务；可以是马列主义经济思想，前人的经典论述，时人的见解主张；也可以是经济事实，经济的各项指标、数据、统计资料，等等。

从形态来看，材料不外有两种：一种是书籍、资料、报刊中以文字形式存在的静态材料；一种是经济生活本身蕴涵的动态材料。对静态材料的收集，要利用图书馆、阅览室参阅各种文字资料。对动态材料的收集，则要用实地观察、调查、实验等方式取得。

材料的多少、轻重，材料与论题的相关程度、价值，都直接关系到论文写作的顺利与否，关系到论文的质量与价值。一般来说，我们掌握的材料越多，越容易展开分析研究，但材料过多，又容易分散注意力，难于驾驭，或造成浪费。因此，我们收集材料时，得考虑两点：一是最大限度地掌握材料，但必须是必要的；二是最小限度地掌握材料，但必须是充分的。应该说，潜心钻研，立志做学问的人，平时都十分注意积累材料，到了写作时，只需围绕选题，做一些调查核实、补充材料的工作。我们每个同学都应培养这种良好的学习习惯，并学会查阅各种资料的方法，粗通图书分类知识，有效地使用图书馆、阅览室，这是我们获取材料，更新知识的重要手段。

三、材料的整理与研究

材料一经记录占有，亟待着手进行的工作就是材料的整理。而材料的整理必须建立在研究的基础上，整理与研究常常是同步进行或交叉进行的。所谓材料的研究，是指对收集来的材料进行科学的分析、比较和评价，借以判定它们的类属、性质和内涵，以及它们与课题的内在联系。材料的研究，既体现在材料的分类、排队结果中，也体现在以后的论点归纳、论据选择过程中。研究是整个科学思维方法的调动，其目的是为论文提供观点与材料。

材料的整理，是指对收集来的大量零散杂乱的材料进行分类排队，使之条理化、系统化。其中包括两个层次的工作：一是把杂乱的材料按照某种分类标准进行分类；二是把同类的材料，按其与论题的相关程度、新颖程度、典型程度等进行自上而下的顺序排队。

总之，通过材料的整理与研究，达到消化材料、熟悉材料、加深理解、启发思考、酝酿观点的目的。

四、提炼论点，选定论证材料

材料经过整理、研究之后，下一步就是根据材料为论文提炼中心论点。这里要特别加以说明的一点就是：论点的产生是在收集材料之后，且须建立在材料研究的基础上，而不能反过来，把收集材料当成为论点找论据。正如王力先生所说："凡是先立结论，然后去找例证，往往都靠不住，因为你往往是主观的，找一些为你所用的例证，不为你所用的就不要，那自然就错误了。"

写经济论文，提炼中心论点的难度较大。它要求认真分析研究，反复思考，找出规律性的东西，揭示事物的本质。可以说，提炼主题（即中心论点）的过程，就是由感性认识上升到理性认识的过程。只有实现了这一过程，才能使散乱的东西集中起来，使孤立的东西彼此联系起来，使隐藏的事物将其本质或真相显露出来，正如毛泽东在《实践论》中指出的，要完全地反映整个的事物，反映事物的本质，反映事物内部的规律性，就必须经过思考作用，将丰富的感觉材料加以去粗取精、去伪存真、由此及彼、由表及里的改造制作工夫，造成概念和理论的系统，就必须从感性认识跃进到理性认识。这是认识事物本质的科学方法，也就是我们提炼中心论点的科学方法。

此外提炼中心论点，必须注意下面三个方面：一是必须有充分的、全面的材料做根据，防止以偏赅全；二是必须发掘事物的本质，才能发现规律性的东西，提炼出深刻的主题；三是必须以辩证唯物主义世界观作指导。因为论点是主观与客观统一的产物，是物我交融的结晶，自始至终受作者世界观的影响与制约，只有以先进的世界观作指导，才能提炼出正确的、深刻的、具有时代特征的论点。

明确中心论点之后，就要围绕中心论点选取论证材料——论据。这里所说的论证材料，既包括中心论点下的各层论点，也包括各层论点的论据材料。凡能说明论点、表现论点的则取之，不能说明论点的则舍之，这是选材的原则。当然还要考虑材料本身的质量：是否真实，是否典型，是否新颖，是否有力。还要考虑论点篇幅限制和详略安排来确定数量多少，是充分论述，还是作必要的展开。总之，“选材要严，开掘要深”。

五、拟订写作提纲

拟订写作提纲，是经济论文写作的必要的工作程序。

论文写作提纲是对论文内容和形式的总体设计。它用序码和文字把整个思路固定下来，使论证结构视觉化。

拟订写作提纲，有助于理清思路，组织材料；有助于掌握全局，考虑周到，从整体出发去审视每一部分所占的地位，所起的作用，使各部分所占篇幅与其在全局中的地位相称，避免顾此失彼；有助于提高效率，做到成竹在胸，写有遵循，起草行文就能事半功倍。

考虑全文总的结构形式安排是拟订写作提纲的第十个步骤。这总的结构形式是指序论、本论、结论的联系方式。是采用“总分总”的形式，还是采用“递进的形式”，即“是什么、为什么、怎么样”的结构形式。

考虑本论结构层次安排是拟订写作提纲的第二个步骤。这是整个提纲设计的重点，前面讲过，本论的结构形式多种多样，关键所在是要理清各个层次的逻辑关系。

提纲的内容，一般包括：标题、中心论点、各层次的分论点，各层次的论据材料。

提纲的形式，有两种：一是图表式，一是文字式。

图表式提纲设计，文字简练，它直接显示了论文的逻辑层次的构成情况，理顺论文的思维层次，使结构周密严谨，使观点材料匹配。它本身就可以对思维正确与否进行检验。

文字式提纲设计，也能反映论文的结构层次，表现论文的写作思路。因它不受篇幅限制，可以写出各层论点的主要内容，有时可以看成是论文的缩写。因此，到起草论文时它有更突出的提示作用，不易遗忘。

论文提纲可以用论点形式，也可以用概括主要内容的标题形式。采取哪种形式都可以，关键是要通过设计提纲达到理清思路、检查观点与材料的配备是否恰当、检查何处材料不足、何处结构失衡等问题的目的。

拟写提纲是经济论文写作必须重点下工夫的环节，提纲的成熟，标志论文构思的成熟，提纲设计得越合理越详细，写作时越得心应手。

六、动笔起草与修改定稿

撰写初稿，常用两种写法：一气呵成法与部分组装法。

一气呵成的写法，就是依照提纲的次序或层次，从头至尾一路写下去，不停顿，不中断，一口气把全文写完。起草过程不去过多推敲词语，不左顾右盼、“十步九回头”，只将头脑中涌现出来的大体思想交代出来。

部分组装法，就是按照提纲提供的层次结构内容，从准备最充分的部分下手，一部分一部分地写，不管先后次序，写完后再组装成文。

写完初稿之后，如时间允许，最好作冷处理，即将初稿放些日子，待思路跳出原来定势后再来修改、定稿。

修改的主要任务，首先要综观全局，大处着眼，检查论点是否正确，材料是否恰当贴切，观点与材料是否统一；其次是检查结构安排，论证次序是否恰当；最后斟酌词句，进行文字润色。

定稿的主要工作：给论文加注，使用引文，注明出处，列出参考书目。誊清稿件时要符合书写格式的要求。

第四节 经济论文的写作要求

一篇好的论文，必须是思想、逻辑、文采三者的统一。所谓思想，是指与题材有关的作者的立场、观点、思想方法、生活体验、专业知识等内容的统称；所谓逻辑，是指与论述论题有关的逻辑结构、逻辑方法、论证层次等内容的概括；所谓文采，是指与写作技巧和文字表达能力有关的谋篇布局、文字修养等内容的总体现。如此即能准确生动地表达思想、论点，显得精彩，富有美感。

具体来说，论文写作还要求做到下列几点。

一、纲举目张，观点要鲜明

经济论文结构的特点是“纲举目张”。所谓“纲”，就是中心的论点，又叫总论点；所谓“目”，就是总论点的下一层论点，又叫分论点或小论点。写作时，中心论点一定要鲜明、显豁地表达出来，即高高举起这个“纲”，使下一层论点都围绕着中心论点依据“轮辐向心”的原则，共同完成全文的论证任务。这样，中心论点一摆，下一层的论点便各就各位，像“目”一样张开，足以论证中心论点的正确，同时也使文中各个层次的论点明确起来，这叫做“纲举目张”。要做到“纲举目张”，则要求作者用准确精练的语言，以段首提要或拟小标题等形式，概括论文各层次的论点，做到观点鲜明。

二、论证合乎逻辑，表达合乎“体式”

经济论文是论说文体，表达方式应以议论为主，体现“论”的精神。当然，论文中也必不可少地使用叙述、说明的表达方式，但就文章总体而言，不能以叙述、说明为主要的表达方式。概念、判断、推理、证明等逻辑内容，是组成论文的有效成分，以论证作者个人独到的见解或理论为目的。而且要做到论证周严，有理有据，“滴水不漏”，无懈可击。

三、条分缕析，层次要分明

经济论文所要表达的是对某些经济现象的科学认识，是一种比较复杂的思想。我们知道，要表述一个比较复杂的思想，最好的办法是分析综合，即把一个整体事物，按一定的逻辑关系分为若干部分来划分、表述，最后加以综合。为便于读者理解，写作时可设计小标题或序号标明各个部分。小标题也好，序号也好，一定要理清各个部分、各个层次的关系：是并列呢，还是从属；是先说呢，还是后说，都要符合客观事物的规律，符合人们思维的规律。总之，一二三四，必须清清楚楚，先后次序，一定要顺顺当当。只有这样，才能使文章条理清楚，结构严谨，合乎逻辑地推进自己的议论。

四、表达要平易，还要有文采

论文是用来表述科研成果、阐述个人主张的。运用语言应力求平实易懂，其目的是让人理解，并使人尽可能赞同作者主张。因此，在论文写作中要避免使用生僻的概念，艰涩难明的术语。不要故作高深，不要卖弄学识和文笔。

但表述平易，不是不要文采。论文写作的总要求是思想、逻辑、文采相统一。有文采，不仅仅是对文学写作的要求，论文写作也应有文采。孔子说：“言之无文，行而不远。”刘勰也说过：“圣贤书辞，总称文章，非采而何。”文采是使文章有说服力的重要因素。论文结构精巧，语言准确、流畅，简洁明快，言简意赅，也会使人感到文采斐然。

[例文一]

论“软着陆”

刘国光　刘树成

什么是“软着陆”

1993 年下半年以来，我国实施了以治理通货膨胀为首要任务的宏观调控。到现在，经过三年多的努力，宏观调控基本上达到了预期目标，国民经济的运行成功地实现了“软着陆”。

什么是“软着陆”呢？“软着陆”是对经济运行状态的一种形象性比喻，即好比飞机经过一段飞行之后，平稳地降落到陆地上。“软着陆”的基本经济含义则是：国民经济的运行经过一段过度扩张之后，平稳地回落到适度增长区间。所谓“适度增长区间”是指：在一定时期内，由社会的物力、财力、人力即综合国力所能支撑的、潜在的经济增长幅度。国民经济的运行是一个动态的过程，各年度间经济增长率的运动轨迹不是一条直线，而是围绕潜在增长能力上下波动，形成扩张与回落相交替的一条曲线。国民经济的扩张，在部门之间、地区之间、企业之间具有连锁扩散效应，在投资与生产之间具有累积放大效应。当国民经济的运行经过一段过度扩张之后，超出了其潜在增长能力，打破了正常的均衡，于是经济增长率将回落。“软着陆”即是一种回落方式。

“软着陆”是相对于“硬着陆”即“大起大落”方式而言的。“大起大落”由过度的“大起”而造成。国民经济的过度扩张，导致极大地超越了其潜在增长能力，严重地破坏了经济生活中的各种均衡关系，于是用“急刹车”的办法进行“全面紧缩”，最终导致经济增长率的大幅度降落。

成功的“软着陆”是相对于不成功的“软着陆”而言的，当国民经济过度扩张之后，为了避免“硬着陆”带来的损失，试图用“软着陆”的办法使经济降温，但经济增长率的回落尚未在适度区间落稳，在各种压力下，就重新快速起飞，最终还要导致“硬着陆”。

这次“软着陆”，是一次成功的“软着陆”。其所以说“成功”，主要是因为：经济增长率逐步平衡地回落到适度区间，物价上涨率亦回落到适度水平；在显著地降低物价涨幅的同时，又保持了经济的适度快速增长。经济增长率的适度区间和物价上涨率的适度水平，在不同的具体经济背景下，可以有不同的数量标准。从我国当前的国情出发，经济增长率实际运行的适度区间（不是指计划目标）可把握在8%～10%，物价上涨率的适度水平可把握在6%以下。1993年下半年以来所实施的宏观调控，使经济增长率由1992年峰顶时的14.2%，一年年逐步平衡地回落到1996年的9.7%左右，每年平均回落约1个百分点；物价上涨率（商品零售价格）由1994年的21.7%，回落到1996年的6%左右，共回落了15.7个百分点。

这次“软着陆”的成功有重大意义。首先，避免了重蹈历史上“大起大落”和“软着陆”不成功的覆辙，这在新中国成立以来的经济发展史上是没有先例的。它表明，我们党对社会主义市场经济体制和社会主义现代化建设规律的认识逐步在深化，领导和驾驭经济工作的水平提高了。其次，为我国今后的经济运行开辟了一条适度快速和相对平衡发展的新轨道，为我国经济的跨世纪发展积累了宝贵的经验，奠定了良好的基础。最后，既大幅度地降低物价涨幅又保持了经济的较快增长，这在第二次世界大战后世界各国的经济发展史上也是罕见的。与西方主要国家经常陷入滞胀困境相比，改革开放的中国充分显示出其经济增长的活力。

我们要充分认识这次“软着陆”的意义，但是，也绝不可盲目乐观，掉以轻心。目前，经济增长率虽已回落到适度区间，但是处于适度区间的上限边缘；物价上涨率虽已回落到适度水平，但也处于适度水平的上限位置。因此，仍要谨防经济增长率和物价上涨率的强烈反弹。

为什么要“软着陆”

“硬着陆”是有害的，“硬着陆”或“大起大落”的诱因在于盲目地求快。过度扩张会导致资源的极度紧张、严重的通货膨胀、经济结构的扭曲、经济效益的低下、经济秩序和社会秩序的混乱、人民生活的不安定。新中国成立以来，屡屡出现“大起大落”的情况，每次都带来不小的损失。其中，以1958—1962年的波动最为典型。在这次“大起大落”中，经济增长率的峰顶是1958年，为22%；在其后1960—1962年连续三年的负增长中，经济增长率的谷底是1961年，为-29.7%。经济增长率的峰顶与谷底之间的落差为51.7个百分点（见下表）。这次“大起”导致随后国民收入绝对量的下降，直至1964年才恢复到1957年的水平，使国民经济的发展延误了7年。这次“大起大落”，总的算下账来，国民收入的净损失是1 780亿元（以1957年为基年，以1952年不变价格和“一五”时期的平均增长率计算），相当于1957年全年国民收入的两倍。这深深表明：欲速则不达，欲快反而慢。

中国经济增长率波动的峰谷落差

历史波动（起止年份）	峰谷落差（百分点）
1. 1953—1957	9.6*
2. 1958—1962	51.7*
3. 1963—1968	24.2*
4. 1969—1972	20.4*
5. 1973—1976	11.0*
6. 1977—1981	6.5
7. 1982—1986	6.4
8. 1987—1990	7.8
9. 1991—1996	4.5

注：带*者为国民收入增长率的峰谷落差，不带*者为国内生产总值增长率的峰谷落差。

不成功的“软着陆”也是有害的。比如，1986年就是一次不成功的“软着陆”。当时，在经过1982—1985年连续的快速增长后，已采取一定的“软着陆”措施来进行适当的调整。但是，调整尚未完成，1987—1988年又进入了新的快速扩张，导致1989—1991年的三年大调整。1987—1990年的一上一下波动，经济增长率的峰谷落差为7.8个百分点，虽低于改革开放前的历次波动，但也为改革开放以来回落幅度最大的一次波动（见上表）。1986年的“软着陆”之所以不成功，原因还在于想快。当经济增长率刚一回落，企业遇到一些困难，就顶不住惊呼“滑坡”、要求放松压力又放弃了“软着陆”。重新起飞的结果是，不得不再次扑救通货膨胀之火，再次进行大调整。

“硬着陆”有害，“软着陆”不成功亦有害，因此，遇到经济过度扩张，必须要“软着陆”，并且要成功。在1991年到1993年上半年，我国的改革开放和现代化建设显现出新局面。然而，伴随着经济增长加速，国民经济的运行逐步超越了其潜在增长能力，经济生活中出现了“四热、四高、四紧、一乱”的问题。“四热”是：房地产热、开发区热、集资热、股票热。“四高”是：高投资膨胀、高工业增长、高货币发行和信贷投放、高物价上涨。“四紧”是：交通运输紧张、能源紧张、重要原材料紧张、资金紧张。“一乱”是：经济秩序混乱，特别是金融秩序混乱。如不及时采取措施，任其发展下去，必将再度导致“大起大落”。在这种情况下，以江泽民同志为核心的党中央，全面、正确、积极贯彻邓小平建设有中国特色社会主义理论和党的基本路线，果断决策，推出一系列加强宏观调控的措施，国民经济的运行开始了“软着陆”。在“软着陆”的过程中，排除了种种干扰，经过三年多坚定不移的努力，终于取得了成功。1991—1996 年，经济增长率的峰谷落差为 4. 5 个百分点，成为新中国成立以来回落幅度最小的一次波动（见上表)。

怎么样“软着陆”

第一，及时削峰。以往的“大起大落”，要害在于“大起”。过去，在经济的快速扩张中，经常是直到实在难以为继时方才被迫调整。因此，及时削峰是成功地实现“软着陆”的关键和先导。1993 年 6 月出台的宏观调控措施，决策果断，时机成熟，方向正确，有效地控制住了扩张的强度与峰位，从而取得了“软着陆”的主动权。

第二，适度从紧。所谓适度从紧，不是全面紧缩，而是指：一、在总量上，首先要从紧控制货币与信贷总规模、财政支出总规模、固定资产投资总规模，严格把住货币关和财政预算关，以有效地抑制通货膨胀；在此前提下，还要保证经济的适度增长。二、在结构上，有紧有松。该紧的紧，该松的适度地松。对于低水平重复建设部分、对于单纯外延型扩张和低效益甚至无效益的部分、对于“泡沫经济”部分，一定要从紧；而对于国家重点建设项目，对于有利于调整和优化结构，加强农业、交通通信、能源以及重要原材料等“瓶颈”部门的发展；增强有效供给的部分，对于有效益、有市场、有利于培育和扶持新的经济增长点、促进内涵型发展的部分，则给予支持。适度从紧，把握调控力度，是成功地实现“软着陆”的重要政策保证。

第三，适时微调。为了“软着陆”的成功，在适度从紧的总原则下，根据各年度内经济运行的具体状况，审时度势地进行微调和预调，以缓解“降温”中的实际困难，防止出现过度滑坡。比如，适时调整信贷结构，增加对农业的贷款，保证农产品特别是粮食的收购需要，增加对效益好、销路好的企业的流动资金贷款，保持生产与市场的活力。再比如，适时停办保值储蓄，适时降低利率。1996 年，两次调低利率，使企业每年可减少利息负担 1 000 多亿元，有利于缓解企业的困难。

第四，抓住主线。在加强宏观调控中，自始至终紧紧地抓住了“软着陆”的主线：治理通货膨胀和在“降温”中保持经济的相对快速增长。在市场经济条件下，价格的变动是经济运行状况的“晴雨表”，经济过度扩张、超越了潜在增长能力，其后果会集中表现为严重的通货膨胀。在这种情况下，要治理通货膨胀，就需要相应地降低和控制经济增长率。宏观调控是以治理通货膨胀为首要任务，还是以继续加快经济增长、扩大就业为先，曾一度成为经济学界争论的焦点。实践表明，由于党中央、国务院明确地提出和坚持了以治理通货膨胀为首要任务，采取了综合治理的种种措施，同时，又很好地把握了宏观调控的力度，所以，能够在“软着陆”中，既有效地抑制了通货膨胀，又保持了经济的适度快速增长。

“软着陆”的宝贵启示

这次“软着陆”的成功，给予我们许多新的启示，重要的有以下几点：

其一，在整个体制转轨完成之前，都要坚持“总量平衡、适度从紧、适时微调”的方针。这一方针并不等于短期性的紧缩政策，而是针对传统体制内在的“软约束”、“超分配”的膨胀机制和强烈的扩张冲动所应采取的一项具有中长期战略意义的发展政策，是彻底摆脱传统的“大起大落”方式、使国民经济走上适度快速和相对平衡发展轨道的一个充分、必要条件。所以，我们认为，这一方针不仅适用于1993年下半年以来的“软着陆”过程，也不仅适用于1997年和整个“九五”时期，而是直到21世纪初期，在新的有效制约机制尚未形成之前，都是适用的。只有坚持这一方针，才能使宏观经济政策既具有稳定性、连续性，又具有必要的灵活性，总的做到稳中求进。

其二，无论是从我国的正反两个方面的经验教训出发，还是从世界各国的经验教训出发，中央政府的宏观调控应该始终坚持以抑制通货膨胀为首要任务，与此同时，保持经济的适度快速增长。在严重的通货膨胀下，无论是改革还是发展，无论是总量平衡还是结构调整，什么都谈不上。即使经济一时起飞，又要马上扑灭通货膨胀之火。我们已遇到几经“起飞”又“灭火”的情况；反复受到通货膨胀威胁、反复“灭火”的局面不宜再度重演。当然，在经济体制转轨时期，要为合理的、适度的价格结构调整留出必要的空间。由价格结构调整所带来的物价上涨，与一般意义上的通货膨胀不是同一概念。我们要努力消除超发货币和“超分配”所引发的通货膨胀，同时留出价格结构调整的空间，但这个调整也要逐步进行，而不可能一步完成。目前，物价涨幅6%的水平并不算低，还应进一步控制。经过努力，逐步使价格形成机制和价格水平走向正常。由此，我们不能满足于“使物价上涨低于经济增长率”这一目标。因此，在“低于经济增长率”的范围内，可以容纳不同的物价水平。当前，我国经济增长率在10%左右；到21世纪初，也可能保持在7%～8%左右。那么，从现在到21世纪初，“低于经济增长率”的物价涨幅在6%～9%是否就是可接受的呢？显然这仍是较高的物价涨幅。针对近几年我国物价涨幅高于经济增长率，这是可以接受的近期要求。现在，这一要求已经实现，需要为控制通货膨胀的任务提出更为积极的目标。因此，党中央、国务院又及时提出1997年的物价涨幅要控制在1996年的实际水平（6%）以下的目标。

其三，一方面，在整个体制转轨完成之前，都要坚持“总量平衡、适度从紧、适时微调”的方针；另一方面，要抓住稳定、宽松的经济环境，积极推进“两个根本性转变”。在这次“软着陆”中，一些国有企业处境困难，这并非根源于宏观调控，而是根源于旧体制。在市场经济下，当经济增长率处于回落阶段时，在经济关系的调整中，企业的优胜劣汰本是题中应有之义。然而，我国目前还缺乏应有的淘汰机制。在这种情况下，大水漫灌式地放松银根不仅于事无补，反而会贻误国有企业的改革进程。以往，我国经济增长一再出现“大起大落”，其根源亦在于原有体制。抓紧实现“两个根本性转变”，促进国有企业机制的转换，是医治“大起大落”、抵制通货膨胀、搞好总量平衡和结构调整的治本之路。

［作者单位：中国社科院］

（摘自1997年1月7日《人民日报》）

［简析］

这是一篇立论型论文，也是一篇典型的“提出问题、分析问题、解决问题”的三段论式结构的论文，即我们通常所说的“是什么、为什么、怎么样”的论证方式。不过，它还特别加了一段几点启示。这样，使文章内容更充实、主题更深刻，具有更为突出的现实意义。

1996年，我国国民经济运行，成功地实现“软着陆”，党政文件，报纸刊物，电台、电视，大讲特讲。但广大干部群众，包括高校许多师生，对“软着陆”这一经济现象，都不甚了解或一知半解。论文就针对这一亟待解决的现实问题，进行深入浅出、有理有据的论证，使人看了有豁然开朗之感，体现了论文选题的恰当——不仅有很高的学术价值，且对当前经济实践有很强的指导意义。

该文写作，从我国当前经济状况入手，三言两语，引出论题，简洁自然。引出论题之后，就按照“是什么、为什么、怎么样”三段论式的思路，采用小标题、序码及段首概括语的方法来划分层次、段落，使文章纲举目张，观点鲜明；提纲挈领，环环相扣；条分缕析，层次分明；逻辑严密，顺理成章。

特别值得一提的是，文章语言平易，简洁流畅，且又深入浅出，一扫某些学术论文晦涩难懂的老毛病。

这是一篇不可多得的、规范的经济论文。

［例文二］

试论建立金融法庭

——关于金融司法制度创新与完善的思考

随着我国社会主义市场经济的确立与发育，金融活动日益活跃，金融在整个国民经济中的作用越来越重要。但是由于新旧体制碰撞的原因及金融执法不严，督法无力，金融合同纠纷、金融刑事犯罪不断增多。加上金融司法制度的有待进一步完善，使部分已发生的纠纷与犯罪案件得不到及时的审理、判决与执行。本文试图通过对目前依法收贷与惩治金融犯罪存在问题的分析，论述建立金融法庭的思路，促进金融事业的健康发展。

一、建立金融法庭的可行性

本文所指的金融法庭是指法院内部设置的专门审理金融民事、刑事案件的组织机构。笔者提出建立金融法庭，专门受理金融民事、刑事案件，主要基于以下几方面考虑。

（一）为加快金融纠纷案件的审理执行，需要建立金融法庭专门审理。综观我国的司法实践，从法院的大一统的民事法庭中逐步分离出一些适应发生了变化的法律制度的法庭，如行政庭、经济庭。目前金融纠纷案件日益增多；在经济案件中占比很大。随着金融“五法一决定”的出台与《贷款通则》的实施，人们的法律意识逐步加强，可以断言，金融借款合同纠纷、保险合同纠纷、证券纠纷、票据纠纷的涉讼还将会增多。尤其是银行的贷款逾期不能归还，涉讼案件将大幅度上升。因此，建立金融法庭专门受理金融纠纷案件是非常必要的。

（二）为惩治金融犯罪，需要建立金融法庭专门审理。目前，我国刑法与有关法律规定的金融犯罪可归纳为5类，22种具体罪名。金融犯罪的危害性，金融犯罪活动的猖獗性，是有目共睹的。为及时惩治此类犯罪，需要建立金融法庭专门审理。

（三）金融法律的颁布，为金融审判提供了依据。去年，我国相继出台了《中华人民共和国中国人民银行法》，《中华人民共和国票据法》、《中华人民共和国保险法》、《中华人民共和国担保法》、《全国人民代表大会常务委员会关于惩治破坏金融秩序犯罪的决定》。正在制定的还有《信托法》和《证券法》。这些金融法律的颁布实施，为金融法庭的建立与金融审判工作提供了法律依据。

综上所述，笔者认为，建立金融法庭是金融法制系统工程的需要，是深化金融体制改革的需要，建立金融法庭是金融司法制度的创新，是完全可行的。

二、建立金融法庭的构想

（一）组织模式。由于金融机构点多面广，遍及城镇乡村的特点，可在县以上各级人民法院内建立金融法庭。县以下的法庭设立金融分庭。待时机成熟，可考虑成立金融法院。

（二）管辖范围。金融借贷合同、票据合同、证券合同、保险合同的纠纷按《民事诉讼法》规定的级别管辖办理。人民银行各级分支机构是金融监督管理部门，对在管理中发现的金融犯罪案件，负有向有管辖权的司法机关投诉、报案的责任。

（三）审判程序。按《民事诉讼法》、《刑事诉讼法》规定的程序审理。

（四）收费标准。笔者认为，金融合同（主要是借款合同）纠纷的诉讼，一般并非贷款人担保人不承认，而是不能偿还所致。借贷合同是要式合同，比较规范，法律关系清楚，法律责任明确，证据齐全，不同于其他一些经济纠纷，当庭经过查证即可认定，办案的人力、物力，时间都较省，且每笔金额较大。受理费的用途是办案所需费用。因此，金融合同纠纷案件的收费标准与其他经济纠纷案件应有所区别，不能一概而论。

三、建立金融法庭要解决的几个问题

首先，要解决认识问题。要从金融业在国民经济中的地位、作用和金融业的特殊性以及稳定金融秩序对国民经济的影响高度来认识建立金融法庭的重要性。要认识建立金融法庭专门受理审判金融民事与金融刑事犯罪案件，对于提高银行信贷资产质量，从严打击惩治破坏金融秩序犯罪具有极其深远的意义。

其次，要解决人员来源问题。目前，法院人员不足，尤其是懂金融专业知识的人员奇缺，而建立金融法庭必须要有一定数量的既懂金融又有法律专长的人才。笔者认为，可从各金融系统抽调一些业务骨干且经过一定时间的法律培训，由他们承担金融法庭的审判工作。这样能加快金融审判办案效率。

再次，要解决司法责任制度问题。所谓司法责任，是指司法人员在诉讼过程中，因其行为不符合法律规定，侵犯当事人的合法权益或产生有损于社会主义法制原则的严重事件，而应承担的法律后果。它包括民事责任、行政责任和刑事责任。建立司法责任制度，对于正确贯彻执行依法独立进行审判原则，增强司法人员的法制观念，加强其责任心，保证案件质量，提高工作效率，防止减少冤、错案件的发生，具有十分重要的意义。笔者认为，承担司法责任的人员，不仅仅局限于直接承办案件的侦查，公诉人员和审判人员，还应包括对诉讼案件有决定权、核准权、复核权和各级司法机关的领导人。同时还应明确每件案件从受理到执行的时限。这样可以克服目前金融诉讼案件时间长、执行难、费用高的弊端。此外，还要解决办案必需的交通工具、办案经费不足等问题。

综上所述，建立金融法庭是金融司法制度的创新与完善，有利于提高金融资产质量，有利于从严打击惩治破坏金融秩序犯罪，有利于金融业的健康发展，是非常必要且完全可行的。只要我们认真解决好思想认识、人员来源、司法责任制度等问题，金融法庭的建立是能够实现的。

[简析]

这也是一篇立论型论文，不过它的总体结构不同于例文一。它是采用另一种常用的结构形式，即“总—分—总”的结构形式。体现出两头小、中间大的橄榄形结构模式。

文章序论部分，从我国当前金融形势入手，提出中心论点：“本文试图通过对目前依法收贷与惩治金融犯罪存在问题的分析，论述建立金融法庭的思路，促进金融事业的健康发展”，总起全文，简明扼要。

本论部分，承接序论提出的中心论点展开三个部分来进行论证。文章采用序码及小标题的方式，提出三个分论点，作为中心论点的论据来进行论证。然后又用序码一二三四或连接词“首先”、“其次”、“再次”的方式，逐点逐层来论证分论点。使文章纲举目张，观点鲜明；条分缕析，逻辑性强。

结尾部分，用“综上所述”的总结语承接本论，在分析论证的基础上作出归纳，又回到总论点上：建立金融法庭“是非常必要且完全可行的”。只要解决了几个问题，“金融法庭的建立是能够实现的”。以此来强化总论点。

与例文一相比，就学术价值、论证深度稍逊一些，但也不失为一篇好论文。

[思考与练习]

一、什么是经济论文？经济论文选题要遵循什么原则？

二、经济论文的标题，常用的有哪两种形式？请你从报刊中找出这两种形式的例题来，并加以说明。

三、经济论文正文结构有序论、本论、结论三个部分。这三个部分常见的联系方式有两个类型，请你从报刊中找出这两类形式的例文，并加以说明。

四、怎样查找你所需要的资料？试查2013年1月《经济日报》的社论题目。

五、怎样从材料中提炼论点？阅读下面这段文字材料，归纳出它的论点，并分析它的结构层次。

影子银行又称平行银行系统，是指游离于商业银行体系之外，未受到相应的金融监管，但又从事融资贷款业务的金融中介。在我国，影子银行业务主要包括两部分：一是银行从事的表外业务，如银信合作、委托贷款、理财产品、信托理财、金融租赁等；二是非银行民间金融活动，如私募基金、地下钱庄、民间借贷等。影子银行的迅猛发展有其内在动因。我国金融市场发展相对滞后，金融服务无法充分满足市场需求。对于许多资金需求者而言，资金的可获得性而非资金的价格是融资的主要障碍，影子银行的信贷活动更容易满足客户的资金需求；对于储蓄者而言，较低甚至为负的实际存款利率难以满足其资金保值增值的需求，投资理财等业务为他们提供了银行存款以外的投资途径；对于银行等金融机构而言，影子银行业务是满足各方多元储贷需求，实现自身获利的良好途径。然而，影子银行也存在着巨大风险，且其风险更容易扩散至整个金融体系，对宏观经济造成较大冲击，因此，规范对影子银行的监管势在必行。其一，应建立微观审慎管理和宏观审慎管理制度，进行全面的风险管理；其二，针对不同的监管对象制定合理的监管目标和监管方略；其三，应建立全面覆盖影子银行的相关法律和政策规章，确保各项金融创新在法律的框架下规范化发展；其四，健全影子银行的公开信息披露制度，实现公众监督，维护金融秩序的稳定；其五，在影子银行和商业银行之间，在不同类型的金融机构之间应建立“防火墙”，以防风险在金融体系内交叉传染；最后，加强对影子银行系统的实时监控，并及时采取措施防范化解风险。（本文根据《光明日报》刊载文章《利率市场化下影子银行的风险及对策》改编，原文章作者：孙焱林、闫彬彬、康波。）

六、写出本章中两篇例文的图表提纲，并说明两者的结构特点。

七、结合专业课学习要求和自己的实际情况，自选课题，收集整理材料，经过研究写出详细的论文提纲或写成3 000字左右的经济论文。

跋

本教材是在原广州金融高等专科学校校长傅柏松先生主编的同名教材《金融应用写作》的基础上修订而成。原教材由中国金融出版社自 1998 年出版后，颇受市场欢迎，已多次印刷。为更好地适应金融工作及高校教学的实际需要，根据务实、创新的原则，我们对相关章节做了重新编写并增删了一些篇幅。在理论和实践的有效结合上下工夫、做文章，既讲清所涉及的金融写作理论，又重点突出金融应用文实践性强的特点，因此，本教材既可供相关高校的写作应用课使用，又可作为相关从业人员的参考工具书。

本教材编写分工如下：广东金融学院黄雄杰老师编写经济论文、调查报告、工作计划、工作总结、合同等章节；哈尔滨金融学院李荣新老师编写经济活动分析报告、经济活动预测报告、会议文书、诉讼文书等章节；上海金融学院胡中柱老师编写总论、公文、消息、礼仪文书，并作为本教材主编担负了全书的统稿工作。

本教材的编写体例、原则、章目安排借鉴了由傅柏松任主编并总纂的《金融应用写作》的相关内容，我们全体编写人员在此向他表示真诚的谢意与敬意。

本教材在编撰、出版过程中，得到中国金融出版社的大力支持与帮助，在此一并深表谢忱。本教材在编写过程中参考了许多同类的著作、文献，吸收了相关的成果，限于篇幅，不能一一注明，借本书出版之机，向编著者致以诚挚的谢意！

本书虽系修订版，但差错之处不敢诿过于人，有欠妥之处，期待各位专家同仁和读者不吝施教，不胜感激。

编　者

2013 年 6 月